종교와 사회진보

송재룡 · 김성건 · 전명수 · 정승안 · 유광석 · 최현종 · 장형철

다산출판사

이 저서는 2012년 정부재원(교육과학기술부 사회과학연구지원 사업비)으로 한국 연구재단의 지원을 받아 연구되었음(NRF-2012-330-2012S1A3A2033608)

추천사

이원규(실천신대 석좌교수)

인간은 종교적 동물(*homo religious*)입니다. 인류가 시작되면서 종교도 함께 시작되었고, 인류가 오늘날까지 지속적으로 생존해 오면서 종교도 함께 생존하고 있습니다. 역사적으로 보면 지금까지 종교가 없던 시대는 단 한 번도 없으며, 종교가 없는 사회도 단 한 곳도 없습니다. 비록 종교 없이 살았고 지금도 종교 없이 사는 사람들이 있기는 하지만, 그리고 종교의 종류와 형태는 시대와 사회에 따라 다양할 수 있지만, 뒤르켐이 말했듯이 종교 없는 사회란 있을 수 없는 것입니다.

물론 종교의 역할이나 영향에 대해서는 많은 논란의 여지가 있습니다. 특히 종교의 세속화를 주장해 온 서구 학자들은 종교가 사람들의 삶에서, 그리고 사회적 영역에서 서서히 그 위상이나 기능에 있어 약화되어 왔다고 주장하기도 합니다. 그러나 오늘날 전 세계적으로 보면 종교는 쇠퇴하는 것이 아니라 반대로 성장하고 부흥하고 있습니다. 유럽 이외의 지역에서는 오히려 종교가 전보다도 활발해지고 있기 때문에 종교에 관한 한 '유럽적 예외' (European exception)라는 말이 사용되고 있을 정도입니다. 실제로 세계 인구 가운데 열 명 중 거의 아홉 명이 종교를 가지고 있으며, 우리나라의 경우에도 인구의 절반이 종교를 가지고 있습니다.

종교의 영향은 단순히 숫자에서만 나타나는 것이 아닙니다. 한때 사회과학자들은 오늘날 종교가 존속된다면 그것은 대체로 개인의 영역에 머물면서 심리적 기능을 수행할 수 있을 뿐이라고 주장하기도 했습니다. 그런데 최근의 연구들은 종교가 단순히 사적인 영역에서만 어떤 역할을 담당하는 하는 것이 아니라, 정치 · 경제 · 사회 · 문화 영역 전반에 걸쳐 순기능적이든 역기능적이든 커다란 작용을 하고 있다는 것을 밝혀내고 있습니다. 이 책은 이러한 문제의식에서 출발하고 있습니다.

종교현상을 연구하는 방법이 다양할 수 있으나 보다 과학적이고 객관적으로 그것을 분석하는 데 종교사회학은 커다란 공헌을 해 왔습니다. 비록 한국에는 종교현상을 사회학적으로 분석하는 연구가 부족하고 이를 시도하는 전문적인 학자들도 부족하지만, 다행히 그 가운데서도 꾸준히 이 미개척 연구 분야에서 활동하는 연구자들이 있습니다. 그들은 종교가 한국인에게, 그리고 한국사회에 여전히 중요한 작용을 한다는 사실을 밝혀내고 있습니다. 이 책은 그러한 몇몇 중진 및 소장 종교사회학자들에 의한 연구들을 묶어 출판된 것입니다.

여기서 이루어진 연구들은 종교의 사회적 기능, 그 가운데서도 종교가 사회진보와 어떤 관계가 있는지, 종교가 사회발전에 어떤 영향을 미치고 있는지에 초점을 맞추어 이루어진 것입니다. 종교의 사회적 기능, 특히 사회변동에 미치는 종교의 영향에 대한 연구는 사회학의 대가 막스 베버 이래로 종교사회학의 가장 중요한 연구 주제 가운데 하나였습니다. 베버에게서 시작된 종교와 사회변동 이론의 여러 줄기를 파헤치고, 그 이론들을 한국의 상황에 경험적으로 적용해 보려는 시도는 매우 의미 있는 연구라고 생각합니다. 이 책에 수록되어 있는 글들은 이론적인 것들과 경험적인 것들이 조화를 이루면서 종교와 사회진보라는 주제에 접근하고 있습니다. 물론 여기서 다루는 주제가 제한적인 것이기는 하지만, 이 연구들은 종교와 사회변동, 혹은 사회발전이나 사회진보와 관련된 앞으로의 보다 활발한 연구의 계기가 될 수 있을 것이라고 봅니다. 이 책을 통해 종교가 왜, 얼마나, 그리고 어떻게 중요한지에 대한 이해에 도움이 되리라고 생각하며, 이 책을 추천하는 바입니다.

차 례

서 론

서론: 왜 종교가 중요한가?

송재룡

Ⅰ. 종교와 사회발전에 대한 고전적 논의: 간략한 계보

종교가 인간의 삶에 미치는 영향에 대한 논의는 부지기수다. 물론 여기에는 긍정적인 것뿐만 아니라 부정적인 것도 포함된다. 여하튼 종교는 인류 문명과 불가분의 관계를 가진다. 21세기 현대 문명도 예외는 아니다. 2013년 현재 전 세계 인구 71억 명 중에서 종교 신앙을 가진 사람의 수는 대략 61.2억 명으로 약 86.2%를 차지한다(Sanneh, 2013: 68; 송재룡, 2013b: 115). 이 비율은 지난 1세기 동안 큰 변동 없이 일정한 추세를 보이고 있다. 19세기의 계몽주의 사상가들이 당시에 늦어도 일백년 안에는 사라질 것으로 점쳤던 종교가 이렇게 번성하고 있다는 사실은 종교가 인간에게 얼마나 중요한지를 보여주는 결과가 아닐 수 없다.

종교가 인간에게 중요한 이유는 크게 나누어 두 차원이다. 하나는 종교가 인간의 정신적 차원에 미치는 영향이다. 종교를 믿는 사람들의 생각과 태도에 영향을 미쳐 특정한 유형의 가치평가의 틀 구조를 가지게 함으로써, 자기 자신뿐만 아니라 타자(세상)에 대한 판단과 선택을 가능하도록 한다. 이렇게 보면 종교는 타자로서의 무종교인에게도 지속적인 영향을 미치는 힘을 발휘한다고 할 수 있다. 다른 하나는 그 결과로 일어나는 사회의 변동이나 억제의 차원과 연관된다. 종교는 종교 공동체(집단)의 수준에서 강력한 힘을 발휘한다. 그 힘은 양면적이다. 한편으로는 뒤르켐이 말했던 통합의 힘으로도 작용하지만, 다른 한편으로는 특정 집단의 규범이나 이념과 연결되어 갈등이나 분열을 조장하기도 한다. 요약하면, 종교는 신앙인 개인의 삶의 차원뿐만 아니라, 사회현상의 차원, 곧 사회변동, 사회구조, 사회제도에 중요한 영향을 미친다(이원규, 2006).

종교가 사회변동에 미치는 차원을 주목한 최초의 사회학적 논의는 베버에 의해 시작되었다. 개신교 윤리와 합리적 자본주의 태동 간의 상관관계를 주목했던 베버의 관점은 '이데올로기로서의 종교'에 초점을 맞췄던 마르크스와는 극명하게 갈린다.[1] 하지만 베버의 '프로테스탄트 윤리 테제'의 입장은 그와 유사하게 종교의 중요성을 포착하고 있던 뒤르켐과도 크게 대비된다. 뒤르켐 또한 종교의 중요성을 포착하고 있다. 하지만 그의 시각이 일종의 구조주의적 입장에 경도되어 있음으로써, 종교(신앙자)의 주체적 가능성과 그 주체적 가능성이 집단의 힘으로 자리 잡아 새로운 사회체계의 형성을 가져올 수 있다는 가능성을 크게 주목하지 않았다는 점에서 베버와는 다르다.

뒤르켐은, 종교는 집합적 유대를 반영하거나 표상해 낸 것이며 그 주된 기능은 사회를 도덕적으로 통합시키고 그 상태를 유지 지속시키는 것으로 보았다. "만일 종교가 사회의 존속에 필수 불가결한 모든 것을 낳은 원천이라면, 그 이유는 사회라는 관념이 종교의 정신(영혼)이기 때문"이다. 따라서 뒤르켐은 '종교의 힘은 인간의 힘이며, 도덕의 힘'이라는 이해에 따라 그 유명한 '종교=사회'라는 명제를 제시하기에 이른다(Durkheim, 1964: 419; 1972: 133). 이 점에서 종교는 사회에 의해 창조된 피조물의 위상을 가질 뿐이다. 그 반대 방향, 즉 종교가 사회 구조나 체계를 창조하

1) '의식의 존재결정론'적 전망체계에 경도되어 있던 마르크스에게 종교는 대표적 허위의식 체계이다. 따라서 종교는 사회·경제적 구조의 현실을 변혁하거나 창조할 수 있는 그 어떤 주체적 속성도 갖지 못한다(Marx and Engels, 1972: 66; 1975)

거나 변혁할 수 있는 가능성은 아주 희박하다. 이 관점, 즉 종교의 기능이 결국은 사회의 구조 차원에 종속되어 있다는 이해는 사회 실재론적 및 구조 기능주의적 사고에 치중했던 뒤르켐의 종교사회학이 피해갈 수 없었던 한계점이기도 하다.

여하튼 베버의 개신교 윤리 테제는 20세기 중반에 이르기까지 사회과학 연구에서 중요한 자리를 차지해 왔다. 하지만 제2차 세계대전 이후 1960,70년대에 이르러 근대화 이론의 가정인 "근대화가 되면 될수록 종교는 세속화된다(more modernization, more secularization)"라는 명제에 충실했던 종교 세속화론이나 마르크스주의적 종교 소멸론적 입장들이 확산되면서 종교의 사회경제적 영향력을 무시하거나 간과하는 지적 경향들이 지속되어 왔다(Berger, 1991; 송재룡, 2005).

하지만 1980,90년대 이후 들어 종교의 사회경제적 영향력에 관한 논의들이 새로운 국면을 맞이하게 된다. 바로 한국을 위시하는 비서구 사회의 성공적 경제 발전의 배경과 동기에 대한 사회학적 논의들이 새롭게 종교를 주목하게 되면서부터다. 이와 더불어 전 지구적 차원의 종교 부흥 현상—탈세속화 또는 영성적 전환 현상—에 대한 관심과 더불어 사회적 및 정치 · 경제적 발전에서 종교가 차지하는 역할과 기능에 대한 연구관심이 새롭게 증가하고 있다(Berger, 1999; Casanova, 1994; Juergensmeyer, 2006).

Ⅱ. 종교와 사회발전: 20세기 후반 이후의 논의

20세기 후반 이후의 종교와 사회 발전 양자에 대한 논의 또한 그 기본틀 구조는 베버 테제에 기초한다(김성건, 2013). 버거는 베버의 개신교 테제에 따라 개신교가 전 지구적 차원에 미친 세 번의 문화적 혁명을 강조한다. 그 첫 번째가 베버가 주목했던 서유럽에서의 초기 자본주의의 태동을 촉발한 문화운동이며, 두 번째가 산업혁명기의 감리교가 미친 문화적 영향력이며, 세 번째가 개신교의 영향력이 서구의 경계를 넘어 중남미를 비롯한 제3세계 국가들에 미친 오순절 성령운동(Pentecostalism)이다(Martin, 1990: viii-ix; 김성건, 2013; 최현종, 2015).

이 중 세 번째 문화혁명에 해당하는 중남미 과테말라의 발전과 개신교의 관계에 대한 논의가 셔먼에 의해 실증적으로 이뤄졌다(Sherman, 1997). 「발전의 영혼」이란 제목을 단 이 연구는 연구자가 몸소 중남미의 과테말라 지역을 방문 관찰하면서 수행한 양적 · 질적 연구의 결과다. 베버와 마틴의 사회학적 가정을 따라(Weber, 1968[1930]; Martin, 2002, 1999: 37-49), 셔먼은 중남미의 대표적 제3세계 국가였던 과테말라가 1980년대 이후 사회적 및 정치 · 경제적 성장의 근간을 이룬 인과관계를 20세기 후반 들어 급속하게 성장한 개신교 복음주의의 문화 윤리적 토양에서 찾는다.

물론 이 새로운 연구 추세는 기본적으로 베버주의적(Weberian) 테제에 기초한 것이지만, 다른 한편으로는 한 사회의 문화적 가치나 상징의 원천으로서의 종교—곧 '문화(가치) 체계로서의 종교'—의 기능과 역할을 주목하는 이해 사회학적 종교관을 따른 것이기도 하다(Barro and McCleary, 2003; Berger, 1992; 2001; Geertz, 1993: 87-125; Stuckelberger, 2005; Thomas, 2005; Wuthnow, 1992: 37-58). 이 점에서 종교사회학의 이론적 경계는 문화사회학의 그것과 더욱더 넓은 접점을 공유하게 되었다고 할 수 있다.

이 변화추세를 반영하는 것이 바로 '문화가치와 정치 · 경제적 발전'의 상호관계를 규명하는 연구들이다. 이 연구 경향은 이른바 '문화가 중요하다' 라는 테제를 중심으로 지난 2000년대 초에 세간의 이목을 집중시키기도 했다. 물론 여기서 말하는 문화가치 개념의 스펙트럼은 넓다. 예컨대,

헌팅턴이 말하는 '종교 전통' 이라든지, 해리슨의 '문화적 토대가치', 후쿠야마의 '사회자본', 그리고 푸트남이 말하는 '시민적 가치' 등이 그에 속한다(Harrison and Huntington, 2000; Fukuyama, 1995; Harrison, 2000; Putnam, 2000). 이들은 이러한 문화적 가치 체계들이 특정 국가의 사회적 및 정치 · 경제적 영역에서의 진보(human pro-gress)를 촉진한다는 시각에 기초해 이러한 현상들을 대변하고 있는 다양한 국가들의 실증적 예를 제시한다.

최현종은 마틴과 셔먼의 연구를 위시해 베버 테제의 전통을 따르는 다양한 스펙트럼의 연구들을 요약해 소개하고 있다(최현종, 2015: 103-107). 예컨대, 중남미 사회의 문화의 특성을 '개발 지향적 문화' 와 '개발 저항적 문화' 로 유형적 구분을 통해 어떻게 특정 사회의 문화적 체계가 사회진보에 영향을 미칠 수 있는지를 검증한 그론도나(Mariano Grondona)의 연구라든지, 그리고 베네수엘라의 상황에서 개신교가 어떻게 대안적 사회연결망을 형성케 하고 이 사회연결망을 통해 고용이나 각종 원조프로그램 등과 같은 사회경제적 생존과 발전의 수준을 높이게 되는지를 분석한 스마일데(David Smilde)의 연구가 그것이다.

또한 비교문화연구의 시각에서 중남미 및 북미 사회의 문화를 각각 앵글로-프로테스탄드 문화와 이베로-가톨릭 문화 유형으로 구분한 랑헬(Carlos Rangel)을 따라 양 문화권을 진취적 문화와 정태적 문화 유형으로 구분해 각각의 사회윤리적 태도 및 가치관을 분석한 해리슨(L. W. Harrison)을 주목한다(최현종, 윗글).

김성건은 이 추세와 더불어 아주 최근 카사노바에 의해 새롭게 조명되고 있는 '공적 종교' 의 개념을 주목한다(김성건, 2013: 99-100). 지난 2,30년 동안 (경제)발전론의 득세 속에 주변화되었던 종교의 '공적 기능' 개념을 새롭게 조명하게 되었다는 것은 일찍이 토크빌에 의해 제기되었던 종교와 정치(민주주의) 발전 간의 상관성에 대한 논의가 새롭게 부활되고 있음을 드러내 주고 있는 것이기도 하다.

위의 논의가 주로 베버주의적 개신교 테제에 기초한 그리스도교 문화권에 관한 논의였다면, 그에 상응하는 비유럽권 사회들의 윤리 테제가 가능할지에 대한 논의도 지난 8,90년대 이후 활발하게 전개되었다. 필경, 로버트 벨라(R.N. Bellah)의 「도꾸가와 종교(*Tokugawa Religion: The Values of Pre-Industrial Japan*)」는 이 논의의 단초를 이룬 고전에 속한다고 할 수 있다. 비서구권 국가들에서의 종교와 발전에 관한 논의는 동아시아, 동남아시아, 사하라 이남의 아프리카, 그리고 라틴아메리카 등의 국가들에서 정치 · 경제적 발전이 성공적으로 성취된 것으로부터 자극을 받아 전개되었다. 김성건은 밀러 · 야마모리가 세계 여러 나라들에 대한 질적 연구를 통해 오순절 성령운동과 사회발전 간의 관계성을 규명한 연구를 소개하면서(밀러 · 야마모리, 2008), "오순절 성령운동이 근대 경제 발전에서 하나의 긍정적 근원으로 인식되어야" 한다는 버거의 입장에 동의하고 있다(김성건, 2013: 101).

이 배경에서 동아시아의 경제 · 정치적 발전의 동인이나 배경을 유교에서 찾고자 했던 또 다른 흐름은 '유교 테제'이다. 최현종은 같은 글에서 이에 관련된 연구들을 소개한다. 유교적 가치나 덕목들이 한국, 일본, 중국, 타이완, 홍콩 및 싱가포르 국가들의 성공적인 (정치)경제적 성장의 주된 동인이 되었다는 주장들이 그것이다. 이러한 입장을 대변하는 연구자들로 앞에서 언급한 마틴이나 해리슨을 포함해 투 웨이밍, 나까지마, 이동인 등이 소개되고 있다(최현종, 2015: 105).[2]

2) 필자는 상식적 의미의 유교 테제가 가지는 문제점은 이 테제를 둘러싸고 전개되는 논의들이 근본적으로 동아시아 사회의 발전 과정에서 합리적 자본주의가 서구로부터 이식된 체계라는 사실을 전혀 중시하지 않는다는 데서 기인된다고 본다. 즉 베버의 개신교 테제가 서구 사회에서 개신교에 의해 합리적 자본주의가 왜, 어떻게 촉발되었는지에 대한 측면을 다루고 있는 반면에, 유교 테제는 서구로부터 그 합리적 자본주의가 이식된 이후 그 이식된 자본주의 체계가 어떻게 기능적 극대화를 이룩해 나갈 수 있었느냐에 초점이 맞추어져 있다는 점에서 양 테제 간에 분석과 논의의 수준 및 차원이 다르다는 것을 분명히 해야 한다는 점이다.

하지만 최근 들어 전개되고 있는 '종교와 발전' 에 관한 사회과학적 이해의 반경은 이보다 더욱 넓은 스펙트럼을 보인다. 즉 종교가 발전을 촉발하거나 또는 지속하게 한다는 가정을 넘어, 발전이나 성장을 제한하는 역할까지도 수행한다는 관점까지 포괄하는 경향을 보인다는 것이다(김성건, 2013: 110-113). 즉 발전이나 성장은 중요하지만, 그 발전이나 성장이 전체 사회 속에서 불안정이나 갈등을 야기하는 것이 될 때, 종교는 그 발전이나 성장을 제한하거나 억제하는 '절제의 규범' 의 역할을 수행하게 된다는 것이다. 대부분의 전통종교가 기본적으로 절제의 규범을 강조한다는 점에서 물론 이 입장은 베버의 이해사회학적 종교관에 정면으로 반하지 않는다. 하지만 베버의 신교윤리의 기본 테제와는 다르게, 종교는 사회발전을 추동하지 않고 오히려 제한하는 방향으로도 작용한다고 가정한다는 점에서 정통 베버주의의 입장을 넘어서거나 다르게 확장하는 것이라고 할 수 있다(송재룡, 2013b: 111).

다른 한편으로 이러한 전환적 상황과 더불어, '영성(spirituality)' 에 대한 관심이 1990년대 중반 이후 부흥하여 현재 계속 증가하고 있는 사실 또한 간과할 수 없다(Holmes, 2007; Houtman and Aupers, 2007; 송재룡, 2013a; 이원규, 2012). 지난 약 15년 동안 미국에서 의과대학의 무려 4분의 3이 학생들에게 영성이 치유, 건강, 안녕(행복)에 대해서 갖는 관계성을 밝히는 '신앙과 치료(faith and healing)' 의 주제를 담고 있는 새로운 과목을 개설하였다. '과학과 종교' 가 그동안 서로 대립하여 논쟁하여 왔지만, 이 두 영역이 최근 들어 점차 '영성' 과 같은 종교적 요인이 인간의 건강에 좋은 영향을 미치는 요인이 될 수 있다는 데 동의하고 있다(Kluger, 2009). 달리 말해, 건강한(well-being) 삶의 구성과 관련해 그동안 간과되었던 '영성적 요인(spiritual factors)' 의 중요성이 다시금 새롭게 부각되고 있다(Miller, 2007: 445; 김성건, 2010: 56-57).

끝으로, 종교사회학의 새로운 패러다임으로 불리는 종교시장이론

(religious market theory)의 관점에서 '종교시장'을 보는 원래의 의미와 방법론을 한국적 사례연구와 함께 설명하고자 하는 연구도 있다(유광석, 2014). 종교시장이론은 세속화이론과 달리 종교적 경쟁과 시장참여자들의 합리성을 강조하고, 종교시장 참여자 전체의 이익을 고려한다(유광석, 2013: 67-68). 유광석은 전체 참여자의 이익을 높이기 위해서 공급자들의 자유롭고 공정한 경쟁이 보장되어야 하며, 가능한 많은 종교적 경쟁이 장려되고 보호되어야 한다고 주장한다(유광석, 2014: 74).

이런 면에서 종교시장이론의 정책적 방향성은 매우 분명하다. 인구센서스 기준으로 소수 종단들에 의해 전체 종교시장의 98%가 장악된 한국의 종교시장은 과점시장(oligopoly) 구조로서 공급자의 경쟁을 제한하고 수요자들에게 많은 비용을 전가시키고 있다. 따라서 종교시장이론의 관점에서는 기성종교와 신종교의 자유롭고 공정한 경쟁을 보장하는 사회제도를 마련하는 것이 전체 사회의 편익을 증대시키고, 종교적 주체들의 주관적 만족도를 높일 수 있다(유광석 2014: 94-111). 이런 맥락에서 유광석은 종교와 행복에 관한 좀 더 다양한 연구들이 활성화되어야 하고 거시적 관점의 종교경제적 차원에서 종교시장과 그 참여자들의 종교적 태도가 이해될 필요가 있다고 제안한다.

이렇게 종교가 사회진보에 대하여 촉진자의 역할을 하기도 하고 동시에 제한자의 역할을 수행한다는 입장에로의 진전은 종교의 사회적 기능과 역할에 대한 사회학적 접근과 이해의 다원화를 함축한다. 하지만 이와 같은 종교의 이중적(다원적) 역할에 대한 논의의 증대에도 불구하고, 종교세속화론의 가정이 함의하듯이 사회 진보가 종교의 영향력을 감소시키는 방향으로 작용한다는 발전론적 입장은 아직도 유효하고 강력하다. 물론 오순절 운동 등을 포함하는 일종의 '영성적 전환'과 같은 현상들을 반영하는 종교의 탈세속화 테제가 설득력을 얻고 있는 것으로 보이는 세계 종교 상황에서 종교 세속화 가설은 이전보다 다소 위축된 듯 보이지만, 아직도 특정 선진 국가들의 종교 상황과 관련해 그 통계학적 증거를 확보하고 있는 것으로 보이기도 한다.

Ⅲ. 한국의 종교와 사회진보에 대한 연구

한국적 상황은 어떨까? 주지하듯이, 한국사회는 전체 인구의 과반수에 해당하는 사람들이 종교를 갖고 있다. 구체적으로 2014년 현재 그리스도교 28%(개신교 21%, 가톨릭 7%), 불교 22%, 비종교인 50%의 구성을 보인다(한국갤럽, 2015). 그리고 유교의 경우, 비록 전체 인구의 0.3% 정도에 불과하지만, 그 유교적 기억의 사슬(Confucian chains of memory)은 아직도 한국인의 '마음의 습속(habits of the heart)'을 형성하고 있는 강력한 문화 정서적 경향성을 구성하고 있다는 점에서 결코 간과할 수 없는 종교이다. 여하튼 이와 같은 한국 사회의 종교 지형은 사회의 정치 · 경제적 발전과 종교 요인 간의 상관성에 대한 사회학적 연구 관심을 촉발하기에 충분하다고 할 수 있다.

이와 같은 연구 관심의 배경에서 필자를 연구책임자로 하는 총 7명의 공동연구자들로 구성된 연구팀이 지난 2012년 9월부터 한국연구재단이 지원하는 「한국사회과학연구지원사업(SSK)」의 연구프로젝트(소형)를 가동하게 되었다. "한국의 종교와 사회진보"라는 주제를 설정한 본 연구팀의 연구 목적은 20세기 중반 이후 성공적 근대화를 통해 이룩한 한국의 '사회적 진보' 일반의 동인이 무엇인지에 대해 종교 · 문화 사회학적인 분석을 시도하는 데에 있다. 좀 더 구체적으로, 한국사회의 '경제(복지)적 발전', '사회문화적 발전', 그리고 '정치적 민주주의' 등과 같은 진보의 측면들이 전체 인구의 50%를 상회하는 종교인구의 개인적 및 집합적 가치와 어떤 상관관계를 가지며 이뤄지게 되었는지를 규명하기 위한 것이다.

본 연구 목적을 성공적으로 달성하기 위해서 수립한 10년 장기 연구의 잠정적 계획은 다음과 같다. 10년 장기 공동연구로서 연속적으로 수행될 본 연구의 중(中)주제를 3개의 주요 단계별로 구분해 보면, 제1단계(3년, 소형)에서는 종교사회학적 관점에서 종교와 사회진보에 관한 이론적이고 경험적인 토대를 구축하고, 제2단계(3년, 중형)에서는 발전이론적 관점에서 종교와 사회진보를 연구하며, 제3단계(4년, 대형)에서는 교차 문화적 관점에서 종교, 사회진보, 인간개발 및 사회적 건강의 관계를 종합할 것이다.

이 글에서는 우선 제1단계 3년간의 연구 수행에 한정해 기술하고자 한다. 여기서의 기초 연구는 우선 '종교와 사회진보' 양자 간의 상관관계에 대한 최근의 연구 관심이 어떤 배경에서 왜 촉발하게 되었는지에 대한 이해를 필요로 한다. 이에 따라 1년차의 연구 수행은 주로 베버의 '개신교 윤리' 테제에 기초해, 개신교, 가톨릭, 불교, 유교, 무속신앙 등의 종교 현상의 배경과 연관해 '종교와 사회발전'에 대한 심도 있는 이론적 및 현상적 분석을 수행했다.

이 연구 결과에 기초해 2년차 연구의 후반부인 2014.3.27.~4.2.까지 전문 조사기관인 ㈜글로벌리서치를 통해 서울 및 수도권에 거주하는 20~60세의 성인남녀를 대상으로 온라인 기법으로 "종교와 사회진보에 관한 설문조사"를 수행했다. 연구 가설은 종교와 종교적 가치가 신자의 가치관(의식) 구성에 영향을 미칠 것이고, 그 결과 종교인들 간에 진보(발전) 현상을 바라보는 의식 및 행태에도 차이가 있을 것이라는 가정이었다. 표본 추출은 2005년 인구센서스의 연령, 지역, 종교 비율에 따라 할당되었으며, 표본수는 1,070명이었다.

아래 실린 7편의 논문 중에 김성건, 정명수, 정승안, 유광석의 논문은 문헌 탐구에 기초한 이론적 연구이며, 최현종의 논문 2편과 장형철의 논문은 바로 이 설문조사 분석 데이터에 기초한 연구 결과들이다. 이에 뒤이어 또 다른 세부 주제의 연구 논문들이 출판될 예정이다. 온라인 기법에 기초한 조사 분석인지라 전수조사 기법에 비해 그 신뢰수준의 한계가 있을 수 있으나, 부족한 부분은 여타의 유사한 연구조사 자료들을 활용해 보완할 수 있을 것으로 생각한다.

우선 김성건의 이론적 연구는 종교와 발전에 대한 세계 학계의 다양한 이론과 최근 변화의 흐름을 지성사적으로 개괄하고 있다. 그는 사회학적 종교 연구 경향이 시기별로 크게 세 가지 단계를 거치며 전개되었다고 본다. 그 첫 번째는 1970년대를 풍미했던 정통 세속화론과 네오 마르크스주의적 발전사회학(developmental sociology)의 반종교적 경향성이다. 양 진영 모두 근대화가 진행되면 될수록 종교는 주변화될 것이라는 가정에 기초한다. 김성건에 의하면, 이 발전사회학의 입장은 두 가지 글로벌한 상황 속에서 그 한계를 노정하게 된다. 그 하나는 1970년대 후반 1980년대 초에 이르러 지구촌 곳곳에서 종교가 재등장하게 된 상황이며, 다른 하나는 이와 더불어 제3세계 국가들의 저발전 원인분석에 대한 네오마르크스주의적 발전사회학의 패러다임의 현실적 한계들이 뚜렷이 드러나게 된 점이다. 이 맥락에서 종교에 대한 사회과학적 관점은 크게 전환되었다.

1980년대와 90년대 이후의 종교사회학적 연구 경향의 발전은 바로 이와 같은 전환을 반영하고 있다. 1980년대와 90년대 모두 글로벌한 수준의 종교 부흥 현상과 밀접한 관계가 있다. 김성건은 특히 1980년대 윌버와 제임슨이 중심이 되어 학술지 *World Development*를 통해 1980년 '종교 가치와 발전' 이란 쟁점이 전면에 부각되기 시작한 새로운 연구 분위기를 이와 같은 전환을 반영하는 중요한 계기로 간주한다. 윌버와 제임슨은 '종교와 발전' 의 상호관계에 대한 전통적 분석 경향을 단선적이라고 규정하면서, 보다 다원적이고 유기적인 시각에서 양자 간의 관계를 새롭게 조망해야 할 필요성을 강조했다(Wilber and Jameson, 1980: 467-479). 이러한 연구 경향은 1990년대를 지나면서 '문화가치와 정치 · 경제적 발전' 의 상호관계를 규명하는 이른바 '문화-발전 학파' 의 대두로 이어졌다고 본다.

하지만 종교와 발전 양자 간의 관계성에 대한 김성건의 입장은 '종교적 신앙 → 발전의 추동' 이라는 정방향적 영향뿐만이 아니라 그 역의 방향성에 대한 영향도 고려해야 할 것을 강조한다. 후자의 예는 종교가 자본주의가 초래하는 불평등, 소외, 긴장, 불안 등과 같은 역기능의 측면에 대한 치료적 기능을 수행할 뿐만 아니라, 더 근본적으로 종교가 자본주의에 저항하고 반대하는 기능까지도 포함된다.

다음으로 전명수의 연구는 종교가 정치 참여에 대해 미치는 상관관계의 여부를 주목한다. 구체적으로 i) 종교 지도자들의 직접적인 정치참여의 측면과, ii) 선거를 통한 일반 국민들의 간접적인 정치참여의 측면을 분석한다.

우선 첫 번째로 '종교 지도자들의 직접적인 정치참여' 의 측면은 군사정권 시절의 국가조찬기도회와 민주화운동에 초점을 맞추어 검토한다. 전명수는 국가조찬기도회가 정교유착의 예로 표현되는 정치 공학적 산물로서의 한계성을 인정한다. 하지만 그는 그 국가조찬기도회라는 현상의 이면에 담겨진 종교사회학적 사실(facts)에 함의된 의미 분석이 중요하다는 입장을 가진다. 즉 조찬기도회 참석자들의 교단 소속, 신학사상, 기도회 메시지, 그리고 그들이 정권으로부터 받았다는 혜택 등과 같은 측면들이 그것이다. 민주화운동의 측면은 종교가 역사와 정치, 그리고 사회문제에 적극 간여해야 한다는 신학적 관점에 기반해 군사정권의 불의와 독재에 저항한 의의가 높이 평가되고 있다. 하지만 다른 한편 이것이 정치사회운동인지 아니면 종교사회운동인지, '민주화' 나 '정의' 라는 가치가 지도자와 일반 국민 모두가 공유하던 가치인지, 그리고 이 운동에서 종교지도자들이 자임한 예언자적 역할이 민중과 '함께한다' 는 합력의 의미보다는 오히려 그들을 깨우침의 대상으로 보고 있는 것은 아닌지의 문제가 제기된다는 점에서 보다 심도 있게 검토해야 할 것을 요구한다.

다음으로 '선거를 통한 일반 국민들의 간접적인 정치참여' 의 측면은 일반적 현상에 대한 것이기보다는 1980년대 민주화 이후 선거를 통한 일반 국민들의 정치참여의 현상에 초점을 맞춘 것이다. 전명수는 자신의 접근방법은 기존 연구경향과 차별화된 것임을 강조한다. 즉 기존 연구에서는 시민의 정치참여를 종교별 특정 정당과의 관계에 초점을 두었으나, 한국사회의 다분화 현상의 증대와 더불어 이제는 그러한 종교 갭(religion gap)의 의미가 거의 사라지고 있다고 주장한다. 따라서 이제는 종교 소속, 헌신, 신앙의 상호관계에 따라 정당이나 입후보자에 대한 지지 성향이 드러난다는 연구 성과들이 큰 주목을 받고 있다는 것이다.

전명수의 연구 분석과 결론은 상당히 미시적이다. 때문에 유사한 주제들에 대한 사회과학적 연구들에서 나타나는 단선적 부정적 뉘앙스의 해석 경향을 넘어 동일 현상에 대한 일종의 이중 해석학적 입장을 가져야 할 필요성을 요구한다. 즉 인간 본성에 대한 대표적 수사학인 '정치적 인간(homo politicus)' 이나 '종교적 인간(homo religiosus)' 이 시사하고 있듯이, "종교와 정치가 분리되기 어렵고 분리될 수도 없는" 운명을 가지고 있음을 주목한다. 현대사회에서조차 그 불가피성은 간단명료하다. 왜냐하면 종교 신자를 포함해 국민 개개인 모두가 선거를 통해 직간접적으로 정치에 참여하기 때문이다.

이 점에서 전명수의 결론은 당위적 긍정을 보인다. 그 주된 이유는 한국 사회에서 종교인의 정치참여에 대한 부정적 견해가 우세하면서도 다른 한편으로는 종교가 정치인이나 사회 일반의 도덕성 회복에 기여함으로써 사회정화나 정치발전에서의 종교의 역할에 대해 기대한다는 점에서 그러하다. 이 점에서 전명수는 국내 대표적 종교사회학자인 노길명과 이원규의 입장을 따라, 종교의 정치적 참여의 목적은 권력 장악이나 정치적 이익 도모를 위해서가 아니라 보편적인 종교적 가치로서 도덕성과 공동체성의 고양을 위한 것이어야 한다고 주장한다.

세 번째로 정승안의 연구는 한국의 종교사회학에서 비교적 드물게 다뤄지는 불교 현상에 대한 이론적 연구이다. 그는 한국사회의 중요한 정치적 전환기에 해당하는 1980년대의 불교 사회운동이 어떻게 사회발전을 추동하거나 촉발했는지를 검토한다.

정승안은 1980년대의 불교 사회운동의 흐름을 중요한 사회이념의 흐름과 이에 대응하는 불교진영의 의식화 유형에 따라, 준비기: 10·27법난과 불교 사회운동의 분기점 → 조직화: 민중 불교운동의 확산과 조직화 → 대중화: 불교 사회운동의 조직화와 1987년 6월 민주화 항쟁 → 이념화: 불교 사회운동의 분화 등으로 구분한다. 각 단계는 약 2~3년간의 기간으로 구성되어 있다. 1980년대 당시의 극적인 정치사회적 변혁의 상황에 불교가 적극적으로 대응하게 되면서 결국은 스스로 사회변혁을 추동하는 견인차의 역할을 수행했다는 것이 정승안의 요지이다.

정승안은 박수호의 연구 결과를 참고하며(2010), 당시의 불교 사회운동을 통하여 정치적, 경제적, 사회적 모순구조를 타파한다는 이른바 민중적 불교 운동의 효시와 전형을 구축하게 되었음을 강조한다. 이 운동을 통해 '불교의 사회적 역할에 대한 모델 제시', '한국사회의 민주화에 기여', '불교의 사회과학적 해석을 통한 재인식'을 도모할 수 있었다고 본다.

결국 불교가 피안의 종교가 아닌 그 핵심사상인 연기법의 논리를 사회현실 속에서 충실하게 실천하는 종교, 따라서 사회의 변동을 추동하는 변혁의 '법'이자 '원리'이자 '윤리'의 기능과 역할을 수행할 수 있는 실천적 변혁의 종교임을 주장한다.

다음 네 번째로, 종교시장이론의 전문가인 유광석은 국내외의 다양한 종교데이터베이스들이 왜 그리고 얼마나 한국의 종교 현황에 대한 방법론적 오류, 곧 인구학적 및 통계 범주적 오류를 드러내고 있는지를 지적하면서, 이 오류로부터 초래되는 다양한 종교사회(과)학적 분석의 문제들을 주목한다. 이 문제를 명료하게 드러내 주는 보기가 바로 국내 인구센서스에 나타난 한국사회의 종교인구분포(1985년, 1995년, 2005년의 예)와 해외의 종교데이터베이스에 반영된 종교인구분포와의 극단적 차이다. 이에 해당하는 해외 유명 데이터베이스로 Pew Database, World Christian Database, World Values Survey Database, 그리고 Association of Religion Data Archives 등이 있다.

유광석은 종교 · 문화적 다원화가 심화되고 있는 전지구화의 상황으로부터 자유롭지 않은 한국사회의 종교적 다양성의 상황과 조건에서 불가피하게 야기되는 전통적 통계범주화 방법의 한계와 문제를 주목한다. 따라서 그는 과도하게 단순화된 인구학(인구센서스)적 종교범주화의 방법론을 벗어나, 다양한 국내 종교인들 및 종교단체에 대한 전수조사를 시행할 필요가 있음을 요청한다. 예컨대, 그동안 전형적 유형으로 자리 잡았던 '불교', '개신교', '천주교', '유교' 등의 전통적 범주는 지난 20여 년 동안 진행된 종교적 다양성의 현실을 진실되게 반영하지 못한다는 것이다.

이 문제의식은 사회과학자들로 하여금 한국의 종교적 현실을 통계학적 관점에서 보다 더 과학적이고 합리적으로 이해하도록 전환할 것을 요구한다. 예컨대, 현행 인구조사표의 단순한 포괄범주들보다 훨씬 더 세분화되고 정교한 종교범주들을 개발해야 할 것이다. 유광석은 이러한 방법론적 전환은 단순히 한국 종교시장의 변화와 추세를 분석하는 기술적 발전만을 의미하는 것이 아니라, 다양한 사회 문제들의 심층에 잠재해 있는 종교적 변수들을 실증적으로 인식하고 합리적 관점에서 대응할 수 있게 해주는 새로운 사회적 인식시스템의 개발과도 연결된다고 본다.

다음에 오게 되는 세 편의 논문은 앞에서 언급했듯이, 설문조사 분석 데이터에 기초한 경험적 연구 결과들이다.

우선 최현종의 연구는 두 편의 논문으로 나타났다. 첫 번째 글인 "사회진보와 종교의 역할"은 필자의 머리말이 쓰여지는 데에 아주 중요한 자료가 되었다. 필자를 포함하는 전체 연구팀의 종교사회학적 전망과 동일하게 최현종 또한 사회진보와 종교의 역할에 관한 연구 관심이 사회학 연구 전통에서 중핵적인 위치를 차지해 왔음을 주목한다. 때문에 최현종은 현대 세속화 이론의 확산에도 불구하고 종교사회학에 있어서의 '공적 종교'의 부활이나, 사회학 일반에 있어서의 사회정치적 발전에 있어서의 '문화' 및 그 일부로서의 '종교'의 역할에 대한 재조명을 새롭게 주목하고 있다.

최현종의 연구는 내용적으로 크게, i) 사회 진보에 대한 종교의 구체적 공헌의 분석이 아닌, 일반인의 평가 혹은 종교의 역할 인식에 관한 것, ii) 내용적으로도 경제성장보다는 사회, 문화적인 요소 및 교육/복지와 같은 성장외적 요소에 치중하였으며, iii) 정치적 발전에 관해서는 각 종교별 민주화에 대한 기여 정도를 평가하는 것 등으로 구성되었다. 분석 결과, 정치 · 경제적 발전에 미친 종교의 영향력이 정기능적 영향력을 미치지 못하는 것으로 나타난다.

최현종은 그 배경 원인에 대해 포괄적 의미의 한국적 세속화의 영향, 좀 더 구체적으로는 개신교에 씌워진 부정적 세속화 담론에 따른 결과로 보고 있다. 즉, 오늘날 한국사회에서 개신교는 일반적으로 종교 전체를 대표하는 이미지를 갖는데, 이것은 긍정적이기보다는 부정적이기 때문이다. 특히 개신교에 대한 이러한 부정적인 평가는 진보 성향을 지닌 사람들에게서 가장 강하게 나타나고 있는 것으로 분석된다.

최현종은 이와 같은 다소 부정적 결과에도 불구하고, 오늘날의 한국사회에서 종교가 사회진보에 기여할 수 있는 가능성에 대해 긍정적이다.

"변화하는 사회 속에서 새로운 종교의 역할을 찾고, 이를 다시 사회의 진보와 연결시켜, 보다 행복한 사회, 건강한 사회를 만들어 나가는 것은, 좁게는 SSK '종교와 사회진보' 팀의, 넓게는 대한민국의 모든 종교인 혹은 나아가 국민 전체의 과제라고 할 수 있을 것"으로 보고 있다.

다음으로 장형철의 논문은 종교가 도덕성에 미치는 측면을 다룬다. 최현종의 연구와 마찬가지로 2014년 실시한 "종교와 사회진보에 관한 설문조사"의 분석 자료를 기초한 것이다. 그동안 한국사회에서 종교가 도덕성의 형성에 미치는 영향에 대한 사회학적 연구는 많지 않았다. 대표적 연구로 전성표, 정순일 · 한내창, 이원규를 든다. 하지만, 장형철의 지적대로 이들의 연구는 10년 훨씬 이전의 자료에 기초한 것이었을 뿐만 아니라, 특정 단일 종교(신앙인)의 도덕적 성향을 단선적으로 측정한다든지 또는 이론적 접근이었거나, 아니면 종교성과 도덕성 간의 효과를 측정하지 못하는 등의 결과를 도출하였다는 점에서 한계를 가진 것으로 보인다.

이와는 다르게 장형철의 연구는 종교에 관한 변인으로 불교, 개신교, 가톨릭 및 무종교 등과 같은 다종교 유형과 함께, 종속변인으로 종교의 도덕적 기능에 대해 동의하는 정도를 측정하는 변수—'종교를 가지면 더 도덕적인 삶을 살 수 있다'와 '종교는 사회의 부정부패를 줄일 수 있다'—그리고 도덕적 태도를 측정하기 위한 변수—'가족이라도 범죄 혐의가 있을 때는 고발할 수 있다'와 '손해를 보더라도 법과 규칙은 지켜야 한다'—를 설정하고 있다.

장형철의 연구 결과는 최현종의 그것보다는 긍정적인 상관성을 나타낸다. 우선 종교인이 비종교인보다 종교의 도덕적 기능을 강하게 인식하고 도덕적 태도도 강한 것으로 나타난다. 둘째로, '삶 속에서의 종교의 중요도'가 '스스로 평가하는 믿음의 강도'보다 더 도덕성에 영향을 미친다. 셋째로, 가계 경제만족도가 높을수록 종교의 도덕적 기능에 동의하는 데 유의미한 영향을 매우 강하게 미친다. 마지막으로, 종교의 도덕에 대한 영향력은 가족관련 문제와 연결될 때는 약해진다(장형철은 김승현과 송재룡의 견해를 따라, 가족의 경계 안에서 이렇게 상관성이 제한적으로 나타나는 주된 이유를 한국 가족이 정서적 구속력이 강하고 가족주의로 발전하여 종교의 윤리적 가치나 덕목보다 선행하기 때문이라고 진단한다).

이 점에서 장형철의 연구는 미온적이기는 하지만 현대 한국사회의 상황에서 종교 탈세속화의 경향을 보여준다. 예컨대, 2014년 한국사회를 비극과 신선함이라는 양가적 소용돌이에 빠트렸던 세월호 참사와 교황 프란치스코 1세의 방한은 이 경향을 상징적이지만 명료하게 드러내 준다.

마지막으로, 최현종의 두 번째 논문은 종교가 섹슈얼리티에 미치는 영향을 검토한다. 왜 섹슈얼리티일까? 저자는 한국사회가 강력하고 질긴 유교적 남성중심주의 문화를 형성하고 있다는 사실과 그 환경에서 종교성과 관련해 성성의 의식과 가치가 어떻게 변화하고 있는지를 검증하고자 한 것이다. 구체적으로, 전통적인 가족의 위기, 가족과 섹슈얼리티의 분리, 동성애를 비롯한 성적 소수자의 문제 등 섹슈얼리티 및 가족과 관련된 주제에 초점을 맞추고 있다.

이 연구 또한 2014년 실시한 "종교와 사회진보에 관한 설문조사"의 분석 자료에 기초한 것이다. 조사를 위해 설정한 종교관련 변인으로는 신앙종교의 유형과 함께, 본인의 삶에 있어서의 '종교의 중요도', 종교적 '신앙의 강도' 등이 5점 척도에 의해 평가되었고, 동성애, 이혼, 입양, 미혼모, 혼외성관계 등 섹슈얼리티 및 가족과 관련된 요인들에 대한 태도가 종속변수로서 역시 5점 척도로 평가되었다. 통제변수로는 성, 연령, 선호신문유형 등이 사용되었다. 선호신문유형은 보수계통 신문(조선, 중앙, 동아)과 진보계통 신문(한겨레, 경향)으로 구분되었으며, 보수-진보 성향을 나타내는 지표로 사용되었다.

최현종에 의하면, 이슬람교를 포함하는 대부분의 유대-그리스도교 종교들에서 나타나는 종교와 섹슈얼리티 양자 간의 상관성은 '전통적 섹슈얼리티/가족' 에 대한 지지의 태도와 '일탈적 섹슈얼리티/가족' 에 대한 부정적 태도의 경향을 일관되게 보인다. 저자는 관련 연구 문헌들을 참고해, 한국 개신교 또한 '섹슈얼리티/가족' 에 대한 보수적인 태도를 나타내는데, 그 배경은 한국으로 들어온 미국적 청교도의 성 윤리관과 그리고 근본주의(복음주의) 및 보수적 개신교 성향과 연관되어 있다고 가정한다.

실제 최현종의 연구 결과는 이와 같은 선행연구들의 가정과 대부분 일치하는 것으로 나타난다. 일반적으로, 종교는 조사항목 중 동성애, 이혼 및 혼외성관계 등에 대한 태도에는 유의미한 영향을 미쳤지만, 입양과 미혼모 등과 같은 항목들에 대한 태도에는 유의미한 영향을 미치지 못했다. 종교변수에 따른 태도의 경우, 개신교만 유의미한 수준에서 영향을 미쳤고, 그 마저 신앙강도를 포함할 경우에는 동성애를 제외하고 유의미하지 못한 수준으로 변화하는 것으로 나타난다. 동성애의 경우는 종교적 요인의 영향을 가장 많이 받는 태도로 해석될 수 있다. 그리고 신앙 강도의 영향을 받는 변수의 경우에는 강도가 높을수록 보수적 태도가 나타났다.

이와 같은 연구 결과에 기초해, 최현종은 종교의 '섹슈얼리티/가족' 에 대한 태도가 사회진보에 대해 갖는 함의에 대해, 앞에서 언급한 종교의 '절제의 규범' 역할 개념을 참고한다. 즉, 사회변동에 대한 '속도 조절의 기능' 을 할 수 있다는 것이다. 이를 통해 급속한 변화로 인한 일종의 문화적 지체/갈등 현상을 막아주는 역할을 함으로써, 사회적 긴장과 불안을 풀어주는 기능을 한다는 것이다. 물론 이와 같은 절제의 규범이 너무 강하게 유지될 때, 극단의 보수적 경향이 야기되고 이는 또 다른 사회 갈등의 원인이 될 수도 있다고 강조한다.

Ⅳ. 맺음말

인간과 종교 간의 필연적 관계성에 대한 언설은 부지기수다. '종교적 인간(homo religiosus)' 이라는 고전적 명제로부터 수많은 인문사회과학적 논의들이 인간의 사회적 삶에서 종교가 차지하는 중요성에 대해 언급하고 있다. 종교사회학에 관한 한 종교의 존속과 운명에 관한 논의의 스펙트럼은 종교 세속화론의 전개와 더불어 다양하게 전개되어 왔다. 하지만 오늘날 종교 세속화론은 오래전 리온이나 마틴이 말한 대로 이론적 및 경험적 측면 모두에서 모호성과 역설에 직면하고 있다(Lyon, 1985; Martin, 1995). 하지만 이러한 언급이 종교 현상에 대한 세속화론의 모든 가정과 정의에 대한 기각을 뜻하지는 않는다. 따라서 현대 사회의 종교 현상을 어느 한 방향으로 단선적으로 전개되는 현상으로 이해하기보다는 이 두 경향을 포함하는 복합적이고 중첩적인 현상으로 이해해야 할 것이다.

이 글의 제목 "왜 종교가 중요한가?"라는 질문에 대한 답변도 이와 같은 시각에서 추구되어야 할 것이다. 종교와 사회진보에 관한 본 연구팀의 연구 지향 또한 마찬가지다. 이미 앞에서 언급한 대로, 종교는 해당 사회의 상황과 조건에 따라 사회진보의 촉진자이자 제한자의 역할을 수행한다. 하지만 이 두 가지 역할 모두 정의 방향이든 역의 방향이든 종교가 사회의 변화에 대해 상관성을 가진다는 것을 의미한다. 이 저서에 포함된 네 편의 연구 논문들은 이 부분을 잘 보여주고 있다.

그렇다고 해서, 이 일곱 편의 논문들이 종교와 사회진보에 대한 본 연구팀의 3년 동안의 연구 결과를 전부 반영할 수는 없다. 현재 소주제별로 자료 분석과 집필이 진행 중인 연구들이 있으며, 이와 더불어 다른 연구기관(팀)이 수행한 조사 자료들을 참고하여 분석과 해석의 보완을 통한 보다 정합력 있는 연구들이 뒤이어 생산될 것이다. 이 연구 결과들은 다음의 두 가지 차원에서 유효하게 기여하거나 사용될 것이다.

우선 본 연구 결과는 거시적으로 한국사회의 사회적 진보의 동인을 이루는 다차원적 요인들에 대한 종교문화 사회학적 접근의 이론적 및 현상적 토대를 넓히는 데에 크게 기여할 것으로 보인다. 특히 보다 더 나은 한국사회의 구축을 위한 정책 수립, 곧 '경제적 발전', '사회문화적 발전' 및 '정치적 발전'의 차원에 대한 정책 전략 수립 과정에서 그동안에 간과되어 왔던 '비가시적 문화종교의 차원'에 대한 중요성(significance)을 통찰하게 함으로써, 정책적 전략의 수립 과정에 문화적 요소(요인)들의 (반)작용에 대한 사회(과)학적 개입의 여지를 확장하는 계기로 작용하게 될 것이다.

다음으로 이 종교사회학적 연구 결과는 본 연구팀이 계획하고 있는 제2단계 중형 연구를 위한 토대 구축의 일환이 될 것이다. 중형 단계에서는 융복합적 연구접근의 필요성에 따라 발전이론과 종교에 관한 이론적 토대를 구축하기 위한 작업에 주력할 계획이다. 이러한 연구 전망에서 종교와 사회진보를 연구하며, 이를 위해 연구 집단의 경계와 지향도 순수 종교사회학의 경계를 넘어 사회과학 전반 및 인문학 및 자연과학 영역을 포함하는 광범위한 간분과적 또는 융복합적 연구가 수행되도록 확장할 것이다. 이와 같은 연구 접근을 통해 '종교의 사회 생태적 이해(social ecological understanding of religion)'로 종결되는 목표에 도달하게 될 것을 기대한다.

참 고 문 헌

김성건. 2013. “종교와 발전에 관한 이론적 검토: 종교사회학을 중심으로,” 「담론 201」, 16(3), 95-117.

______. 2010. “종교, 영성 그리고 건강,” 「종교문화연구」, 15권, 45-79.

밀러, 도날드 · 테쓰나오 야마모리. 2008. 「왜 섬기는 교회에 세계가 열광하는가?」(김성건 · 정종현 옮김). 서울: 교회성장연구소. [원제: Donald E. Miller and Tetsunao Yamamori. *Global Pentecostalism: The New Face of Christian Social Engagement*(California: University of California, 2007)].

박수호. 2010. “한국불교사회운동의 이해: 교리적 근거와 역사적 전개과정을 중심으로,” 「종교와 사회」, 창간호, 95-135.

송재룡. 2013a. “영성 사회학 테제의 가능성: 쟁점과 전망,” 「사회이론」, 44권, 257-289.

______. 2013b. “종교와 사회 발전: 잉글하트의 수정 세속화론과 관련하여,” 「현상과 인식」, 통권 121호, 109-132.

______. 2005. “종교 세속화이론의 한계: 탈세속화 테제의 등장과 관련하여,” 「사회와이론」, 통권 제7집, 121-150.

유광석. 2014. 「종교시장의 이해」. 서울: 다산.

______. 2013. “합리적 선택 이론에서 종교적 수요의 안정성 논쟁,” 「담론 201」, 16(2), 49-73

이원규. 2012. 「머리의 종교에서 가슴의 종교로」. 서울: KMC.

______. 2006. 「인간과 종교」. 서울: 나남.

장형철. 2013. “종교와 사회적 자본: 한국 개신교회를 중심으로,” 「현상과인식」, 37(1/2), 79-101.

전명수. 2014. “종교의 정치 참여에 대한 일고찰: 한국의 종교와 정치 발전 연구의 일환으로,” 「담론 201」, 17(3), 31-56.

정승안 · 박수호. 2014. “1980년대 불교청년운동의 전개와 특성: 정치사회적 발전의 맥락에서,” 「사회와 이론」, 제24집, 339-367.

최현종. 2015. “사회진보와 종교의 역할,” 「담론 201」, 18(1), 101-120.

한국갤럽. 2015. 「한국인의 종교 1984~2014」. 서울: 한국갤럽조사연구소.

Barro, Robert J. and Rachel M. McCleary. 2003. "Religion and Economic Growth Across Countries," *American Sociological Review*, 68, pp.760-781.

Beckford, James. 1989. *Religion and Advanced Industrial Society*. London: Unwin Hyman.

Berger, Peter L. 1991. "Social Change and the Vocation of Sociologist," *South African Journal of Sociology*, 22(3), pp.73-77.

______________. 1992. *A Far Glory: The Quest for Faith in an Age of Credulity*. N.Y.: The Free Press.

______________. 1999. "The Desecularization of the World: Overview," Peter L. Berger(ed.), *The Desecularization of the World: Resurgent Religion and World Politics*. Michigan: William B. Eerdmans, 1999[피터 버거(엮음). 2002. 「세속화냐? 탈세속화냐?」(김덕영 · 송재룡 옮김), 서울: 대한기독교서회].

______________. 2001. "Reflections on the Sociology of Religion Today," *Sociology of Religion*, 62(4), pp.443-454.

Casanova, Jose. 1994. *Public Religion in the Modern World*. Chicago: University of Chicago Press.

Durkheim, Emile. 1964. *The Elementary Forms of the Religious Life*. trans. Joseph Ward Swain. London: George Allen & Unwin.

______________. 1972. *Selected Writings*. Anthony Diddens(trans. & ed.). Cambridge: Cambridge Univ. Press.

Fukuyama, Francis. 1995. *Trust: The Social Virtues and the Creation of Prosperity*. London: Hamish Hamilton.

Geertz, Clifford. 1993[1973]. *The Interpretation of Cultures*. London: Fontana.

Harrison, Lawrence E. 2000. "Introduction: Why Culture Matters," in Lawrence E. Harrison and Samuel P. Huntington(eds.). *Culture Matters: How Values Shape Human Progress*. NY: Basic Books, pp.xvii-xxxiv.

Harrison, Lawrence E. and Samuel P. Huntington. 2000. *Culture Matters: How Values Shape Human Progress*. N.Y.: Basic Books.

Holmes, Peter R. 2007. "Spirituality: Some Disciplinary Perspectives," in

Kieran Flanagan and Peter C. Jupp(eds.). *A Sociology of Spirituality*. Hampshire: Ashgate, pp.23-42.

Houtman, Dick and Stef Aupers. 2007. "The Spiritual Turn and the Decline of Tradition: The Spread of Post-Christian Spirituality in 14 Western Countries, 1981-2000." *Journal for the Scientific Study of Religion*, 46(3), pp.305-320.

Juergensmeyer, Mark. 2006. *Religion in Global Civil Society*. Oxford: Oxford University.

Kluger, Jeffrey. 2009. "The Biology of Belief," *Time*, 173(7), pp.32-37.

Lyon, David. 1985. *Steeple's Shadow: on the Myths and Realities of Secularization*. London: SPCK.

Martin, David. 1990. *Tongues of Fire: The Explosion of Protestantism in Latin America*. Oxford: Blackwell.

____________. 1995. 'Sociology, Religion and Secularization: an Orientation," *Religion*, 25(4), pp.295-303.

____________. 2002. *Pentecostalism: The World Their Parish*. Oxford: Blackwell Publishing.

Marx, Karl. 1975a. "Contribution to the Critique of Hegel's Philosophy of Law," in K. Marx and F. Engels. *On Religion*. Moscow: Progress Publishers, pp.38-52.

__________. 1975b. "Theses on Feuerbach," in K. Marx and F. Engels, *On Religion*. Moscow: Progress Publishers, pp.62-64.

Marx, Karl and F. Engels. 1972. "The German Ideology," in K. Marx, F. Engels and V. Lenin. *On Historical Materialism*. Moscow: Progress Publishers, pp.14-76.

____________________. 1975. *On Religion*. Moscow: Progress Publishers.

Miller, Donald. 2007. "2006 SSSR Presidential Address-Progressive Pentecostals: The New Face of Christian Social Engagement," *Journal for the Scientific Study of Religion*, 47(4), pp.435-445.

Putnam, Robert D. 2000. *Bowling Alone: The Collapse and Revival of American Community*. N.Y.: Simon & Schuster Paperbacks.

Sanneh, Lamin. 2013. "The Last Great Frontier: Currents in Resurgence,

Convergence, and Divergence of Religion," *International Bulletin of Missionary Research*, 37(2), pp.67-72.

Sherman, Army L. 1997. *The Soul of Development: Biblical Christianity and Economic Transformation in Guatemala*. Oxford: Oxford University Press.

Stuckelberger, Christoph. 2005. "Why the New Interest in Max Weber's 'The Protestant Ethic and the Spirit of Capitalism' in Southeast Asia Today?." China, Nanjing Union Theological Seminary, Lecture(26 April, 2005). *The United Nations, Human Development Report*. United Nations Development Programme.

Thomas, Scott M. 2005. *The Global Resurgence of Religion and the Transformation of International Relations*. New York: Palgrave Macmillan.

Weber, Max. 1968[1930]. *The Protestant Ethic and the Spirit of Capitalism*(trans. T. Parsons). London: Unwin University Books.

Wilber, Charles K. and Kenneth P. Jameson. 1980. "Religious Values and Social Limits to Development," *World Development*, 8(7-8), pp.467-479.

Wuthnow, Robert. 1992. *Rediscovering the Sacred: Perspectives on Religion in Contemporary Society*. Michigan: William B. Eerdmans.

01

이론적 연구

제 1 장

종교와 발전에 관한 이론적 검토: 종교사회학을 중심으로[1]

김성건

Ⅰ. 서론: 사회 발전이론 속의 종교의 '주변화'

사회과학에서 종교(religion)와 발전(development)의 관계 혹은 접합은 일찍이 20세기 초에 막스 베버(Max Weber)가 '프로테스탄트 윤리 테제'를 통해서 선구적으로 잘 예증했다. 그로부터 현재까지도 이 테제의 타당성을 둘러싼 논의가 진행 중이다. 이는 최근 심지어 중국과 인도네시아 등과 같은 동남아시아에서도 베버의 테제에 관한 새로운 관심이 일어난 것에서 잘 증명된다 할 것이다(Stückelberger, 2005: 1). 이렇듯 '종교와 발전의 관계'는 그 중요성이 크고 의의가 상당한 것이라 볼 수 있다. 그렇지만 베버 이후 현재까지 세계 학계에서 이 주제에 대해서 실제로 본격적인 경험적 연구가 그리 많이 축적되지 않은 것이 사실이다.[2] 그래서 최근 인도의 농촌 여성 발전 프로젝트에 직접 참여한 경험을 가진 사회발전 분야의 현장 전문가이자 이론가인 리 셀린저(Leah Selinger)는 다음과 같이 주

1) 이 글은 「담론 201」 제16권 3호(2013)에 발표된 논문임.

2) 상황이 이러한 가운데, 최근 라틴아메리카(특히 과테말라)에서 일어난 펜테코스탈(성령운동) 개신교의 부흥이 경제적 변혁을 초래한 중요한 요인임을 경험적으로 입증한 연구로서, Amy L. Sherman, *The Soul of Development: Biblical Christianity and Economic Transformation in Guatemala*(New York, Oxford University Press, 1997)를 볼 것.

장한 바 있다.

> 그동안 종교는 국제적 발전 이론과 전략 속에서 무시되었고 주변으로 밀려났다. 이것은 제2차 세계대전 이후 발전기 동안 나타난 사회이론의 담론 속에서 잘 지지된다. 이 같은 종교의 주변화에 결정적 역할을 한 것은 사회이론을 지배한 근대화 이론과 세속화 이론이다. 문화가 발전 전략에 미치는 영향을 중시한다면 우리는 이제라도 종교의 특수한 역할에 초점을 모아야 할 것이다(Selinger, 2004: 523).

국내의 경우도 '종교와 발전' 양자의 관련에 대해서 그동안 필자가 속한 종교사회학 분야[3]를 위시하여 경제사회학, 발전사회학, 발전경제학, 정치사회학, 문화인류학 등 사회과학 분야에서 전문적 연구가 사실상 거의 없었다고 말할 수 있다. 사정이 이렇게 된 데에는 여러 가지 이유가 있

3) 국내 종교사회학계에서 '종교와 발전'에 관한 연구는 지난 1980년대에 한국이 고도 경제성장을 이룩했던 시기 동안에만 몇 명의 연구자에 의해서 약간 수행되었다고 판단된다. 예로서, 정재식은 "유교 윤리와 사회 변혁: 전통의 연속과 단절의 분석"(1982)에서 신전통주의적 태도를 지녔던 한말의 사상가 박은식(1859~1925)의 유교 구신론(儒敎求新論, 1909)을 중심으로 유교의 전통적 개혁 사상을 살펴본 뒤에 "유교가 사회 변혁의 지렛대로 작용할 수 있었느냐 없었느냐 하는 문제는 비교 역사 사회학적인 문맥에서 좀 더 광범위하게 검토되지 않고서는 그 여부(與否)나 가능성이나 제한성을 밝힐 수가 없다고 본다"(정재식, 1982: 261)고 결론을 맺었다. 한편, 권규식은 "경제발전의 종교적 요인"(1983)에서 프로테스탄트의 윤리가 자본주의의 발달과는 적합도가 높은 데 반하여 한국의 상황에서 유교의 윤리는 그렇지 못하다는 베버의 가설을 경험적인 연구를 통해 검토하였다. 곧, 그는 "한국의 개신교 윤리는 상당한 부분에 있어서 근대화와 경제발전에 기여할 만하나 유교가치 내지는 토착가치의 영향으로 강력한 근대화의 추진세력이 되지는 못하지 않나 생각된다"(권규식, 1983: 301)고 결론 맺었다. 이에 반하여 이동인은 "한국의 근대화 과정에서의 유교적 가치: 두 일간지의 내용 분석"(1987)에서 1960년에서 1986년에 이르는 27년 동안의 한국의 산업화 과정 기간에 조선일보와 동아일보 사설의 내용을 분석하였다. 그로부터 "유교의 가치 체계는 근대화에 도움이 되는 가치-윤리체계였으며 그 자체로서 완벽한 포괄적인 체계였다"(이동인, 1987: 225)고 주장하였다. 박영신은 "한국의 전통 종교윤리와 자본주의"(1987)에서 "우리 사회의 전통 종교가 갖는 가치 지향성은 반드시 경제적 물질추구나 이익의 극대화 과정에 장애가 되는 것이 아니라 오히려 발전에의 자원이 될 수 있다는 점은 명백하다"(박영신, 1987: 168)고 보면서도, 전통 종교의 가족주의적 유산을 뛰어넘지 못한 한국의 자본주의는 서구와 달리 여전히 '친족 집단의 사슬 속에서 진행되고 있다고 비판하였다(박영신, 1987: 168-169).

겠지만, 우선 무엇보다도 일반 사회과학자들 다수에게서 나타나는 반(反)종교적 경향과 그로 인해서 이들이 경제적/정치적 삶에 대해서 종교적 세계관이 갖는 인과적 중요성을 잘 인정하지 않으려는 태도와 연관된다(Sherman, 1997: 5)고 생각된다.

이에 더해, '종교'라는 개념을 놓고 아직까지 국내외 학계에서 합의된 정의가 존재하지 않는 점을 지적할 수 있다. 게다가 '발전'이란 개념은 '종교' 개념보다 정의가 한층 어려워서 구체적으로 이 말이 무엇을 의미하는지를 놓고서 아직 토론이 진행 중이라는 점도 고려할 점이다. 이 글에서는 영국의 종교사회학자 제임스 벡포드(James A. Beckford, 2012: 1)를 따라 '발전'이란 용어가 "국내총생산(Gross Domestic Product: GDP)이 높은 나라들 속의 삶의 수준과 비교해서 뚜렷이 박탈의 조건 속에 살고 있는 사람들의 물질적 복지, 건강, 교육 및 삶의 기회를 지속적으로 개선하는 데 목표를 두는 담론, 정책, 전략과 실천"을 지칭하는 것으로 본다.

이런 맥락에서 한국의 사회학계에서 비주류(非主流)에 속하는 필자를 포함한 종교사회학자 7명이 2012년부터 2015까지 3년간 한국연구재단으로부터 사회과학 기초연구(Social Sciences Korea: SSK)의 연구비를 받아 공동연구로써 "한국의 종교와 사회진보(human progress)"를 최초로 파헤치는 작업을 벌이게 된 것은 그 의미가 자못 크다고 말할 수 있다. 평소 '종교와 발전'에 관한 공동연구의 필요성을 제기해 왔던 필자는 본 연구의 입안 단계에서 기획의 역할을 하였다. 이 글은 본 공동연구의 1년차 계획 수행의 이론 파트를 차지하는 것이다. 이 글에서 필자는 '종교와 발전'에 대한 세계 학계의 다양한 이론과 최근 변화의 흐름을 종교사회학 분야를 중심으로 검토함으로써 본 장기 연구의 초석을 마련하고자 한다. 그리고 동시에 이 글은 국내 사회과학계의 사회 발전에 관한 논의에서 그동안 사실상 거의 잊혀져 왔던 요인이었으나 현 시점에서 새롭게 조명할 가치와 필요가 대두된 '문화'(특히 종교)의 중요성에 주목함으로써 '종교와 발전' 분야에 관한 담론의 발전에 기여하고자 한다.

Ⅱ. 종교와 발전: 지성사적 고찰

1. 1950년대 이래 출현한 연구의 세 가지 경향

최근인 2012년 11월 미국 아리조나주 피닉스(Phoenix)에서 개최된 종교사회학회(Study for the Scientific Study of Religion: SSSR)의 연례 학술대회에서 이 학회의 직전 회장을 역임한 벡포드는 '종교와 발전'을 주제로 열린 한 세션에서 행한 짧지만 중요한 내용을 담은 발표("Religion and Development: Shifting Perspectives")를 통해 지난 1960년대 이래 종교와 발전의 관계 혹은 접합에 대한 연구에서 일어난 변화에 주목하였다. 벡포드에 따르면, 이 변화는 우선 세계의 많은 부분에서 최근 들어 종교가 '공적'인 모습을 한층 더 많이 드러내게 된 것으로부터 기인한다. 그런데 벡포드는 지난 2003년에 출판한 자신의 역저「사회 이론과 종교」(*Social Theory and Religion*, 2003)를 통해 현대 사회에서 종교의 공적 역할이 증가한 것에 주목한 호세 카사노바(Jose Casanova)의 연구(「현대사회 속의 공적 종교」(*Public Religions in the Modern World*, 1994)에 특별한 초점을 모아 상론한 바 있다.

카사노바는「현대사회 속의 공적 종교」에서 종교가 현대사에서 '사사화(privatization)' 됨으로써 반드시 '주변화(marginalization)' 된다는 주장에 대해 부정하였다. 구체적으로, 카사노바는 오늘날 다양한 세계 종교들 중 로마 가톨릭 교회처럼 초국가적이며 글로벌한 종교 조직만이 시민 사회의 공적 영역에 참여하여 종교를 재활성화(부흥)시키도록 이데올로기적 동기부여를 지원할 수 있다고 주장했다(Beckford, 2003: 62). 다른 한편으로, 카사노바는 그의 최근 연구(Casanova, 2002)를 통해서 터키, 이란 그리고 인도네시아 같은 나라에서 이슬람이 시민 사회와 민주적 제도를 만들어낼 수 있는 가능성이 있음을 논증하였다. 카사노바는 그러나 이 같은 변화가 오직 종교적 당국이 신정주의적 야심을 버리고 국가가 다원주의와 종교의 자유 혹은 무종교에 대한 인간의 권리를 보호할 때만 가능하다고 보았다.[4]

물론 카사노바의 이 같은 주장에 대해서 다음과 같은 비판이 존재한다(Beckford, 2003: 62-63). 우선, 카사노바의 테제가 초국가적 성격을 띠는 프로테스탄트 교회와 이슬람 운동에도 적용이 가능한지가 불확실하다. 또한 1990년대 초 이래 폴란드에서 가톨릭교회의 발전이 카사노바의 믿음, 곧 가톨릭교회가 그것의 수적 지배를 남용하지 않고 또한 폴란드 사회 속에서 분리주의적 위치로 물러서지 않고 시민 사회를 강고하게 하는데 도움을 줄 수 있는 능력을 지녔는지도 의문이다. 그리고 무엇보다도 카사노바가 종교의 '사사화'를 종교의 '주변화'와 동일시하고 있는 것이 문제다. 또한 카사노바는 '공적인 것'과 '사적인 것' 양자를 너무 뚜렷하게 대비하고 구별함으로써 사회마다 사실상 '공적인 것'과 '사적인 것'의 경계가 다를 수 있음을 간과하였다.

이 같은 다양한 비판이 존재함에도 불구하고, 세계 종교사회학계가 현재 크게 주목하는 카사노바의 테제의 핵심은 "계몽주의의 기대나 근대화 이론 및 세속화 이론의 중심적 주장과 반대로 오늘날 종교가 단지 사적인 삶의 영역에만 전적으로 제한되었다고 볼 수 없다"(Beckford, 2003: 60)는 것으로 요약될 수 있다. 이것이 의미하는 바는 현대사회에서 종교가 정치

4) 이런 측면에서 최근 터키에서 이슬람주의를 표방하는 레제프 에르도안(Recep Erdogan) 총리와 세속주의의 영향을 받아 민주화를 주장하는 대중 사이의 충돌 사태는 카사노바의 시각이 옳았음을 한편으로 보여준다 할 것이다.

와 공공 도덕의 영역에서 종교적 가치의 적합성을 성공적으로 재천명하고 있다는 것이다.[5] 다시 말해서, 카사노바의 주장의 핵심은 근대성 속에서 종교가 반드시 '사사화' 되는 것이 모든 종교의 운명이라는 것을 부정하는 것이다. 벡포드의 앞의 지적처럼, 이 글의 필자 역시 최근 종교사회학계에서 '종교와 발전' 의 관계에 대한 관심이 부흥된 데는 카사노바가 말하는 측면, 곧 최근 세계 도처에서 종교의 '공적' 인 모습이(긍정적이든 부정적이든) 한층 더 나타나게 된 것에 일정 부분 기인한다고 본다. 그런데 벡포트는 '종교와 발전' 에 대해서 최근 이렇듯 관심이 부활된 데는 '종교의 부흥' 외에 또 다른 중요한 이유가 있다고 본다. 그것은 바로 후기 근대성에서 합리화(rationalization)의 '역설적' 측면이 나타난 것과 관련된다(Beckford, 2012: 1).

'종교와 경제적 삶' 사이의 관계에 관한 질문은 역사적으로 보아 14세기 이븐 할둔(Ibn Khaldun)의 「무카디마」(*Muqaddimah*)와 아담 스미스(Adam Smith)의 「국부론」(*Wealth of Nations*, 1776), 그리고 물론 경제사와 종교사회학 양자의 접합을 통찰한 베버로 이어졌다(Beckford, 2012: 1). 그러나 1950년대 후반이 되어서야 비로소 '발전' 이 '근대화(modernization)의 과정' 과 동일시되었고, 종교의 긍정적/부정적 공헌으로서 근대성의 조건이 종교와 경제생활의 관계에 대한 연구를 촉진하고 심화시켰다. 그런데 벡포드에 따르면, 근대화 이론이 종교를 단순히 주변화시키거나 혹은 무시하지는 않았고, 사실상 종교를 내치는 것이 아니라 1950년대

5) 그렇지만 최근 인터넷 정보화 시대에 문화적 세계화의 전면적 영향을 받고 있는 지구촌이 목도하는 새로운 현상으로서 종교의 '공적' 출현 가운데는 종교적 가치가 공적 영역에서 새롭게 긍정적으로 재천명되는 것이 아니라 오히려 부정적으로 작동하는 예가 한층 많은 것을 지적하지 않을 수 없다. 보기로서, 기본적으로 타 종교에 대해서 관용적인 불교 전통을 가진 아시아 전역에서마저 최근 급진적 불교 측에 의해, 중동의 오일 머니가 들어와서 영향력이 계속 커지고 있는 소수종교인 이슬람교에 대한 테러가 자행되고 있다. 구체적으로, 아시아에서 일부 편협한 호전적인 스님들(예: 미얀마의 위라쑤(Wirathu))이 반(反)무슬림 폭력에 불을 붙이고 있고, 이런 부정적 현상이 정보화 시대가 초래한 인터넷의 영향 속에 국경을 넘어 날로 증가하고 있다(*Time*, "The Face of Buddhist Terror," 커버스토리, 2013년 7월 1일자).

이래 다음과 같이 세 가지 서로 다른 형태로 종교를 받아들이는 쪽으로 타협했다(Beckford, 2012: 1-2).

① 근대성과 종교와 발전 간의 접합을 취급한 논의를 선도한 것은 탈코트 파슨스(Talcott Parsons)의 전통 사회와 문화가 근대적 형태의 사회와 문화로 전이할 때 가치와 규범의 변화가 수반된다는 이론적 이념이었다. 그는 주류 개신교(프로테스탄티즘)로부터 출현한 근면, 개인적 훈련, 신뢰 및 유예된 만족의 가치와 덕성이 점증하는 분화된 삶의 모든 영역 속으로 용해되는 수준까지 현대사회에서 '일반화' 될 수 있다고 주장하였다. 파슨스는 이것을 '가치의 일반화' 라고 불렀고 그는 그것의 뿌리가 기독교에 있다고 주장했다.

② 두 번째 논쟁은 기독교의 프로테스탄트적 형태가 역사상 한 번도 중심이 되지 못한 사회가 자본주의 발전의 예비 조건으로서 이야기되는 '제도화된 개인주의' 로 가는 길을 과연 따라갈 수 있는가 하는 질문을 중심으로 전개되었다. 우선 아시아의 사회들이 프로테스탄트 윤리에 관한 그들 자신의 버전(등가적 윤리)을 이미 가졌거나 아니면 앞으로 생성할 가능성에 대해서 논의가 모아졌다. 이 과정에서 하버드대에서 파슨스로부터 가르침을 받은 로버트 벨라(Robert N. Bellah)는 자신의 박사학위 논문 「도꾸가와 종교」(*Tokugawa Religion: The Values of Pre-Industrial Japan*)(1957)에서 당시 아시아에서 경제적으로 부상한 일본의 경우 프로테스탄트 윤리와 비슷한 '사무라이 윤리('Bushido' , the way of the warrior)' 가 존재했다고 논증하였다.

그 뒤 근대성, 종교 및 발전에 관한 논쟁은 동아시아, 동남아시아, 사하라 이남의 아프리카 그리고 라틴 아메리카에서 자본주의적 기업이 마침내 성공한 것으로부터 자극을 받아 전개되었다. 이 대목에서 펜테코스탈리즘(Pentecostalism, 오순절 성령운동)의 전 지구적 확산(밀러 · 야마모리, 2008)이 아마도 가장 잘 알려진 예라 할 것이다. 그래서 피터 버거(Peter Berger)는 최근 발표한 글에서 "펜테코스탈리즘이 근대 경제발전에서 하나의 긍정적 근원으로 인식되어야만 한다"[6](Berger, 2009: 74)고 과감히 주장하였다. 비슷한 맥락에서 최근 미국의 남가주대학(The University of Southern California)의 '종교 및 시민문화연구소(Center for Religion and Civic Culture: CRCC)(소장 Donald Miller)'는 템플턴재단(Templeton Foundation)의 막대한 재정 지원을 받아 'PCRI(The Pentecostal and Charismatic Research Initiative)'라는 특별 연구 프로젝트를 수행 중에 있다. 이 프로젝트는 세계 전역의 펜테코스탈/카리스마 운동에 관한 공동/개인 연구로서 전 세계 학자들을 대상으로 공모하여 현재 연구가 활발하게 진행 중이다.[7]

③ 세 번째 논쟁은 민주적 정치의 토대가 되는 '시민사회(civil society)'를 생성시키기 위한 프로테스탄티즘의 잠재력에 관한 것이다. 이것은 발전의 다른 측면으로서 경제에 초점을 모으는 대신에 종교가 사회질서와 교양(문명, civility)을 만드는 데 긍정적, 부정적 역할을 하는 것을 밝히고 있다. 이런 측면에서 고전적 보기는 데이비드 리틀(David Little)이 「종교, 질서 및 법」(*Religion, Order and Law: A Study in Pre-Revolutionary England*)(1969)에서 17세기 잉글랜드에서 출현한 법적 질서, 경제제도 및 권위 구조를 만드는 데 캘빈주의적 청교도 신앙이 공헌한 것을 역사적 및 사회학적으로 조사한 것이다. 일찍이 「미국의 민주주의」(*Democracy in America*)를 통해 민주주의 발전

---

6) "Pentecostalism should be viewed as a positive resource for modern economic development."

7) PCRI 프로젝트에 대해서는 www.usc.edu/pcri를 참조할 것. 최근인 2013년에 CRCC는 연구소의 특별 소식지(*Moved by the Spirit: Pentecostal and Charismatic Christianity in the Global South*)를 발행하였다.

에서 종교의 중요성을 주목한 알렉시스 또끄빌(Alexis Tocqueville)[8]과 비슷하게 여타 학자들은 수많은 나라들에서 시민사회의 엄청난 요구를 자아낸 사회생활 속에 종교적 양식으로서 '자발적' 원리(volunteerism)의 중요성에 초점을 모았다.

2. 1970년대를 풍미한 정통 세속화 이론과 마르크스주의적 발전사회학의 한계

다음으로 '종교와 발전'에 관한 이론적 검토로서 여기서 필자가 강조하고자 하는 것은 현대사회론에서 근대화 이론의 가정인 "근대화가 되면 될수록 종교는 세속화된다(more modernization, more secularization)"라는 명제에 충실했던 정통 세속화 이론과 마르크시즘에 영향을 받은 제반 발전사회학의 관점들이 모두 그동안 '종교'의 중요성(significance)을 간과했다는 측면이다.

역사적으로 보아, 1970년대에는 발전에 관심이 있었던 경제학자, 정치학자 그리고 사회학자들이 '문화와 발전'의 연관을 탐사하는 것으로부터 벗어났다. 대신에 당시 이들에게 가장 인기가 있던 주제는 신(新)식민주의와 '세계 체계(world system) 분석'이었다(Sherman, 1997: 29). 이런 식의 사고를 했던 학자들은 국제적인 경제 체제의 작동에 대해서 한층 더 초점을 모았고, 이 체제 속의 불평등이 제3세계의 빈곤을 초래하거나 악화시킨다고 비난하기 시작했다. 이 학자들을 한데 묶어준 공통적인 핵심 주장은 제3세계의 빈곤에 내재하는 원인은 다름 아닌 이들 국가에 '외적'

---

8) 또끄빌의 민주주의와 '마음의 습속(mores)' 사상에 관한 국내 연구의 모음으로서, 김성건 외, 「알렉시스 드 또끄빌을 찾아서」(서울: 학문과 사상사, 1996)를 볼 것. 특히 그중 민주주의 발전에서 종교의 중요성에 초점을 모은 필자의 글("또끄빌과 미국의 시민종교," 제5장, 157-198)을 참고할 것.

인 요인이라는 가정이었다. 이로부터 문화적 쟁점에 대한 관심은 시들어졌다.

하지만 스코트 토마스의 최근 연구(Scott M. Thomas, 2005)가 말해 주듯, 적어도 20세기 후반 이후 사회적 및 정치 · 경제적 진보에서 종교가 차지하는 역할과 기능에 대한 분석의 가치와 의미가 증가하고 있다.[9] 종교를 사회적 진보의 파트너로 이해한 토마스의 연구에 따르면, 한 사회에서 발전이 지속되는 것은 그것이 발전을 경험하는 사람들의 '열망' 속에 뿌리가 내려져 있을 경우에만 가능하다(Thomas, 2005: 42). 이것이 의미하는 것은 한 사회의 진보는 사람들 스스로가 갖고 있는 문화와 종교의 차원과 불가분의 관계를 가진다는 깊은 이해이다.

지성사적으로 볼 때, 1970년대 후반, 1980년대 초에 이르러 지구촌 곳곳에서 종교가 재등장한 것으로부터 '공식적으로 베버적(official-Weberian)'이고, 뒤르켐적이며, 그리고 파슨스에게서 영향을 받은 오래된 근대화 이론(Vandergeest and Buttel, 1988: 692)과 지난 1970년대와 1980년대의 약 20년의 기간 중에 제3세계의 국가들이 전체적으로 왜 저발전하게 되었는지를 설명한 네오 마르크스주의적 발전사회학의 한계가 뚜렷이 드러나게 되었다. 곧, 당시 제3세계 내부에서 극적으로 뚜렷이 나타난 국가 간, 지역 간 '이질성'의 증가는 기존 근대화 이론과 발전사회학의 관점을 뛰어 넘는 새로운 접근을 통해서 그 원인을 해명하는 작업을 요구하게 되었다.

대표적 보기로서, 일찍이 영국의 마르크스주의 발전사회학자 데이비드 부스(David Booth)는 1985년에 *World Development*에 발표한 논문을 통해서 마르크스에게서 영향을 받은 발전사회학 속에 메타 이론적 문제가 내재한다는 주장을 하면서 마르크스주의적 발전이론가들을 비판했다. 구

9) 한 예로서, Cheng-Tian Kuo, *Religion and Democracy in Taiwan*(2008)을 볼 것.

체적으로, 부스는 마르크스주의적 발전이론가들은 개발도상국가들이 '저발전(underdevelopment)' 을 변화시키기 위해서 어떻게 사회구조를 변화시켜야 하는지는 논구하지 않고 단지 이런 국가들의 사회적, 경제적, 정치적 구조가 빈곤 속에 있는 사람들을 어떻게 '유지' 하고 있는지에만 초점을 모은다고 비판했다(Booth, 1985: 772-774). 부스는 발전에 관한 마르크스주의적 비평은 너무 교조적이며 정치 · 경제학에 지나치게 경도되어 있다고 주장했다. 이렇듯 발전에 관한 마르크스주의적인 급진적인 관점은 지속가능한 대안적 발전의 경로를 제시하는 데 실패했고, 1970년대 말에 와서는 사회주의의 전략이 폐기 혹은 포기되었다. 이 같은 실패는 1980년대에 사회주의의 중앙집권적 계획 경제가 몰락하는 것에 의해서 한층 더 악화되었다.

3. 1980년대 종교의 부흥이 촉발한 새로운 연구의 방향들

위에서 살펴보았듯이, '종교와 발전' 에 관한 연구가 결코 새로운 것이 아니라 지난 1950년대 이래 적어도 세 가지 궤적을 따라온 것을 알 수 있다. 그런데 '발전' 이란 용어가 최근 들어 대폭 수정된 것을 주목할 수 있다(Beckford, 2012: 2-3). 즉, 발전이란 말이 이제는 단순히 경제적 성장만을 의미하는 것이 아니라 인간의 욕구와 능력의 훨씬 더 넓은 범위에 대한 관심을 지칭하게 되었다. 경제학자 아마티야 센(Amartya Sen)(1999)은 모든 인간은 한 세트의 일정한 능력을 갖고 태어났으며, 문제는 한 개인을 빈곤으로부터 도피할 수 있도록 만들어주는 이런 능력이 실현되는 것이 중요하다고 주장하였다. 그래서 그는 '발전' 을 결정하는 가장 중요한 단일 요인으로서 소득 빈곤을 주장하는 발전경제학의 근본적 가정에 대해서 비판하였다. 센은 단순한 풍요의 세계가 도래하였지만 동시에 이 세상에는 자신들의 능력을 실현할 수 없는 '부자유(unfreedom)'의 상태 속에 살고 있는 많은 사람들이 있다고 주장하였다. 이로부터 센은 도구적 자유의 다섯 가지 기본적 형태—정치적 자유, 경제적 능력, 사회적 기회, 투명성의 보장, 안전의 확보—가 보완적이고 상호 연관되며 뒤엉킨 것이지만, 이 같은 자유들이 발전의 수단은 물론 목표가 된다고 보았다. 센은 단순히 낮은 수입만이 아니라 인간의 기본적 능력의 박탈로서 빈곤이 인식되어야 한다고 강변하였다. 결국 센은 '인간의 발전(human development)'을 강조하였다고 할 수 있다.

발전에 관한 이 같은 인식의 변화는 찰스 윌버(Charles K. Wilber)와 케네스 제임슨(Kenneth P. Jameson)이 1980년에 *World Development*의 특집으로 '종교적 가치와 발전'에 관한 논문들을 최초로 집대성하여 출판함으로써 구체적으로 뚜렷하게 드러났다. 이 특집 논문들은 종교적 가치와 조직이 경제적 의미의 발전과 비경제적 의미의 발전 양자 모두에서 긍정적/부정적인 역할을 하는 데 초점을 모았다. 특히, 미국의 발전 윤리의 권위자인 데니스 굴렛(Denis Goulet)은 세속적 진영과 종교적 진영 양편 모두에 있는 협소한 마음을 가진 전문가들에 대해서 비판했다(Goulet, 1980: 488). 그리고 굴렛은 오늘날 부자 나라든 가난한 나라든 마찬가지로 본질적인 종교적 가치가 부재할 경우에는 인간의 완전한 발전이 가능하지 않다는 데 점점 합의가 이루어지고 있다고 보았다. 그리고 반대로 그는 비판적으로 검증된 종교적 가치체계의 탄력성이 발전 전문가들로 하여금 그들 자신의 발전에 관한 진단과 행위를 위한 처방을 풍부하게 할 것이라고 주장하였다. 굴렛에 따르면, 만일 이 두 진영—세속적 진영과 종교적 진영—이 협동하여 현대 과학과 결합되는 지혜를 얻으려 한다면 '세상을 한눈으로만 보는 이 거인들'이 서로를 필요로 한다는 것을 인식하게 될지도 모른다.

그런데 굴렛이 이 같은 주장을 펼친 1980년으로부터 10여 년이 지난

1990년대 중반에 와서야 비로소 다음과 같이 굴렛의 관점에 공명하는 두 개의 상대적으로 새롭고 서로 중첩되는 연구의 방향이 출현했다 (Beckford, 2012: 3-4).

첫째로, 개념적 수준에서 '종교와 발전'에 관해서 '종합적' 접근의 요구가 뚜렷이 나타났다. 이 같은 입장은 우선 '종교'와 '발전'을 각기 삶의 분리된 영역으로 따로 개념화하는 데로부터 벗어나는 것이다. 종합적 접근의 목표는 종교가 성공적 발전에 몇 개의 열쇠를 갖고 있다는 것을 보이는 것이다. 이는 반대로 발전이란 것이 종교적 세계관과 실천에 의해서 자극되는 한에 있어서만 성공할 개연성이 있고 지속가능하다는 것이다.

간단히 말해서, 종합적 접근은 발전의 실천에서 종교의 가능한 유용성에 관한 도구주의적 태도의 함정을 피하는 것을 추구한다. 그 대신, 이 접근은 종교적 전통이 세속적 프로젝트에 단순히 '부가'되는 것이 아니라 발전에 '내재적'인 것으로서 인식한다. 그러나 종교를 종합적 접근이 좋아하는 포괄적 용어로 정의하는 전략은 다양한 종교들 간에 존재하는 차이를 동일한 것으로 취급하는 위험에 빠지기 쉽다. 예로서, 종교를 포괄적 용어로 정의할 경우, 종교는 물질적 세계에 대해서 효과적 힘을 지닌 영적 존재의 거처인('보이는 세계(visible world)'와 구별되지만 분리되지 않는) '보이지 않는 세계(invisible world)'의 존재에 대한 믿음을 지칭한다. 따라서 발전의 실천가들은 종교를 가장 수준 낮은 공통적 지표의 표현으로서가 아니라 종교의 추종자들이 행하고 표상하는 것으로서 취급해야만 한다. 이로써, '종합적' 관점은 종교를 단순히 경제적 발전과 정치적 발전에 대한 '선택적 부가물'로 취급하는 것 이상을 찾으려 한다고 말할 수 있다.

둘째로, 굴렛이 '한눈으로만 사물을 보는 거인'을 비판한 것에 대한 두 번째 공명이 종교와 발전에서 지역의 행위와 경험의 중요성에 초점을 모으는 이른바 '밑에서 위로(bottom up)'의 접근에 대한 요구 속에서 나타났다. 이런 접근은 엘리트, 전문가 혹은 조직이 아닌 연구, 정책 및 전문적 실천을 일반인(people)이 지닌 유리한 입장으로부터 출발하는 것을 의도적으로 좇아하는 전략을 포함한다. 그런데 종교와 발전에 대해서 '밑에서 위로', 곧 '민초들(grassroots)' 로부터 접근하는 것은 발전 전략을 사회 정의, 교육 및 복지를 증진시키는 일상적 실천 속으로 효과적으로 바꾸는 데 종종 열쇠가 된다. 이것은 종교가 특히 '여성' 에게 '능력'(권능감, empowerment)을 주는 데서 잘 나타난다. 그러나 종교가 여성에게 능력을 부여하거나 발휘하도록 하는 것이 일부 지역에서는 논란을 불러일으킨다. 그리고 서구적인 여권주의(여성해방론, feminism)에서 여성에게 힘을 주는 이념이 일부 비서구 신앙 전통의 완전무결성을 부정하는 자유주의적인 개인주의 가정 위에 잘못 의존한다는 열띤 논쟁이 존재한다. 또 다른 문제는 종교적 집단들이 금전을 빼앗는 것에 의해서 그들의 민초 추종자들을 능욕할 수 있고 친족 간에 존재하는 상호적 공감의 공통적 관계에 대해서도 긴장을 초래할 수 있다. 그럼에도 '민초' 혹은 '밑에서 위로' 접근은 억압과 빈곤과 싸우는 데 참여하는 사람들의 일상적 삶이 작동하는 지역 현장에서 종교가 발전에 공헌하는 측면을 밝힌다는 측면에서 의미가 있다고 볼 수 있다.

한편, 1980년도 *World Development*에 실린 다수의 특집 논문들 중 편집자들이 쓴 대표 논문(Wilber and Jameson, 1980)에 의하면, 제2차 세계대전 이후 오랫동안 '성장과 발전을 동일시하는 관점' 이 '종교와 발전' 연구 의제를 거의 지배하였다. 그 결과 발전에서 종교의 역할을 밝히는 연구는 종교가 주로 서구적 특질로서 개인주의와 기업가 정신을 촉진하는 것을 통해서 성장에 공헌하는 측면에 초점을 모아 수행되었다. 그 뒤 이 같은 '성장과 발전을 동일시하는 관점' 의 한계가 드러나면서, 1970년대의 시기 중에 발전이란 '균형(형평)을 갖는 성장(growth with balance)' 이라고 인식하는 학자들에 의해서 발전에 관한 새로운 연구가 많이 출현하였다. 이 연구들은 다른 사람들이 그동안 성공으로 보았던 데서 실패를 찾아냈다. 그 뒤 1980년대에 와서는 이 '균형을 갖는 성장' 접근이 '종교와 발전' 에 대한 탄탄한 연구 의제로 자리매김되었다.

4. 1990년대 초 '문화-발전 학파'(문화 발전주의)의 대두

역사적으로 보아, 1980년대에 와서 마르크스에 경도된 신식민주의 학파는 공격을 받게 되었다(Sherman, 1997: 30). 곧, 당시 동아시아의 새로운 신흥공업국들(홍콩, 싱가포르, 타이완, 한국)의 극적인 성공을 지적하는 신자유주의자들(neoliberals)이 이런 사례들을 종속이론의 총체적 부적합성을 보여주는 것으로 주장하였다. 이로부터 저개발국가의 고질적인 빈곤을 가져다주는 '내적' 요인들에 대한 학자들의 관심이 다시 한 번 증가하게 되었다. 한 보기로서, 1983년에 아프리카계 미국인 경제학자 토마스 소웰(Thomas Sowell)은 「인종의 경제와 정치」(*The Economics and Politics of Race*)라는 창의적이며 논쟁을 유발할 만한 책을 출판하였다. 이 책의 목적에는 "문화들 간에 경제적 수행의 차이가 분명히 사실이며 매우 크다는 것을 인식하는 것"(Sowell, 1983: 136)이 포함되었다. 당시에 대부분의 학자들은 문화 상대주의(cultural relativism)에 경도되어 교차 문화적 비교를 가급적 피하고자 했지만, 소웰은 해외의 중국인, 유럽계 이민자 그리고 흑인들의 서로 상이한 경제적 성취를 조심스럽게 밝혀냈다.

지성사적으로 볼 때, 1990년대는 한편으로는 다문화주의(multiculturalism)와 문화 상대주의가 고조된 때였고, 다른 한편으로는 공산주의의 몰락과 수많은 신흥 공업국가들의 성공으로 인해서 경제적 번영에 대한 마르크스의 설명보다는 베버의 설명이 더 우세하게 부각된 시기였다(Sherman, 1997: 37). 이런 상황에서 "한 사회 내에서 우세하게 발현하는 가치, 태도, 신념, 지향, 그리고 전제 조건 등"(Huntington, 2000: xiii)을 일컫는 용어로서 이른바 '문화(culture)'에 대한 사회과학자들의 관심이 새롭게 높아진 것은 1990년대 초이다.

이런 관심을 촉발시킨 가장 뚜렷하고 논쟁적인 저술이 전 미국 국제개발처(USAID)의 관리였던 로렌스 해리슨(Lawrence Harrison)이 쓴 책 「저개발은 마음의 상태이다: 라틴 아메리카의 사례」(*Underdevelopment is a State of Mind: The Latin American Case*, 1985)였다. 이 책은 여러 유사 사례들을 들면서, 라틴 아메리카의 여러 국가에서는 문화가 경제발전을 저해하는 요인이라고 주장했다. 베버의 테제를 지지한 신(新)베버주의자 해리슨의 분석은 당시 경제학자, 라틴 아메리카 전문가, 라틴 아메리카 지식인들의 폭풍 같은 항의를 불러일으켰다. 그러나 그 후 여러 해가 지나면서 그들은 이와 같은 분석의 타당성을 눈으로 확인하기 시작했다(Huntington, 2000: xiv).

한편, 경제사학자 더글라스 노스(Douglas North)는 1990년에 출판된 「제도, 제도적 변동, 그리고 경제적 성취」(*Institutions, Institutional Change, and Economic Performance*)를 통해서 제도(공식적 혹은 비공식적 규칙)가 거래비용을 줄이고 그 결과 경제적 효율성을 높이는 데 중요하다고 주장했다. 이로부터 경제학에서 이른바 '신(新)제도경제학(new institutional economics)이라는 분과 학문이 출현했다. 신제도경제학자들은 역사, 문화, 전통 및 여타 이른바 '경로 의존(path dependent)' 요인들이 사람들의 경제적 행동을 틀 지우는 데 중요하다는 것에 특히 주목하였다(Fukuyama, 2001: 3132).

같은 맥락에서, 이 글의 서론에서 인용한 셀린저는 지난 1998년 세계은행(World Bank)이 주도한 포럼("세계의 종교와 발전 토론"[10])이 세계 종교와 발전 전문가들 사이에 대화를 촉진한 것에 주목하면서 결론적으로 문

10) The World Faiths Development Dialogue(WFDD).

화의 기반인 "종교가 중요하다(religion matters)"(Selinger, 2004: 534-535)고 주장하였다. 셀린저에 의하면, 2000년을 전후로 하여 학계에서 종교의 중요성을 뚜렷이 인식하기 시작하였다(Selinger, 2004: 534). 예로서, 마리아노 그론도나(Mariano Grondona)는 하버드 학회 심포지엄("문화적 가치와 인류 발전," 1998-1999')의 결과물인 「문화가 중요하다」(*Culture Matters: How Human Values Shape Human Progress*, 2000)에서 발전이 지속되기 위해서는 한 문화가 그 속에 경제 성장을 찬성하는 가치 체계를 갖고 있을 때 한해서만 가능하다면서 이른바 '새로운 프로테스탄트 윤리'를 주창하였다(Grondona, 2000: 44-55).

한편, 오늘날 문화인류학의 지배적 관점으로 자리를 굳힌 '문화 상대주의'는 20세기 초에 미국의 인류학자 프란츠 보아스(Franz Boas)가 '역사적 특수주의(historical particularism)'를 주창하면서 대두된 것이다. 유럽에서 기원한 인류학이 초기에는 '식민지학'이란 비판을 받았는데, 이는 당시에 인류학자들이 주로 유럽중심주의의 입장 속에서 타 문화를 열등하게 평가한 것과 관련된다. 이로써, 자문화중심주의(ethnocentrism)에 대한 비판으로 등장한 문화 상대주의는 사실은 다소 '현대적'인 현상이다(Sherman, 1997: 22). 그래서 '문화와 발전'의 관계를 주목하는 인류학자 로버트 에저튼(Robert Edgerton)은 자신의 책 「병든 사회들」(*Sick Societies*, 1992)에서 "전통적 믿음과 관행은 쓸모 있고, 또한 중요한 적응적 기제로서 존재하지만, 동시에 비효율적이고, 해롭고 심지어는 치명적인 것이 될 수 있다"(Edgerton, 1992: 12)고 주장하였다. 결국 에저튼은 인류학계를 지배하는 문화 상대주의자들은 수많은 소규모 사회에 대한 적응주의자들로서 낭만적으로 묘사된 주장만을 한다고 비판하였다. 에저튼에 따르면, 일부 사회는 다른 사회들보다 한층 더 병들어 있다.[11] 다른 말

11) 예로서, 일부 아프리카인들은 물질적 부를 축적하면 마녀가 해를 입힐 것이라는 두려움 때문에 아예 물질적 부를 축적하는 것을 단념한다(Amoah, 2009: 114).

로 이런 병든 사회는 인간의 발전을 막는 문화적 관행을 알지도 못하고 또한 이것을 변화시키려는 의지도 없다. 이로부터 에저튼은 결론적으로 환경에 대한 부적응의 관행으로부터 초래되는 고통의 결과를 경감시키려 할 때 필요한 것이 있다면, 무엇보다도 '문화 상대주의' 라는 우상을 폐기해야 한다고 주장하였다(Sherman, 1997: 22).

오늘날 "문화가 중요하다(culture matters)"는 생각은 이른바 '문화-발전 학파(the Culture-and-Development School)' (Sherman, 1997: 22-35) 혹은 '문화 발전주의(cultural developmentalism)' (Shweder, 2000: 160-161)로 알려진 새로운 지적 입장의 핵심이다. 문화 상대주의자들과는 달리, 「문화가 중요하다」의 저자들의 절대 다수를 차지하는 문화 발전주의자들은 어떤 문화는 발전과 진보를 가져다주는 반면 어떤 문화는 해당 사회를 지체시키거나 후진하도록 만든다고 본다. 이는 달리 말해서, 모든 인류가 삶 속에서 원하고 소유하고자 하는 좋은 것들(예: 건강, 내적 평화와 안정, 정의, 물질적 번영 등)이 있는데, 때로는 그들의 문화가 사람들로 하여금 이런 것들을 원하거나 소유하지 못하도록 방해한다고 본다. 그런데 일찍이 베버와 군너 뮈르달(Gunnar Myrdal), 조셉 슘페터(Joseph Schumpeter) 등의 유산 아래 1990년대 초에 대두된 '문화 발전주의' 에 대해서 지난 19세기 후반의 이른바 '백인의 짐(white man's burden)' 을 상기시킨다는 비판이 제기되기도 한다(Shweder, 2000: 162). 그럼에도 최근 아이티와 소말리아 같은 사례가 보여주듯이, 해리슨과 에저톤이 말하는 '부적응적' 행동이 많이 존재하는 곳의 저발전을 설명할 때 '문화적' (비물질적) 설명이 '물질적' 설명보다 한층 적합한 것으로 판명되고 있다. 이로써, 경제적 번영에 대한 베버의 설명이 마르크스의 설명보다 우위를 차지하고 그 결과 사회과학계에서 새로운 관점인 '문화발전론' 의 타당성과 영향력이 점점 커지고 있는 것이 사실이다(Sherman, 1997: 37).

Ⅲ. 요약 및 결론

앞 장에서 필자는 지성사적 관점 속에서 '종교와 발전'에 대한 연구 경향을 시기별로 크게 네 가지 단계로 나누어 이론적 검토를 하였다. 부스의 주장을 수용하는 미국 코넬대학의 피터 반더기스트(Peter Vandergeest)와 프레데릭 부텔(Frederick H. Buttel)은 "마르크스, 베버, 그리고 발전사회학: 위기를 넘어"(1988)라는 논문의 결론에서 정통 세속화론과 마르크스주의적 발전사회학 양자 모두를 비판하였다. 그리고 이들은 대안으로서 베버의 「일반 경제사」(*General Economic History*, 1981), 「고대 문명에 관한 농업 사회학」(*The Agrarian Sociology of Ancient Civilizations*, 1976) 그리고 종교에 관한 베버의 비교사회학 속에 드러난 그의 방법론적 접근(예: Parts Ⅲ and Ⅳ in Weber, 1946)을 현시점에서 재주목할 것을 주장하였다(Vandergeest and Buttel, 1988: 692). 필자 역시 이 주장이 장차 '종교와 발전'에 관한 연구를 하는 데 방법론적 측면에서 일단 중요한 참고가 된다고 생각한다.

그리고 '종교와 발전'에 관한 '새로운 접근'을 추구하는 학자들의 연구는 최근 라틴 아메리카, 중국, 베트남과 인도네시아 등 동남아시아 지역에서 사회경제적 진보를 촉발하는 주요 변수 요인들 중의 하나로서 종교적 가치를 포함하는 문화 가치 체계의 요인에 주목하고 있는 연구 접근들(예: Stückelberger, 2005)과 관련된다. 뿐만 아니라, 한 사회의 도덕적 기초의 근원으로서 종교적 가치는 그 사회의 경제가 효율적이고도 지속가능하도록 하는 데 필수적인 것이라고 보는 학자들(예: Barro and McCleary, 2003)의 접근과도 통한다. 동시에 이 관점은 종교가 '사회진보'란 무엇인지를 정의(definition)하고 또한 사회적 진보에 대해서 수용할 수 있는 정의에 대해서 한계(social limits)를 만들어내는 역할을 한다는 측면을 주목한다(Inglehart and Welzel, 2005). 달리 말해서, 이 관점에는 성장이란 중요한 것이지만, 전체로서 사회 속에 불안정이나 갈등을 낳는 무제한적 성장은 제한되어야 한다는 일종의 '절제의 규범' 개념이 포함되어 있다.

새로운 관점으로서 '균형을 갖는 성장'으로서의 발전(진보)의 관점을 수용하는 필자는 기본적으로 종교와 종교적 가치가 사회경제적 발전의 '구성적' 부분이며 동시에 발전의 '사회적 한계'를 정의하는 근원으로서의 역할을 수행한다는 입장이 '종교와 발전'에 대한 모든 연구에 중요한 출발점이 되어야 할 것이라 생각한다. 이에 더하여 필자는 인류학을 지배하는 문화 상대주의 한계를 비판하면서 최근 새롭게 대두된 이른바 '문화 발전주의'의 관점이 현시점에서 '종교와 발전'을 연구하는 사회과학자들에게 상대적으로 타당하며 긴요한 방법이라고 생각한다.

한편, 오늘날 우리가 일반적으로 물질적 복지, 건강, 교육 및 삶의 기회의 개선을 지칭하는 개념으로서 '발전'을 거론할 때 이것과 아무래도 중요한 관계를 갖는 것은 자본주의(capitalism)라고 부르는 경제 체제의 출현일 것이다. 현대의 20세기 초반에 자본주의 형식의 경제 조직에 대해서 공산주의 측의 저항이 있었으나, 공산주의가 몰락한 1980년대 말 이래 자본주의가 세계 질서를 사실상 지배하고 있다. 그런데 이 자본주의 경제 체제의 출현은 종교에 대해서 포착하기 어려우면서도 깊은 영향을 끼치고 있다고 말할 수 있다.

자본주의와 이것이 수반하는 베버가 말한 '합리화(rationalization)'는 여러 가지 방식으로 종교를 배제하는 것으로 보인다. 이익을 극대화하기 위해서 비인격적, 합리적 계산을 하는 것은 종교적 동기와 목표를 압도하고 배제한다. 그러나 이것이 곧, 자본주의가 반드시 종교를 저해한다는 것을 의미하지는 않는다. 다만 자본주의(그리고 '신자유주의적' 세계화)가 적어도 오늘날 삶의 거대한 자리로부터 종교를 배제한다는 것이다. 확실히, 오늘날 종교의 많은 형태가 점점 더 경제적 영역에 영향을 주거나 간섭하려고 시도하지 않는다. 이로써, 세계화의 전면적 영향 아래 놓여 있는 현대 종교의 '구조적' 위기는 "종교의 사적(사사화된) 영향은 증가하면서도 그것의 공적 영향은 오히려 역설적으로 쇠퇴하는 데 있다"(김성건, 2002: 157)고 말할 수 있다. 그럼에도 일반적으로 현대 세계에서 '종교와 자본주의' 사이에는 크게 보아 다음과 같은 세 가지 중요한 양방향의 관계가 여전히 존재한다고 볼 수 있다.

첫째, 종교는 자본주의를 돕고 지지한다. 베버 자신은 프로테스탄트 기독교의 노동 윤리와 자본주의의 정신 사이에 '조화(compatibility)'를 지적했다. 오늘날 복음주의 및 카리스마적 형태의 기독교가 자본주의 경제에서 성공하는 데 필요한 개인적 가치들을 지속적으로 떠받쳐주고 있다. 이렇듯 현대 종교의 많은 형태가 추종자들로 하여금 보다 큰 번영을 뚜렷이 성취하도록 도와주고 있다.

둘째, 종교는 자본주의가 생성하는 극심한 불평등, 혼란, 스트레스 그리고 긴장을 다루는 수단으로서 기능한다.

셋째, 종교는 자본주의에 저항하고 반대한다. 예로서, 오늘날 이슬람의 많은 형태는 자본주의에 대해서 매우 비판적이다. 그래서 자본주의를 이슬람의 보다 평등한 형태의 경제적, 사회적 제도로 대치하고자 한다. 이슬람 진영에서 자본주의는 서구적이며 세속적인 것으로 인식된다. 종교의 여타 형태들은 사람들을 자본주의로부터 물러나게 해서 다른 형태의 경제적 제도를 구축하도록 시도하게 하는 공간으로서 기능한다. 예로서, 공동체적 삶을 추구하며 화폐 교환을 포기하는 일부 신종교운동들이 이것에 해당된다. 수도원(금욕)제도(monasticism)가 또 다른 예이다(Woodhead, 2009: 6-7).[12]

12) 인용문 중 밑줄은 필자의 것임.

끝으로, 최근 "한국의 종교와 사회 진보"를 공동으로 연구하고 있는 필자는 앞으로 구체적인 다양한 연구 의제(research agendas)를 수립하고자 할 때 사회과학계에서 '종교와 발전'이란 주제를 최초로 취급한 *World Development*의 특집호(1980)의 공동 편집자인 윌버와 제임슨이 당시 아래와 같이 네 가지 측면에서 '종교와 발전' 간에 주요한 연관이 있다(Wilber and Jameson, 1980: 476-477)고 본 것이 현재에도 기본적으로 여전히 적합하며 여러모로 중요한 함축을 갖는다고 생각한다. 이 네 가지 측면에 대한 깊이 있는 인식은 '종교와 발전'이라고 하는 아직 제대로 천착되지 못한 분야의 연구에 착수하려는 모든 사회과학자들에게 공통적으로 긴요한 출발점이 될 것이라고 본다.

① 개인의 태도-행동과 종교 사이에 전통적으로 연관이 존재한다.
② 종교가 발전에 관한 저항의 근원과 초점이 될 수 있다.
③ 종교가 발전에 대한 긍정적 충동으로서 역할을 할 수 있다.
④ 오늘날 초국가적 행위자로서 종교적 집단의 중요성이 점증하고 있다.

참·고·문·헌

권규식. 1983. 「종교와 사회변동: 막스 웨버의 종교사회학」. 형설출판사.

김성건. 1996. "또끄빌과 미국의 시민종교," 「알렉시스 드 또끄빌을 찾아서」. 학문과 사상사, 157-198.

______. 2002. "세계화와 현대 종교의 구조적 위기," 「한국사회학」, 36(4): 157-192.

밀러, 도날드 · 테쓰나오 야마모리. 2008. 「왜 섬기는 교회에 세계가 열광하는가? 기독교적 사회참여의 새로운 모델, 성령운동」 김성건 · 정종현 옮김. 교회성장연구소.

박영신. 1987. "한국의 전통 종교윤리와 자본주의," 「한국의 종교와 사회변동」, 한국사회사연구회 논문집, 제7집, 문학과 지성사, 151-169.

이동인. 1987. "한국의 근대화 과정에서의 유교적 가치: 두 일간지의 내용 분석," 「한국의 종교와 사회변동」, 한국사회사연구회 논문집, 제7집, 문학과 지성사, 170-225.

정재식. 1982. "유교 윤리와 사회 변혁," 「종교와 사회변동」, 연세대 출판부, 220-261.

Amoah, Elizabeth. 2009. "African Traditional Religion and the Concept of Poverty," in Peter J. Paris(ed.). *Religion and Poverty: Pan-African Perspectives*. Duke University Press.

Barro, Robert J. and Rachel M. McCleary. 2003. "Religion and Economic Growth Across Countries," *American Sociological Review*, 68, pp.760-781.

Beckford, James A. 2003. *Social Theory and Religion*. Cambridge University Press.

__________________. 2012. "Religion and Development: Shifting Perspective," Paper Presented at 2012 SSSR Annual Meeting(November 9-11, 2012, Phoenix, Arizona, USA).

Bellah, Robert N. 1957. *Tokugawa Religion: The Values of Pre-Industrial Japan*. The Free Press.

Berger, Peter L. 2009. "Faith and Development," *Society*, 46(1), pp.69-75.

Booth, David. 1985. "Marxism and Development Sociology: Interpreting the Impasse," *World Development*, 13(7), pp.761-787.

Casanova, Jose. 1994. *Public Religions in the Modern World*. University of Chicago Press.

_____________. 2002. "Civil Society and Religion: Retrospective Reflections on Catholicism and Prospective Reflections on Islam," *Social Research*, 68(4), pp.1041-1080.

CRCC. 2013. *Moved by the Spirit: Pentecostal and Charismatic Christianity in the Global South*. USC, Center for Religion and Culture.

Edgerton, Robert. 1992. *Sick Societies: Challenging the Myth of Primitive*

Harmony. Free Press.

Fukuyama, Francis. 2001. "Culture and Economic Development: Cultural Concerns," in N.J. Smelser and Paul B. Baltes(ed.). *International Encyclopedia of the Social and Behavioral Studies*. Peragamon, pp.3130-3134.

Goulet, Denis. 1980. "Development Experts: The One-Eyed Giants," *World Development*, 7/8(48), pp.1-9.

Grondona, Mariano. 2000. "A Cultural Typology of Economic Development," in Lawrence W. Harrison and Samuel P. Huntington(ed.). *Culture Matters: How Value Shape Human Progress*. Basic Books, pp.44-55.

Harrison, Lawrence W. 1985. *Underdevelopment Is a State of Mind*. Madison Books.

____________________. 2000. "Introduction: Why Culture Matters," in Lawrence W. Harrison and Samuel P. Huntington(ed.). *Culture Matters: How Value Shape Human Progress*. Basic Book, pp.xvii-xxxiv.

Harrison, Lawrence W. and Samuel P. Huntington(ed.). 2000. *Culture Matters: How Values Shape Human Progress*. Basic Books.

Huntington, Samuel P. 2000. "Foreword: Cultures Count," in Lawrence W. Harrison and Samuel P. Huntington(ed.). *Culture Matters: How Value Shape Human Progress*. Basic Book, pp.xiii-xvi.

Inglehart, Ronald and Christian Welzel. 2005. *Modernization, Cultural Change, and Democracy: The Human Development Sequence*. Cambridge University Press.

Kuo, Cheng-Tian. 2008. *Religion and Democracy in Taiwan*. SUNY Press.

Little, David. 1969. *Religion, Order and Law: A Study in Pre-Revolutionary England*. Harper & Row.

North, Douglas C. 1990. *Institutions, Institutional Change, and Economic Performance*. Cambridge University Press.

Selinger, Leah. 2004. "The Forgotten Factor: The Uneasy Relationship between Religion and Development," *Social Compass*, 51(4), pp.523-543.

Sen, Amartya. 1999. *Development as Freedom*. Oxford University Press.

Sherman, Amy L. 1997. *The Soul of Development: Biblical Christianity and Economic Transformation in Guatemala*. Oxford University Press.

Shweder, Richard A. 2000. "Moral Maps, 'First World' Conceits, and the New Evangelists," in Lawrence W. Harrison and Samuel P. Huntington(ed.). *Culture Matters: How Value Shape Human Progress*. Basic Books, pp.158-177.

Sowell, Thomas. 1983. *The Economics and Politics of Race*. Quill.

Stückelberger, Christoph. 2005. "Why the New Interest in Max Weber's 'The Protestant Ethic and the Spirit of Capitalism' in Southeast Asia Today?" China, Nanjing Union Theological Seminary, Lecture, 26 April.

Thomas, Scott M. 2005. *The Global Resurgence of Religion and the Transformation of International Relations*. Palgrave Macmillan.

Time. July 1, 2013. "The Face of Buddhist Terror."

Tocqueville, Alexis de. 1999. *Democracy in America*. Penguin Classics.

Vandergeest, Peter and Frederick H. Buttel. 1988. "Marx, Weber, and Developmental Sociology: Beyond the Impasse," *World Development*, 16(6), pp.683-695.

Wilber, Charles K. and Kenneth P. Jameson. 1980. "Religious Values and Social Limits to Development," *World Development*, 7/8(48), pp.467-479.

Woodhead, Linda. 2009. "Introduction: Modern Contexts of Religion," in Linda Woodhead, Hiroko Kwawnami and Christopher Partridge(ed.). *Religions in the Modern World: Traditions and Transformations*. second edition. Routledge, pp.1-12.

제 2 장

한국의 종교와 정치참여[1]

전명수

Ⅰ. 문제제기

본 연구는 우리나라 정치에서 종교가 수행한 역할과 특성, 그리고 이에 대한 일반 국민의 인식을 고찰한 것으로, 궁극적으로는 종교가 정치발전에 기여할 수 있는 역할과 과제를 탐구하는 데에 목적을 둔다. 종교적 입장에서 정치와의 관계는 협조 또는 유착, 철저한 거리유지, 그리고 대결 또는 갈등의 세 가지로 설정할 수 있다. 협력 또는 유착관계를 가진 국가에서는 정치적 행위가 곧 종교적 결단에 근거하고, 마찬가지로 어떤 종교적 신념이나 가치는 그것이 곧 정치적 신념이 되고 가치가 된다. 반면 정치가 종교적 가치에 비추어 어긋날 때 종교는 국가에 대한 비판적인 목소리를 내면서 대립하고, 정치는 종교를 조종하거나 억압한다. 정교유착의 경우 종교는 정치에 영향을 주기보다는 오히려 정치의 영향에서 벗어나기 어렵고, 정교대립은 상호 감시와 비판에서 시작하지만 물리적 저항을 수반하기도 한다.

이로 보면 종교와 정치의 관계에서 가장 이상적인 형태는 '정교분리'로 간주될 수 있다. 정교분리는 종교와 정치가 각기 독립적 영역을 가지면서 서로 간섭하지 않는다는 것으로, 이 경우 종교는 구원이나 영생 등

---

1) 이 논문은 「담론 201」 제17권 3호(2014)에 게재된 "종교의 정치참여에 대한 일 고찰: 한국의 종교와 정치발전 연구의 일환으로"를 수정 보완한 것이다.

의 문제에 집중하면서 사회문제에 참여하지 않고, 국가 역시 종교의 자유를 보장해 주어야 한다. 그러나 종교와 정치가 상호 불간섭의 법적 원칙을 가진 국가라고 할지라도 종교가 정치에, 또는 정치가 종교에 영향을 미치지 않을 수 없다. 종교의 자유가 헌법에 의해 보장된 한국의 경우도 그러하거니와, 완벽한 정교분리란 있을 수 없는 것이다. 상호 독립적인 영역을 보장하는 미국 역시 진보든 보수든 미국인의 다수는 종교와 정치가 분리될 필요가 없다고 믿는다는 것으로, 교회와 국가는 분리될 수 있으나 신앙과 정치는 그렇지 않다는 것이다(Torr(ed.), 2006: 7). 이것은 종교가 어느 정도 정치에 참여할 수밖에 없음을 보여주는 것으로, 오히려 이러한 참여가 정치발전에 긍정적인 역할을 한다는 조사보고도 나와 있다.[2]

그렇다면 종교의 정치참여는 불가피한 것으로 볼 수도 있다. 우리나라 정치사를 돌아보면 특히 민주화 이전 역대정권들이 종교를 조종하거나 통제해서 그 지지를 받으려 했고, 이에 따라 종교계 일부에서는 정부에 기대어 세력 기반을 확장했다는 부정적인 평가가 나온 바 있다. 또 다른 종교계 일부에서는 특히 박정희, 전두환 대통령 시절 정통성이 결여된 비민주적 정권에 도전하여 긴장관계를 형성했다. 이러한 점에서 보면 한국 정치사에서 드러나는 대표적인 정치참여의 두 유형이 국가조찬기도회와 민주화운동이다. 이들에 대한 비판이나 의의는 이미 나와 있고, 그 평가에 대해서도 대부분의 연구자들이 동의하고 있으나, 그러한 평가와는 무관하게 종교의 정치참여가 보여준 문제점과 과제, 그리고 한국의 정치발전과의 관계는 여전히 재론의 여지가 있다.

---

2) Jonathan Fox는 1990년부터 2002년까지 152개 국가를 대상으로 종교와의 관계를 조사한 결과 종교의 정치참여가 근대화, 경제발전 그리고 민주주의와 긴밀하게 연계된다고 보았다(Fox, 2006: 561-563). 윤승용은 종교문화는 한국사회에서 최대 문화자원이자 사회적 자산이며, '국가발전의 동력'으로서 많은 잠재력을 가지고 있기 때문에 종교문화를 정교분리라고 해서 국가정책에서 그냥 방치해 버리기에는 아쉬운 점이 많다고 했다(윤승용, 2014: 196).

종교의 정치참여에서 무시할 수 없는 요소 중 또 하나는 선거로, 일반 국민들은 선거를 통해 직간접적으로 정치에 참여하게 되거니와, 특히 종교는 이들의 힘을 배경으로 선거에서 자신들이 원하는 것을 받아내려고 한다. 따라서 선거에서 유권자들의 성향을 분석할 때 종교 역시 중요한 요인이지만, 그러나 선거의 중요 변수로서의 종교는 단순히 각 종교별 차이뿐만 아니라 교파별, 또는 개별 신자들의 신앙과 헌신의 깊이에 따른 '종교 갭(religion gap)'을 포함하고 있는 것으로 보인다. 미국의 선거에서는 역사적으로 민주당은 여성의 표가 많아서 이들을 계속 잡기 위한 이슈 개발에 힘을 쏟고 있으나 종교 갭은 오히려 이러한 젠더 갭(gender gap)보다 더 크다는 주장도 있다.[3] 우리나라에서는 아직 선거에서 종교성의 문제는 깊이 다루어지지 못했다.

본 연구에서는 군사독재시절 종교가 정치권에서 수행한 역할들을 중심으로 한 역사적 고찰과 함께 민주화 이후 종교와 선거의 관계 및 종교계 또는 종교인의 정치참여에 대한 국민의 인식을 살펴본 조사결과 데이터를 중심으로 한 경험적 연구를 병행한다. 그것은 시기적으로 민주화 이전과 이후, 그리고 정치적 행사 또는 사태에 대한 직접 참여와 선거를 통한 간접 참여를 포괄해야 정치참여의 의미가 충분히 드러날 수 있기 때문이다.

---

3) 2000년 미국 의회 선거에서 매주 교회에 참여하는 유권자들로부터 공화당은 민주당보다 18% 이상의 지지를 얻었으나 반면 민주당은 공화당보다 단지 10%의 여성 지지를 더 얻었다고 한다(Steinfels, 2004).

Ⅱ. 종교의 정치참여에 대한 기존 논의들과 쟁점

종교인들의 직접적인 정치참여에 대한 기존 논의는 크게 역사적 고찰과 경험적 데이터에 기반한 고찰로 나누어 볼 수 있다. 역사적 고찰로는 군사정권기 종교 측의 친정부행동에 관한 것으로, 이것은 대부분 군사정권의 종교 운용 실태를 통해 비판적으로 고찰되었다.

종교의 정치참여에서 정교 친화 또는 유착은 종교가 정치 속에 들어가는 것인데 이것은 정치권의 종교조종에 기인할 수도 있고 종교가 먼저 정치권에 손을 내민 경우도 있다. 전자로는 박정희 정권이 불교재산관리법과 공원법을 제정 공포하고, 집단 내분이나 분규를 이용해 정치적 저항력을 약화시키면서 부처님 오신날의 공휴일 지정 등의 여러 가지 혜택을 부여했고, 이에 따라 불교계는 대통령 선거 때마다 박정희 후보를 공개적으로 지지한 사실을 들 수 있다(노길명, 2002: 14-16). 후자의 대표적인 예가 국가조찬기도회인데[4] 이 기도회의 개최 이면에 정치권의 종교조종이 있었는지는 모르겠으나 현재 알려진 바로는 미국의 국가조찬기도회와 국회조찬기도회를 담당했던 교역자들의 제안을 받고 김준곤 목사가 오히려 정치권의 동의를 받아 성사시켰다고 한다. 이 기도회는 종교 측에서는 대형집회 등의 개최허가와 지원을 받음으로써 세력 확대에 기여했고 정부 측에서는 정권의 정당성을 인정받았다는 것이 연구자들의 일치된 견해이다.

그러나 이 기도회가 종교인들이 주관한 정치권을 위한 종교행사인지 아니면 정치적인 목적으로 종교인들이 동원되어 이용된 정치행사인지는 무엇보다 이 행사의 목표와 성과, 참석자들의 면모와 기도회 참석을 둘러

4) 종교와 정치의 관계에 대한 역사적 고찰이나 정교유착을 다룬 논문에서는 대부분 이를 포함하고 있지만 특히 국가조찬기도회를 비중 있게 다룬 학위논문을 참고할 만하다. 대표적인 것으로 장기동, 2000; 최택진, 2002, 그 밖에 연구 논문으로 한규무, 2004가 있다.

싸고 일어난 비판에 대응하는 그들의 입장을 살펴볼 필요가 있다. 이와 함께 기독교, 특히 개신교가 정부의 지원으로 교세확장을 이룰 수 있었다는 주장에 대해서는 경제성장에 따른 중산층의 출현에 초점을 둔 사회학적 접근(서우석, 1994: 151-174)을 포함해서 여러 방면에서의 분석이 가능한 것이어서 이를 국가조찬기도회의 개최에 따른 혜택으로만 보기는 어려울 것이다. 가장 큰 비난의 대상이 된 것은 국민들에게 정권의 정당성을 인식시키려는 의도에 종교인들이 이용된 점인데, TV중계로 이를 시청한 사람들에게 군사정권 측의 기대만큼 영향력을 행사했는지는 좀 더 구체적인 고찰이 요구된다. 더욱이 그동안 국가조찬기도회에 대한 비판이 대표적인 한두 사람에게 집중된 것도 문제이다. 정교유착은 현재 종교계가 청산해야 할 과제로 나와 있을 만큼 중요하거니와(장규식, 2006: 103-132), 그런 까닭에 자신들이 정교유착의 대표 인물로 간주될 때 보인 종교인들의 반응에 대해서도 주의를 기울여보아야 할 것이다.

다음으로 이 시기 정교유착과 함께 그들이 시행하는 정책과 선거, 그리고 정권의 정당성 등에 대한 종교계의 저항운동에 관한 논의들을 들 수 있다. 정교대립이 가장 치열했던 것은 1970년대에서 80년대를 통해 종교계 인물과 재야인물들이 연합해서 수행한 민주화운동이었다. 종교계의 민주화운동에 대한 자료는 상당히 축적되었고 이에 관한 연구 성과도 적지 않은 편이다.[5] 종교인들이 참여하거나 주도한 민주화운동은 특히 정권의 정당성이 부재한 상황에서는 그 의의에 대해서 이론이 있을 수 없다. 그러나 종교인의 정치참여가 정책이나 부정선거와 같은 문제를 넘어 반체제운동으로 확장되는 것은 '종교'의 범주 내에서 다룰 수 있는 것인지 아니면 이를 종교인이 아닌 국민으로서 수행하는 정치운동으로 보아야 하는지에 대한 논의가 필요해 보인다. 김종서는 "종교의 정치 및 사회

---

5) 대표적으로 김녕, 2001: 233-263; 김명배, 2009; 윤선자, 2001: 235-272; 전명수, 2010: 329-359; 2011: 117-142; 한국기독교사회문제연구원, 1983 등의 연구가 있다.

참여 그것은 '어디까지 갈 것인가' 그리고 '어느 방향으로 갈 것인가' 하는 것이 관심"의 대상이 됨을 밝혔다. 종교인은 '종교인답게' 현실참여를 해야 한다는 것으로 이는 정권의 쟁취와는 전혀 무관한 '초월적'인 측면이 있다는 의미이다. 이것은 쉬운 길은 아니나 이를 극복하는 것이 종교의 정치참여가 그 정당한 자리를 찾는 길이 된다는 것이다(김종서, 1990: 205, 210).

경험적 데이터에 기반한 고찰로는 선거를 통한 종교의 간접적인 정치참여에 관한 것이다. 1987년 직선제 실시 이후 각종 선거에서 종교계는 부정선거 감시, 정책 검증, 유권자 의식 개혁 등 공명선거 운동을 적극 전개했거니와, 이러한 정치참여와는 별도로 '종교'가 정당 지지도와 대통령 선거에서 영향력을 행사하는 중요한 변수가 될 수 있는지가 고찰되었다. 2012년 12월 대통령 선거를 한 달 정도 앞두고 열린 "리더십 전환기의 대통령 선거와 종교" 학술대회[6]에서 전명수는 1992년 대선 직전 월간 「목회와 신학」이 서울 · 경기 지역의 평신도를 대상으로 한 설문에서 응답자들 중 7.1%만이 기독교인을 지지 기준으로 밝혔다는 조사결과를 인용하면서 후보자의 종교가 큰 변수가 되지 않는다고 보았다(전명수, 2013: 88). 최현종은 2012년 대통령 선거에서 종교적 요인이 대선에서의 변수로 작용하는지에 대한 자료의 분석 결과 불교-보수, 개신교-중도 보수, 가톨릭/무종교층-진보로 요약했다(최현종, 2013: 143). 정재영과 장형철은 미디어를 통해 등장한 대통령 후보들과 그들의 종교에 대한 특성을 분석하면서 여권 후보자에 대해 개신교 보수진영은 지지와 지원을, 정의구현사제단을 포함한 가톨릭과 개신교 진보진영은 비판적인 입장을, 불교계는 거리를 두면서 지지와 비판을 병행하고 있는 것으로 고찰하였다(정재영 · 장형철, 2012: 57-68).

6) 2012.11.16., 한국종교사회학회와 한국사회역사학회가 공동 주최하였다.

이들의 논의를 중심으로 살펴보면 입후보자 종교의 영향력, 특정 종교와 정당별 밀착은 점점 줄어들고 있는 것처럼 보이나 아직 종교 자체의 정치적 위상이나 영향력은 상존하고 있는 것으로 나타난다. 그러나 최근 종교계의 보수와 진보 양 진영이 특정 종교를 넘어 각기 연대를 형성하고 있는 점에 비추어 볼 때 '종교' 보다는 '종교성' 이 선거에서 더 중요한 역할을 하는 것으로 추측된다. 이 변화는 미국에서 더 분명히 보이고 있지만 우리나라의 종교-정치 관계 연구에서도 이러한 방향으로의 전환이 필요해 보인다. 동시에 교회와 같은 종교적 공간의 정치적 역할이 선거에서 상당한 힘을 발휘한다는 점도 주목해야 할 것이다.

Ⅲ. 종교의 정치참여의 두 유형과 실제: 정교유착과 정교갈등

1. 정교유착의 이면: 국가조찬기도회를 중심으로

위에서 기술한 대로 국가조찬기도회를 기독교가 군사정권과 밀착했음을 보여주는 대표적인 예로 본다면 유착의 인물로 거론되는 종교계 지도자들은 누구인가?[7] 가장 많은 비판의 대상이 되고 있는 인물은 이 기도모임을 주선하고 실행한 김준곤 목사이다. 그는 1966년[8]과 2회(1969)에서 6회(1973)까지 매회 설교와 기도를 맡았다. 그러나 초기에는 개신교인

7) 국가조찬기도회 프로그램과 참석자 리스트는 최택진, 2002: 51-54를 참고했다.

8) 국가조찬기도회는 1966년 3월 8일에 처음 개최되었으나 당시 박정희 대통령이 불참했다는 점에서 1968년 5월 1일의 행사를 1회로 보기도 한다. 김준곤, 2006에서는 1966년 국가조찬기도회를 1회로 보았다. 박정희 대통령은 1972, 1977, 1978, 1979년 모임에 불참했고, 전두환 대통령의 경우 1981년 1회 참석 이후 1982년부터 1987년까지 기도회에 전부 불참했다.

사 외에도 구약성경 낭독에 노기남 주교(2회), 김수환 추기경(3회) 등 가톨릭 지도자와 정치권에서 야당 국회의원인 정일형(1, 2, 3, 5, 7회), 학계의 박대선 연세대 총장(2, 5회)과 김옥길 이화여대 총장(2회) 역시 참석했다. 김수환 추기경은 1970,80년대 군사독재 시절 "우리 국민들의 마음속에 존재했던 정신적 정부"였다(김정남, 2012: 10).

김준곤 이외에 국가조찬기도회에 참석한 종교계 지도자들에게서도 의외의 사실이 발견된다. 이들 중 중요 인물들이 종교 교파별로 기장(조향록 목사)과 예장통합(새문안교회의 강신명 목사, 영락교회의 한경직 목사) 소속이다. 기장의 총회장이었고 한국 민주화운동을 이끈 김재준 목사는 1회(1968) 때 축도를 했다. 강신명은 2회부터 참석해서 주로 유신시절인 6회(1973), 8회(1976), 10회(1978) 때 설교 · 기도 · 축도를 맡았고, 한경직은 박정희(3, 4, 7회), 전두환(16, 19회) 두 시대에 걸쳐 설교 · 기도 · 축도를 했다. 조향록은 15회(1983) 때 설교를 했는데, 이 시기는 광주민주화운동(1980) 이후 전두환 대통령이 집권하고 있던 때였다. 조향록, 강신명은 전두환의 국보위 입법위원이었다. 광주 항쟁 이후 3개월이 지나지 않은 1980년 8월 6일 23명의 한국 교회 대표자가 참여한 국가와 민족을 위한 조찬기도회에서는 한경직이 안수기도를 했다. 대체로 기장은 진보적인 교단으로, 예장통합은 예장에서 비교적 개혁적인 성향을 보이는 교단으로 평가된다. 정치계에서는 정일형이 1회, 2회(1969), 3회(1970)와 5회(1972) 때 모두 개회사를 했고, 7회(1974) 때는 구약성경을 낭독했다. 그는 신민당 선거대책본부장(1971)으로 당시 박정희에 맞서 입후보한 신민당 대통령후보 김대중의 선거사무장이었고, 1974년에는 신민당 고문에 추대되었으나 유신정치에 반대하는 이른바 '3·1명동사건'(1976)에 연루되어 의원직을 상실했다.

이로 보면 민주화운동이 격화되던 1970년대 중반까지는 이 기도회 모임이 특정 교단인사의 독점을 피할뿐더러 친정부 인사로 볼 수 없는 정계와 학계의 인물들이 고루 참여하는 비정치적 모임으로 기획되었음을 알 수 있다. 이 시기는 유신헌법이 발의 제정된 이후로, 1973년에는 민주화운동의 기폭제가 된 것으로 평가받는 박형규 목사 등의 남산부활절 예배사건이, 1974년에는 지학순 주교의 양심선언이 있었고, 이와 유사한 투쟁으로 교계 지도자와 학생들이 구금 · 고문 등 어려움을 겪고 있었던 때였다. 그러나 초기는 물론이고 적어도 1970년대 중반 이전까지는 국가조찬기도회가 정치행사로 각인되지는 않았던 것으로 보인다. 문제는 그 이후 학생과 종교계 인사들이 재야인사와 함께 민주화운동을 치열하게 전개했던 시기에 있었다.

이와 함께 김준곤의 국가조찬기도회 프로그램 참여가 바로 1970년대 중반 이전인 1973년 6회로 끝났다는 점을 보면 그가 후에 이 기도회의 참석자들이 짊어져야 했던 모든 짐을 혼자 담당하기는 어려운 것으로 판단된다. 그는 이 기도회를 "우리 민족의 정신사에 뜻 깊은 전환적 계기"로 보았으나 "그리스도의 이름으로 이렇게 순수하게 기도를 목적으로 민족의 대표자들이 한자리에 모이기는 우리 민족사상 처음 있는 일"(제1회 국가조찬기도회, 1966년 3월 8일; 김준곤, 2006: 12-18)이라고 말하여 기도회가 비정치적임을 강조했다. 그가 기도회에서 전한 메시지의 일관된 목표는 영적 신앙 부흥과 도덕 부흥이었고, 가장 중시한 덕목은 사랑과 화해와 도덕이었다. 그러나 다른 한편 그는 "조국의 근대화와 통일과 민주화와 그리고 민족중흥의 과제"(제2회 국가조찬기도회, 1969년 5월; 김준곤, 2006: 19-29)를 언급하면서 5·16혁명에 대한 긍정적인 시각을 보여주었다. 5·16 이후 여러 사회악이 근절되어 감동했지만 부정부패의 추방이 오히려 정부가 초점을 둔 가난의 극복보다 시급하다고 주장했다(제3회 국가조찬기도회, 1970년 5월 1일; 김준곤, 2006: 30-42).

주로 유신시절 설교, 기도, 축도를 맡았던 강신명은 교회의 직접적인 정치 참여에는 소극적이었으나 그의 신학 자체는 현세성과 내세성을 분리하지 않는다. 하나님의 뜻이 이 땅에 구현될 수 있다고 본 것이다. 이러한 점에서 그의 신학은 사회변혁의 성격을 가지고 있었으나 사회변혁은 인간이 변화해야 이루어진다는 것, 회개와 정화를 통해야 교회가 갱신될 수 있다는 것이어서 후술할 민주화운동 참여자들의 사회변혁의 지향과는 다르다. 그는 한일협정 비준 반대 성명서(1965)에 한경직, 김재준 등과 함께 서명했고, 삼선개헌을 반대했으며, 박정희의 인권무시의 반민주정책과 일방적인 통치에 대한 강력한 저항자였으나 반공과 친미 정책을 지지했다. 교회 대학생들의 시위를 원칙적으로 동의하지는 않았으나 그들이 수감된 곳을 적극적으로 찾아가서 변호했다고 한다(김명구, 2009: 287-288, 314-327).

3공과 5공 시절 모두 국가조찬기도회에 참여한 한경직은 군사혁명에 대한 부정적인 견해가 있으나 혼란한 사회의 안정, 반공, 민간 이양 등 약속에 근거해서 이를 받아들이고 미국에 가서 군사정부를 지원했다. 그가 1970년대 유신헌법 반대운동 서명에 응하지 않은 것은 종교와 정치를 철저하게 분리해야 한다는 소신 때문으로, 이것은 국가조찬기도회 역시 정치참여로 간주하지 않는다는 의미이다. 그는 비폭력, 부저항 정신을 강조했고, 특히 국가의 안보를 우선하여 정치노선에 유관한 것은 그것이 혹시 정치적으로 이용되는 폐단과 위험이 있더라도 국가의 안보 차원에서 심사숙고한다고 말한다. 그는 순수한 평화주의자로서 화평의 목회관을 갖고 있는 정교분리의 입장이면서도 교회는 정치에 영향을 미쳐야 하나 그 방법은 투쟁이 아닌 사랑과 평화의 방식이어야 한다고 말한다(유장춘, 2009: 154-159). 교회는 교회다워야 하고, 교회의 사명은 복음전파, 사람의 생명과 육신의 구원이라는 것이다(이만열, 1991: 158-159).

조향록이 국가조찬기도회의 프로그램을 맡은 것은 설교를 했던 15회(1983) 한 번뿐이었으나 1966년 기도회와 1980년 광주 무력진압 이후 8월 6일 있었던 조찬기도회 모임에 참여하고 설교를 했던 것은 그가 국보위 입법위원이었던 것과 함께 정권 친화적인 인물로 규정된 이유 중 하나였을 것이다.[9] 조향록은 선교의 신학에서 신학교육은 회개와 속량, 화해와 일치를 통하여 평화를 조성시키며, 하나님의 일하심에 동참하는 임무를 담당해야 한다고 본다. 그는 오늘날 교회선교의 문제는 그 핵심이 자유와 정의 구현과 평화의 실현이란 대전제의 인식에 있는 것이 아니라 오히려 그것을 어떻게 실현시키느냐는 전술적 전개에 있다고 주장한다. 자유와 정의를 폭력 투쟁의 방법으로 구현시킨 경우 그 자유와 정의는 투쟁으로 제압한 악보다 몇 배나 더 흉악한 악으로 변신하여 버린다는 것이다(조향록, 1976: 210).

위의 몇 인물들을 중심으로 살펴보면 이들이 국가조찬기도회에 참석한 의도는 분명히 그들의 신학사상에 기반한다고 볼 수 있다. 그러나 그 기도회에 참석한 교역자들의 본의가 아니었더라도 정치권에서 참석자들에게 호의를 보여주었다면 그들은 정치적 의도를 가진 행사에 동원된 것이다. 알려진 대로 김준곤이 박정희로부터 CCC 활동을 위한 장소를 제공받고, 엑스플러74 개최에도 큰 역할을 할 수 있었던 것은 조찬기도회를 통한 정권 친화적인 맥락에서 생각할 수 있다. 한신대가 1980년 종합대학으로 승인을 받은 것은 조향록이 학장으로 있던 때였고, 빌리그레엄 전도대회에서는 한경직의 역할이 컸다. 그러나 이 시기 강신명, 한경직이 시무하던 새문안교회와 영락교회가 대형교회로 성장하고 있었던 것이 이들의 조찬기도회 참석과 관련이 있는지는 미지수로, 그것은 한신대나 새문안교회, 영락교회의 대학생들이 자주 반정부 시위에 참여했다는 사실에서도 알 수 있다.

이들이 보여주는 공통적인 특성은 화해, 도덕, 비폭력, 평화, 반공주의

---

9) 조향록은 한신대를 4년제로 승격시킨 당사자였음에도 현재 한신대 홈피의 '한신인'에 이름을 올리지 못한 것이 혹시 이 때문일 수 있다. 조향록과 동시대 한신인으로는 김재준, 장준하, 문익환, 안병무, 강원용, 서남동이 있는데 모두 민주화운동에 참여했던 이들이다.

같은 것이다. 그들이 반대하는 폭력이 정권 측의 폭력에 대한 반대인지 시위자들의 대정권 투쟁에서 나오는 폭력의 반대인지는 분명하지 않으나, 만약 전자라면 그들이 화해를 선택한 점에서 저항정신의 부재를 보여주고, 후자라면 이를 '폭력'으로 규정하는 것이 옳은지에 대한 문제가 제기된다. 물리적인 강제력이 폭력이라면 이 단어에는 이미 비합리적이고 불법적인 힘의 사용이라는 부정적 함의가 포함되기 때문이다. 다음으로 반공주의는 기독교계의 청산해야 할 과거사 의제 중 하나로, 정교유착과 교권다툼에 악용되었다거나(장규식, 2006: 104-112), 이승만 정권 시 목소리를 내지 못한 "죄책감을 반공이란 열광으로 상쇄"하려 했다는 주장이 제기되었으나(오재식, 1970: 82) 국가조찬기도회 참석자들의 반공의식은 이미 오래전부터 형성되고 있었다. 조향록은 1945년 경북지역 순회강연에서 이미 공산당은 안 된다고 외쳤고, 한경직의 안보의식 역시 탈북교인으로서 오랫동안 지녔던 것이다. 동시에 반공에 대한 이러한 의지가 반공을 국시로 내세운 군사정권을 우호적으로 받아들이게 된 요인이 된 것은 의심할 수 없는 사실이다.

가장 주목되는 것은 기도회 참석자들을 향한 강력한 질책과 비판에 대한 그들의 반응이다. 1980년 8월 6일 전두환을 위한 기도회에 참석한 23명의 교계 지도자들은 반란방조혐의로 피소되기도 했다. 먼저 이 기도회를 창설한 김준곤은 "국가조찬기도회를 창설하고 민족의 꿈과 비전을 제시한" 「국가조찬기도회 메시지」를 책으로 남겨놓았는데, 이것은 그가 이 기도회에 대한 믿음이 확고했음을 말해 준다. 그러나 그 메시지 내용이 일반적으로 알려진 것과 차이가 있다.

> 민족의 운명을 걸고 세계의 주시 속에 벌어지고 있는 [10월유신 → 새마을운동]은 하나님의 축복을 받아 기어이 성공시켜야 하겠다.… 외람되지만 각하의 치하에서 일어나고 있는 전군신자화운동이… 만일 전민족신자화

운동으로까지 확대될 수만 있다면 [10월유신은 실로 → 삭제] 세계정신사적 새물결을 만들고 신명기 28장에 약속된 성서적 축복을 받을 것입니다(제6회 국가조찬기도회, 1973년 5월 1일; 김준곤, 2006: 56-57).

위의 인용문에서 [ ]에 쓴 10월유신은 신문이나 논문 등에서 이미 지적된 구절이지만(교회연합신보, 1973.5.6.; 장규식, 2006: 116) 김준곤이 쓴 국가조찬기도회 메시지에는 나오지 않는 구절이다. 문맥상 '10월유신'이 없어도 큰 문제는 없으나 이 구절이 그의 군사정권에 대한 미화의 대표적인 예로 거론되고 있으므로 이를 그대로 무시하기는 어렵다. 만약 출판시 저자가 의도적으로 10월유신을 삭제하거나 이를 새마을운동으로 바꾼 것이라면 이러한 메시지에 대한 그의 반성과 후회를 함축적으로 보여준 것으로 간주된다. 그 밖의 참석자 중에는 한경직과 조향록처럼 자신들의 입장을 그대로 견지한 이들이 있기는 하나 자신들의 행적을 공개적으로 반성하고 참회한 이들이 더 많은 편이다. 이것은 개인으로서든 종교인으로서든 특히 정통성을 인정받지 못한 정권 관련 행사의 참석에 좀 더 사려 깊은 판단이 요구된다는 것을 보여준다. 종교가 제시하는 신뢰가 잘못 정권에 악용될 수 있다는 우려는 단지 기우가 아니기 때문이다.

그러나 한경직은 국가를 위해서 기도를 해달라고 하는데 안 갈 수 없다고 했거니와 이 역시 종교인으로서의 책임과 의무라는 점을 부인할 수 없다. 국가조찬기도회의 존재 자체를 부정해야 하는지도 문제로, 이것은 현재 북한의 가톨릭과 개신교, 그리고 그 교역자들과 교회에 대한 후대의 평가와도 무관하지 않을 듯하다.

2. 정교갈등의 양면: 민주화운동을 중심으로

우리나라의 정교갈등은 정치권의 종교 억압이나 사회문제에 대한 종교적 개입보다는 대부분 정권이나 정부 정책에 대한 비판에서 시작된다. 기독교는 한국에 수용된 이후 사회 전반을 개혁하려는 사회운동이나 국권회복을 위한 순수한 독립운동의 선상에서 전개되었으나 정치성을 띤 것은 아니었다. 1950년대 후반부터 도시산업선교 등이 출현하면서 전개된 빈민과 노동자들을 위한 종교 활동 역시 정치적인 목적을 띤 것으로 볼 수는 없다.

종교계가 일으킨 가장 적극적인 반대는 아마도 한일회담 비준반대 성명서(1965)를 발표한 것으로, 이 성명서에서 교역자들은 '예언자' 적 임무를 자임하였는데 이러한 예언자적 의식은 1970년대 민주화운동에 참여한 종교계 인사들에게서 지속적으로 나타난다. 예언자란 하나님의 말씀에 의해 박해를 받으면서도 불의한 집권세력이나 기존 세력들에 대해 심판과 경고를 행한 사람들로, 민주화운동에 참여한 종교지도자들은 바로 그들처럼 이 집권층의 불의에 맞서 행동으로 저항한다는 것이다. 박형규는 참다운 예언자란 언제나 왕의 통치에 대해 올바른 비판을 하고 민중들에게 바른 말을 하면서 때때로 희생을 당하는 사람들로 설명했고(박형규, 2010: 109), 지학순은 사회정의가 땅에 떨어졌을 때 사회정의를 위해 해야 할 사명을 가르쳐주는 사람들이 바로 예언자들로 그들은 민중에게 희망을 제시함으로써 민중으로 하여금 정의로운 미래와 결합시켰다고 말한다(지학순, 1983: 54).

이와 같이 예언자적 사명은 1980년대까지 민주화운동에 적극적으로 참여한 종교계 인사들의 신념이었거니와 이에 따라 민주화운동의 참여교인들은 교회가 역사와 정치, 그리고 사회문제에 적극 간여해야 한다는 점을 공유하고 있다. 그렇기 때문에 이들이 추구하는 최고의 종교적 가치는 정의이다. 지학순은 정의가 강물처럼 흐르게 해야지, 한때의 물리적인 힘으로 물길을 막는다면 더 큰 위험이 뒤따른다고 본다(지학순, 1983: 60-63). 그는 이를 위해 양심선언, 학생운동의 지원, 가두시위 등에 동참했다. 김재준은 1960년대 말 국회의원 부정선거를 보고 불의를 결코 묵과하지 못한다고 선언하면서 실제로 이 땅에 의를 구현하는 것이 신앙의 본질이라고 했다(한국기독교사회문제연구원, 1983: 57-58 재인용). 이것은 WCC의 창립총회 선언에서 가장 강조한 내용이기도 하다. 1975년 나이로비총회에서는 신앙과 사회 및 정치적 참여를 동일시하면서 복음이 목숨을 희생하면서라도 정의와 인간존엄성을 위한 투쟁에 참여하는 것임을 선언했다.

정의를 향한 이러한 예언자적 사명은 결국 교회의 역할에 대한 성찰로 이어진다. 박형규는 그의 인생의 모토가 "교회로 하여금 교회 되게 하라"는 것으로, 그는 진리와 사랑을 실천하고 지키는 것이 교회이지, 권력과 돈에 굴복하거나 타협하는 교회는 교회가 아니라고 말한다. 교회가 교회다워야 한다는 것을 복음전파와 함께 육신과 영혼 구원의 사명 수행으로 본 한경직과 달리 그는 적어도 기독교의 참다운 전통은 세상 속에 들어와서 세상문제에 관여하여 하나님의 뜻을 밝히고 그에 위배되는 것에 대해 직언을 하는 것이라고 간주했다(박형규, 2010: 109). 지학순은 제2차 바티칸 공의회(1962～1965)의 사목헌장을 근거로 교회는 자신의 권리나 그 신도들을 보호하는 데에 그치지 말고 그 활동범위를 전체 '인간사회'로 확대하여 만인의 권리를 수호하는 것을 그 사명으로 해야 한다고 보았다(지학순, 1983: 134).

김재준은 기독교가 역사참여 혹은 사회참여의 종교로, 그는 그리스도의 성육신도 하나의 역사적 사건으로 본다. 그리스도의 탄생은 다시 한번 신의 구원사업으로서 역사개입이어서, 이 구원운동에 동참하는 것이 곧 역사참여이며 사회참여라고 주장한다(손규태, 2002: 150-152 재인용). 그러므로 이제 교회는 세계를 위해 존재하고 세계를 섬겨야 하는 존재로 복음전도가 삶을 통해 증거되어야 하며, 다양한 삶의 영역에서 하나님의 나라를 실현해야 한다는 것이다. 이것은 바로 에큐메니컬 정신의 핵심이기도 하다. 김재준 역시 이북출신 기독교인사로서 확고한 반공의식을 갖고 있었으나 근본적인 반공의 대책을 공안정국의 조성이나 무력증강이 아니라 자유민주주의의 신념 위에 인간이 인간답게 살 수 있는 건전한 공동사회 건설에서 찾는다(문지영, 2010: 45-47 재인용). 이 점은 혹시 반공이 정치적으로 이용되는 폐단과 위험이 있어도 이를 감내해서라도 지켜야 한다고 주장한 한경직과의 차이를 보여준다.

이와 같이 위 종교계 인사들의 민주화운동 참여는 세상 속으로 들어가 종교적 가치를 구현하려는 신학관에 근거한 것이지만, 그럼에도 그들이 내세운 '민주화'나 '정의'라는 가치가 종교 또는 비종교인들, 지도자와 일반 민중 모두가 공유하는 종교적 가치인지는 논의의 여지가 있다. 우리나라는 전통적으로는 유교적 충효사상이, 종교적으로는 사랑 · 자비 · 용서와 같은 이념과 가치가 지배해 왔거니와, 뒤에서 재론하겠지만 이것이 민주화운동에서 일반인들의 적극적인 참여가 충분하지 못했던 한 이유일 수 있다. 미국의 역사에서 종교적으로 동기화된 정치운동은 특히 낙태나 전쟁을 반대하는 것처럼 어떤 환경에서도 인간의 삶이 갖고 있는 절대적인 가치와, 노예제도의 폐지나 시민권 같은 각 개인의 기본적이고 더 이상 축소시킬 수 없는 가치에 기반한다. 이러한 가치들은 대부분의 미국인들이 공유하는 종교적 가치로, 미국에서는 종교가 이미 오랫동안 정치적 가치와 행동의 근원이었다는 것이다(Jelen, 2006: 333).

덧붙여 전술한 대로 민주화운동에 참여한 대부분의 종교계 인사들이 자임한 예언자적 역할 역시 성찰의 대상이다. 정치적으로, 사회적으로 불의한 시대에 가장 절실한 것이 '예언자적 목소리(prophetic voice)'라는 점에는 이견이 있을 수 없다. 그러나 예언자들이 대중과 '함께한다'는 의미보다는 오히려 그들을 깨우침의 대상으로 보고 있는 것은 아닌지에 대해 깊이 생각해 보아야 할 것이다. 국가조찬기도회에 참석했던 한경직은 교회가 예언자적 사명을 게을리한다는 비판은 옳지 않다고 하면서 '예언자적'이라는 말의 사용에 문제가 있음을 역설한 바 있다. 구약시대는 나라 자체가 교회였던 때여서 오늘날의 교회와는 성격이 다르다는 것이다(이만열, 1991: 158-159 재인용).

후술하겠지만 최근 여론조사에서 종교인들의 정치참여에 대한 부정적 인식이 매우 높은 것도 문제이다. 아마도 이 응답은 2000년대 이후 말하자면 종교인들에 의한 4대강 정비와 천성산 터널 굴착의 반대 같은 환경운동, 제주 강정마을 해군기지의 건립 반대 같은 정책반대운동, 선거에서 특정 인물의 낙선운동, 부정선거 규탄대회 같은 것을 염두에 두었을 가능성이 크다. 응답자들이 여기에 민주화운동을 포함시켰는지는 알 수 없으나 일단 종교인들의 정치참여 활동을 반대하는 입장은 분명해 보인다. 종교인들에게 민주화운동은 종교사회운동이었을 것이나 일반인들에게는 정치운동으로 간주되는 양면성을 지녔기 때문이다.

Ⅳ. 정치참여로서의 선거와 종교의 관계

위에서 다룬 정치참여는 종교계 인사들에 의한 것이지만 이러한 참여가 온전히 지도자들만의 전유물은 아니다. 일반 국민들도 원하든 원하지 않든 선거전의 중심에 처함으로써 간접적으로나마 정치에 참여하게 되거니와, 따라서 종교의 정치참여는 지도자들과 일반 국민의 참여 모두를 대상으로 할 때 그 특성과 문제들이 온전히 드러날 수 있을 것이다.

실제로 종교와 정치 간의 긴장이 가장 두드러지는 것 역시 바로 선거로서 정치의 종교운용은 그 목적이 대부분 지지세력의 확보에 있다. 집권자들이 국가의 중대사에 종교계의 조언을 구하는 것은 목표가 종교적 지혜에 있기보다는 자신들이 취하는 행동에 대한 정당성을 제고시키려는 수단처럼 보이기도 한다. 종교지도자들의 지지나 우호적인 입장이 신자들이나 일반 유권자들에게 어느 정도 영향력을 행사할지는 알 수 없으나 이것이 적어도 입후보자의 신뢰를 높이는 상징적인 효과에는 일조할 수 있을 것이다. 그렇다면 종교는 선거에서 독립변수가 될 수 있을까?

먼저 미국의 경우 종교가 정치에 영향을 미친다는 것은 2012년 공화당과 민주당 양당 모두에 대통령 후보는 백인으로 개신교신자라는 기준이 무너지기 전까지는 일반적으로 동의되어 왔다. 그 이전 2004년 대통령 선거에서도 민주당 입후보자들이 패배한 것은 그들이 공화당 후보자 조지 부시(George W. Bush)보다 덜 종교적이었기 때문이라고 하면서 미국인의 약 3분의 1이 종교 신자가 아니므로 종교의 정치적 역할을 감소시켜야 한다는 주장이 나온 바 있다(Young, 2006: 11). 이와 함께 종교에 따라 특정 정당의 지지가 있다는 점도 대부분 동의하는 사실이었으나 최근에는 그러한 엄밀한 분할은 거의 사라져서 가톨릭들은 지금 무당파이고, 대다수 복음주의적 개신교도들은 공화당을 지지하며, 주류 개신교도들은 점점 더 민주당 측 방향으로 기대고 있는 것으로 고찰되었다. 이러한 점에서 교파별로 또는 정당별로 후보자에 대한 지지관계를 고찰하던 과거의 연구들과 달리 이제는 종교 소속, 헌신, 신앙의 상호관계에 따른 정당이나 입후보자에 대한 지지 성향이 드러난다는 연구 성과가 주목을 받고 있다. 미국에서 대통령들은 선거와 정책 지지를 받기 위해 특정 종교 유권자들에게 호소할 뿐 아니라 일반 미국인들 또한 그들의 종교적 소속, 헌신과 신앙의 기반 위에서 다르게 반응한다는 분석이다(Olson and Warber, 2008: 194).

이러한 종교 갭에 관한 고찰은 후보자의 종교와 종교별 득표 순위에 관심을 보여주는 단계에 머물러 있는 우리나라의 종교와 정치(선거) 관계 연구에 도움을 줄 것이다. 특히 종교-선거와 관련하여 선거에서 종교와 특정 보수 · 진보 정당을 연계하기보다는 오히려 교회참석빈도가 높고 봉사활동이 두드러진 헌신적인 신자들일수록 교회에서 전하는 메시지에 많은 영향을 받는다는 점에 주목할 필요가 있어 보인다. 미국에서 발생한 클린턴-르윈스키(Clinton-Lewinsky) 스캔들은 예배에서 또는 교회 안에서 자주 언급되면서 종교 활동에 적극적인 헌신자들이 2000년 조사에서 반클린턴 정서를 보여주었다는 분석 결과가 나와 있다(Olson and Warber, 2008: 200).

최근 연구조사 결과에 의하면 우리나라의 종교 신자들 중 약 절반(2009년 47.6%, 2010년 48.1%)이 '믿음이 강하다' ('다소 강하다' 포함)고 자신을 평가하고, 종교집회 참석빈도에서 일주일에 한 번 또는 여러 번 참석한다는 신자가 종교 · 비종교인을 모두 대상으로 했을 때 2009년 24.8%, 2010년 23.6%를 차지한다. 집회에 1년에 한 번 미만과 전혀 가지 않는 사람이 2009년 46.5%, 2010년 48.3%인 것으로 보아(김상욱 외, 2011: 147-149) 종교에 소속된 이들이 전체 인구의 약 과반을 상회하고, 매주 한 번 또는 여러 번 예배에 참석하는 이들의 참석빈도는 그 절반이어서, 신심이 깊은 이들과 그 수치가 유사한 것으로 나타난다. 교회 출석은 일차적으로 신앙에 근거하는 것이어서 깊은 신앙의 소유자와 교회에 헌신하는 자의 성향 파악이 단지 특정 종교와 정당 또는 후보의 관계로 묶는 것보다 좀 더 정밀할 수 있다. 종교 소속, 헌신, 신앙은 서로 관계를 맺으면서 정치적 성향을 만들어가고 있다는 것이다.

이러한 점에서 보면 교회나 사찰과 같은 예배장소는 신자들의 소속, 헌신, 신앙이 서로 관계를 맺는 하나의 정치적 소통 공간으로 간주될 수 있다. 특히 기독교의 교회는 어떤 행동들에 대한 전염력이나 감화력을 극대화할 수 있는 특성들을 소유하면서 공통의 정치적 전망을 전염시킬 수 있는 비옥한 장소이다(Wald *et al*., 1988: 531). 더욱 이러한 종교기관들은 시민결사체와의 연계를 통해 당시대의 현안들에 직접 나서기도 한다. 서울 명동의 향린교회(http://www.hyanglin.org/)에서는 다양한 시민단체들과 함께 강정마을 해군기지 건설, 밀양 송전탑 건립 등의 각종 정책에 대한 반대운동에 나서고 있다. 교역자의 메시지에서도 정치 현안에 관한 것이 많은 부분을 차지한다.

그러나 우리나라의 경우 2004년 한 조사에 의하면 담당목사가 설교 중에 정치나 사회 문제를 이야기하지 않는 교단은 응답자 특성별로 진보교단으로 알려진 한국기장이 가장 높고(80.7%), 설교가 신도에 미치는 영향은 보수를 대표하는 예장고신(58.8%)과 한국기장(57.9%)이 비슷했으며, 교인이 정치 · 사회문제에 관심이 가장 많은 교단은 예장고신(77.6%)이고, 관심이 가장 적은 교단은 한국기장(52.6%)이었다(한신대학교 학술원 신학연구소, 2004: 204-208). 대체로 보수교단이 진보성향의 교단보다 현실정치에 대한 관심이 많음을 보여주나 위 향린교회는 기장 소속이어서 종교-정치의 관계는 교단의 소속보다는 교회나 목회자의 성향, 신자들의 교회출석빈도, 헌신과 신앙의 관점에서 접근하는 것이 더 적합해 보인다. 그러나 이러한 접근방식은 우리나라의 경우 아직 출발점에 있어 앞으로 좀 더 적극적인 고찰이 요구된다.

V. 종교인의 정치참여에 대한 국민인식과 정치발전을 위한 한국종교의 역할과 과제

전술한 대로 종교와 정치의 분리보다 참여가 정치발전에 도움이 된다고 본다면 국가조찬기도회와 민주화운동은 어떠한가? 먼저 국가조찬기도회는 매년 개최되었으나 종교인을 비롯한 교수, 학생, 재야인사 등의 구금, 고문치사, 무력에 의한 시위진압 등은 계속되었고, 종교계를 비롯해서 학계, 재야인사들에 대한 감시는 한층 더 강화되었다는 점에서 참석자들이 중시하는 화해, 포용, 비폭력의 성과는 없었던 셈이다. 참석자들은 대부분 기독교계에서 존경받는 인물들이어서 그들의 국가조찬기도회 참석이 정권에 힘이 되었을 것으로, 그것은 종교지도자들이 갖는 상징적 의미 때문이다. 그렇다면 그 상징성이 부분적으로나마 국민들에게 어려운 시절을 감내하는 힘과 위로를 주는 역설적인 측면은 없었는지도 고찰할 만하다.

정교대립의 입장에서도 정권이 종교인들을 회유하거나 감시하는 것은 그들의 존재가 보는 국민들로 하여금 심정적 동조를 일으키게 한다는 긴장 때문일 것이다. 또한 종교계 지도자는 그 뒤에 있는 수많은 국내외 교계 인물들과 연결된다는 점도 정권에는 부담이 되었을 것이다. 군사정권이 가졌을 이러한 긴장이 종교사회학자들이 자주 인용하는 로버트 벨라(Robert N. Bellah)의 '창조적 긴장'으로 고찰되기도 한다(벨라, 1981: 164-175). 김녕은 1970, 80년대 한국 가톨릭교회와 군부정권 사이의 '교회-국가 갈등'이 '민주화'라는 긍정적인 결과를 만들어낸—혹은 그러한 '사회적 진보'를 가져온— '창조적 긴장'을 형성한 것으로 보았다(김녕, 2010: 47). 이처럼 종교 측의 관점에서는 종교계 인물들이나 교회와 대학의 학생들의 민주화운동이 정치발전에서 갖는 의의는 인정할 수 있으나 중요한 것은 그것이 그들만의 운동이 되어서는 안 되고 일반 대중의 공감과 협력이 절대적으로 요구된다는 사실이다.

이러한 점에서 최근 종교의 정치참여에 대한 국민인식이 부정적으로 나타나고 있다는 점을 주목할 필요가 있다. 2013년 조사에서 종교인의 정치적 참여 활동을 적극 찬성하거나 찬성하는 편이라는 응답이 23.1%로, 적극 반대 또는 반대하는 편이라는 응답(74.6%)보다 훨씬 낮은 것으로 보고되었다(기독교윤리실천운동, 2014: 22). 2012년 조사에서는 종교계의 정치인 공약 검증 혹은 정책 제안을 매우 부정적이거나 부정적인 편으로 본다는 응답이 66.3%로 긍정(24.2%)보다 훨씬 높았다. 이와 함께 종교단체 혹은 종교지도자의 부정선거 감시활동 참여에 관한 질문에 대해서도 매우 부정적 또는 부정적인 편이라는 응답이 60.2%로 긍정(29.9%)보다 매우 높게 나타났다(대한불교조계종 불교사회연구소, 2012: 37-40). 이 점은 종교의 정치참여에 대한 국민의 부정적 인식이 매우 확고하다는 것을 보여준다. 그러나 종교계의 정치참여에 대한 반대가 높은 것은 최근의 일만은 아니다. 2004년도 조사에 의하면 종교인과 비종교인들 모두를 대상으로 조사한 결과 종교단체들은 '종교 자체에만 전념하는 것이 좋다' 고 응답한 비율이 49.4%로 가장 많았고, 정치 분야에 대한 긍정적인 답변은 단지 1.7%에 불과했다(한국갤럽, 2005: 6-7). 최근에는 정치참여에 대한 부정적인 수치가 좀 더 높아진 것이다.

그럼에도 종교가 미치는 사회적 영향력에 대해서는 크게 또는 약간 증가라는 응답이 50.2%로 감소(33.9%)보다 높게 나타났다. 종교의 정치적 개입은 반대하면서도 시급한 현실문제에 대한 종교 측의 대응 역시 필요하다고 본 것이다. 시급하게 해결해야 할 문제에 대해 종교는 '가능한 범위 내에서 문제해결에 적극 나서야 한다' 는 응답이 32.2%로 가장 높지만, 다음으로 '종교와 관련된 문제에만 나서야 한다' (24.1%), '종교와 무관하므로 개입할 필요가 없다' (22.4%) 등의 순으로 나타나고 있어, 결국 종교와 관련 없는 문제에는 나설 필요가 없다는 것이 46.5%로 과반에 육박하고 있음을 보여준다. 한국사회에서 시급하게 해결해야 할 문제로 '부정부패와 공정성 상실' 이라는 응답이 25.6%로 가장 높은 것은 18대 대통령후보자 자격으로 '도덕성' (23.8%)이 가장 높게 나온 것과도 연계된다(대한불교조계종 불교사회연구소, 2012: 25-26, 29-30, 31-32, 35-36).

이 조사 결과는 대부분 종교인의 정치참여에 대한 부정적 견해가 우세하면서도 다른 한편 특히 종교가 정치인이나 사회 일반의 도덕성 회복에 기여함으로써 사회정화나 정치발전에서의 종교의 역할에 대한 기대 역시 높다는 점을 보여준다. 정치권력에 대한 종교의 입장이나 태도는 기본적으로 정치권력의 도덕성이 어떠한가에 따라 결정된다(노길명, 2002: 23). 이원규는 종교가 정치에 참여하는 것은 불가피하지만 그 참여의 목적은 권력 장악이나 정치적 이익 도모를 위해서가 아니라 보편적인 종교적 가치로서 도덕성과 공동체성의 고양을 위한 것이어야 한다고 주장한다(이원규, 2013: 54). 여기서 보편적 가치는 일부 종교인들의 관점을 넘어 일반 국민에게 받아들여질 수 있는 것이고, 아마도 이것은 우리 한국인에게는 도덕성인 것으로 판단된다.

이 점은 “한 사회가 실패하느냐 성공하느냐는 자연히 그 사회의 내부 구조와 성질, 곧 가장 깊은 수준의 가치와 참여”에 달려 있다고 한 벨라의 인식과 일치한다(벨라, 1981: 144). 4·19혁명이 빠르게 전 국민이 동조하는 운동으로 확산된 것은 부정선거가 우리 사회의 핵심가치인 도덕성에 대한 훼손이었기 때문일 것이다. 부정이나 불의는 인간의 삶에서 마땅히 행해서는 안 되는 반도덕적 규범이었다. 이에 비해 민주화운동은 1987년 6월항쟁을 제외하고는 대체로 지도자들의 항쟁으로, 기독교인 ‘다수’는 침묵했고 민주화 · 인권 · 통일운동에 뛰어든 사람은 ‘소수’였다고 한다(정종훈, 2004: 372). 그것은 정부 측의 무법적인 구금, 폭행, 고문의 자행 때문이기도 했지만 민주화운동의 명제인 ‘정의’가 그렇게 가깝게 다가오지 못한 데에도 그 한 이유가 있어 보인다. 종교지도자들이 내세운 ‘정의’라는 개념은 당시에는 사랑, 자비, 화해의 종교적 이념이나 전통적인 가치인 개인과 사회의 도덕성과 달리 보편적 가치로서 모든 사람들이 참여하는 항쟁의 목표가 되기는 쉽지 않았을 수도 있다.

Ⅵ. 결 론

이 글은 군사정권 시절 국가조찬기도회와 민주화운동, 그리고 민주화 이후 선거를 통해 우리나라 종교가 수행한 정치적 역할 및 특성과 함께 종교의 정치참여에 대한 일반 국민의 인식을 역사적으로 그리고 경험적 데이터를 통해 고찰한 것이다. 먼저 그간 기존 역사적 고찰에서 보이는 대로 국가조찬기도회와 민주화운동에 대한 부정적 · 긍정적 평가에는 이의가 없으나 그럼에도 이 글은 여전히 이들의 참석 배경이나 참여자들에 대한 재고찰이 필요하다는 관점에서 출발했다.

국가조찬기도회는 군사정권 시절뿐만 아니라 민주화 이후에 개최된 것도 대부분 비판의 대상이 되고 있는 데에서 알 수 있는 바와 같이 종교가 권력자 옆에 가까이 다가간다는 것 자체가 문제가 될 수 있다. 이러한 점에서 가능하다면 이 기도회를 정권미화나 정치항쟁의 장소가 아니라, 암묵적으로나마 반성과 성찰, 그리고 새로운 지향을 위한 공론장으로 삼는 것이 가장 바람직할 것이다. 만약 이것이 힘들다면 기도회의 개최나 종교인으로서의 정치행사 참여에 좀 더 사려 깊은 고려가 필요해 보인다. 설교에서도 모세, 여호수아, 솔로몬과 같은 구약의 선지자나 지도자가 비유적으로 동원되었거니와, 아마도 이 비유는 온유함과 충심, 강한 믿음과 순종, 지혜와 겸손 같은 덕목을 집권자들의 롤 모델로 제시하려는 것이 목적이었을 것이다. 그러나 많은 연구자들이 지적한 것처럼 군사정권의 지도자들을 그들과 동일시해서 미화시키게 될 위험성을 내포하고 있다는 점도 유의해야 할 것이다.

민주화운동은 종교인들의 정치사회운동이 어느 정도까지 가능한지에 대해 재성찰하게 해준다. 비록 종교인들이 우매한 민중이나 타락한 지도자들에 대해 경고하고 깨우치는 예언자적 입장을 지녔다 하더라도 중요한 것은 그 운동에서 일반 국민들이 계몽의 대상이 아니라 합력의 주체라는 점이다. 국민들의 참여는 그 운동이 제시하는 가치가 오랜 세월 전통에 뿌리박혀 있는 것일 때 가능한 것으로 나타난다. 민주화운동의 배경은 개신교의 경우 1948년 '정의 수호'를 내세우면서 에큐메니컬 운동을 수행하기 위해 창립된 WCC에의 참여와 긴밀히 연계되고, 가톨릭은 사회문제의 해결과 사회정의의 수립을 위한 교회의 참여를 제시한 제2차 바티칸 공의회의 사목헌장과 관계가 있다. 민주화운동이 싹트기 시작한 지 거의 반세기에 가까워오므로 그들이 내건 정의는 당시에는 일반 국민의 합의를 불러오기에는 미흡했으나 최근 마이클 샌델(Michael J. Sandel) 교수의 「정의란 무엇인가」에 대한 독자들의 열띤 호응에서 보이듯이 이제는 새로운 가치로 일반 대중에게도 뿌리내리고 있음이 감지된다. 민주화운동은 종교와 정치 간의 대립을 넘어 점진적으로 정치발전에 기여하고 있는 것이다.

종교와 정치가 분리되기 어렵고 분리될 수도 없는 또 하나의 이유는 종교 신자를 포함해서 국민 개개인 모두가 선거를 통해 직간접적으로 정치에 참여하기 때문이다. 만약 종교성이 투표성향에 큰 역할을 한다면 종교기관과 종교지도자들은 정치참여에 좀 더 신중해야 할 것이다. 무엇보다 종교의 정치참여에 대한 국민적 인식이 매우 부정적이라는 점에서도 그러하거니와, 이것은 종교 측의 정치참여가 소홀히 다룰 수 없는 중요성을 내포하고 있다는 의미로, 종교는 종교·비종교인을 막론하고 국가적으로 어려운 시기에 국민들이 기댈 수 있는 마지막 보루인 것이다.

참 고 문 헌

교회연합신보. 1973.5.6.

기독교윤리실천운동. 2014. 「2013년 한국교회의 사회적 신뢰도 여론조사 결과 발표 세미나 자료집」. 기독교윤리실천운동.

김녕. 2010. "한 백년 민족사와 국가권력, 그리고 가톨릭교회, 1910~2010: '안중근 의거' 부터 '4대강 사업 반대' 까지," 「현상과 인식」, 34(3), 43-70.

____. 2001. "유신시대 명동성당에서의 민주화 운동," 「민족사와 명동성당」, 천주교 서울대교구 주교좌 명동교회. 233-263.

김명구. 2009. 「소죽 강신명 목사: 교회와 민족을 위한 한 알의 밀알되어」(강신명 목사 탄생 백주년 기념사업위원회 편). 서울장신대학교출판부.

김명배. 2009. 「해방 후 한국 기독교 사회운동사: 민주화와 인권운동을 중심으로 (1960~1987)」. 서울: 북코리아.

김상욱 외. 2011. 「한국종합사회조사 KGSS 2010」. 성균관대학교출판부.

김정남. 2012. 「이 사람을 보라: 어둠의 시대를 밝힌 사람들」. 서울: 도서출판 두레.

김종서. 1990. "종교의 현실참여 논쟁: 정치운동인가 종교운동인가," 「90년대 한국사회의 쟁점」(월간 사회와 사상 편), 서울: 한길사, 201-210.

김준곤. 2006. 「국가조찬기도회 메시지」. 서울: 순출판사.

노길명. 2002. "광복 이후 한국 종교와 정치 간의 관계: 해방공간부터 유신시기까지를 중심으로," 「종교연구」, 27, 1-23.

대한불교조계종 불교사회연구소. 2012. "한국의 사회·정치 및 종교에 관한 대국민 여론조사 결과보고서." in: http://www.jsbs.kr/ (2012.11.15.).

문지영. 2010. "김재준과 1960~70년대 민주화운동의 정치사상," 「정치사상연구」, 16(2), 29-53.

박형규. 2010. 「(박형규 회고록)나의 믿음은 길 위에 있다」(신홍범 정리). 파주: 창비.

벨라, 로버트 엔. 1981. 「사회변동의 상징구조」(박영신 옮김). 서울: 삼영사.

서우석. 1994. "중산층 대형교회에 관한 사회학적 연구," 「한국사회학」, 28(2), 151-174.

손규태. 2002. 「장공 김재준의 정치신학과 윤리사상」. 서울: 대한기독교서회.

오재식. 1970. "기독교반공주의의 망령," 「기독교사상」, 14(11), 82-83.

유장춘. 2009. “영락교회를 넘어서 한국사회를 섬긴 한경직 목사의 사회봉사 연구,” 「교회사회사업」, 9, 123-170.

윤선자. 2001. “5·18광주민주화운동과 종교계의 역할: 천주교회를 중심으로,” 「한국근현대사연구」, 19, 235-272.

윤승용. 2014. “한국의 정교분리와 종교정책,” 「종교문화비평」, 25, 195-241.

이만열. 1991. “원로와의 대담: 한경직 목사를 만남”(한규무 정리), 「한국 기독교와 역사」, 1, 134-162.

이원규. 2013. “종교와 정치, 그리고 사회통합,” 「한국의 종교사회학」(한국종교사회학회 엮음), 서울: 늘봄, 29-56.

장규식. 2006. “군사정권기 한국교회와 국가권력: 정교유착과 과거사 청산 의제를 중심으로,” 「한국기독교와 역사」, 24, 103-132.

장기동. 2000. “교회와 국가의 관계에 비추어 본 한국의 국가조찬기도회.” 관동대학교 대학원 석사학위논문.

전명수. 2013. “한국 종교와 정치의 관계: 대통령 선거를 중심으로,” 「담론 201」, 16(2), 75-101.

______. 2011. “1980년대 한국 개신교 민주화운동의 특성과 한계: 6월 항쟁에서의 교회 공론장을 중심으로,” 「담론 201」, 14(3), 117-142.

______. 2010. “1960~70년대 한국 개신교 민주화운동의 특성과 한계: 종교사회학적 접근,” 「한국학연구」, 35, 329-359.

정재영 · 장형철. 2012.11.16. “미디어 속의 18대 대통령선거와 종교.” 한국종교사회학회 · 한국사회역사학회 2012년도 공동 주최 학술대회 자료집.

정종훈. 2004. “기독교 사회운동과 한국 기독교의 과제,” 「신학논단」, 37, 353-384.

조향록. 1976. “대학 사료: 조향록 제9대 학장 취임사,” 「신학연구」, 17, 208-212.

지학순. 1983. 「(지학순 주교 강론집)정의가 강물처럼」. 서울: 형성사.

최택진. 2002. “한국 개신교교회의 정치이데올로기와 보수주의적 성격 연구.” 서강대학교 대학원 석사학위논문.

최현종. 2013. “선거의 독립변수로서의 종교적 요인,” 「종교와 문화」, 24, 121-147.

한국갤럽. 2005.6.22. “2004 한국인의 종교와 종교의식③.”

한국기독교사회문제연구원. 1983. 「1970년대 민주화 운동과 기독교」. 서울: 한국기독교사회문제연구원.

한규무. 2004. "'국가조찬기도회,' 무엇을 남겼는가: 우리 시대, 교회의 정치적 책임은 무엇인가," 「기독교사상」, 48(1), 26-35.

한신대학교 학술원 신학연구소. 2004. 「한국 기독교인의 정치 · 사회 의식조사」. 서울: 한울아카데미.

Fox, Jonathan. 2006. "World Separation of Religion and State Into the 21st Century," *Comparative Political Studies*, 39(5), pp.537-569.

Jelen, Ted G. 2006. "Religion and Politics in the United States: Persistence, Limitations and the Prophetic Voice," *Social Compass*, 53(3), pp.329-343.

Olson, Laura R. and Adam L. Warber. 2008. "Belonging, Behaving, and Believing: Assessing the Role of Religion on Presidential Approval," *Political Research Quarterly*, 61(2), pp.192-204.

Steinfels, Peter. 2004.1.31. "The 'Religion Gap'," *The New York Times*. http://www.nytimes.com/2004/01/31/national/31beliefs.html

Torr, James D.(ed.). 2006. *How Does Religion Influence Politics*? Farmington Hills, MI: Greenhaven Press.

Wald, Kenneth D. *et al*. 1988. "Churches as Political Communities," *American Political Science Review*, 82(2), pp.531-548.

Young, Cathy. 2006. "Religion Plays Too Large a Role in Politics." James D. Torr(ed.). *How Does Religion Influence Politics*? Farmington Hills, MI: Greenhaven Press. pp.11-15.

제 3 장

한국에서의 불교사회운동과 사회발전

정승안

Ⅰ. 대승불교와 한국 민주주의와의 만남

우리가 사회발전의 기준으로 제시할 수 있는 가치들은 다양하다. 기본적으로는 사회구조 변화와의 기능적 합리성을 지니고 있는가가 쟁점이다. 여기에는 합리성의 증대와 같은 종교 내적 변화뿐만 아니라 종교의 사회발전과 변동과정의 참여정도와 같은 내용도 포함될 수 있을 것이다. 그리고 종교적인 가치가 사회적인 의식에 미친 영향과 방식들도 주목하게 된다. 한 사회의 문화와 사회적 삶을 이해하기 위한 가장 근본적인 방법의 하나는 그 사회의 종교를 들여다보는 것이다.

해방 이후 한국의 종교계는 민족의 정신적 지주로서 사회발전에 큰 기여를 해 왔다. 개신교와 천주교는 우리 사회에서 시작된 서구화의 흐름과 발맞추어 교세를 크게 확장해 왔다. 사회적으로도 1970년대 이래의 군부독재정권하에서의 민주화운동에 대한 기여는 두드러진다. 이에 비해 일제 강점기에서부터 민족의 해방과 독립을 위해 투쟁하였던 만해 한용운과 같은 실천적 불교인들의 흐름은 사실상 지속되지 못했다. 해방 전후사 시기에 활발했던 한국불교사회운동의 흐름에 비해 한국의 근대화 과정에서의 불교의 사회운동의 단절의 역사를 이해하기 위해서는 한국의 근대

정치사회적 변화와 관련해서 살펴보지 않을 수 없다. "한국불교는 호국불교이다"라는 교과서에 나타나고 있는 지배이데올로기에 기본적으로 조선시대의 숭유억불에도 불구하고 외세의 침략에 맞서 의병을 조직했던 임진왜란 당시의 승병들의 모습이 투영되고 있다. 나라를 누란의 위기에서 구한 이순신이 '성웅'으로, 승려가 '승병'으로 만들어져 갔던 것처럼 호국불교로서의 한국불교에 대한 이미지에도 굴절된 한국근현대정치사가 뚜렷이 반영되고 있음을 알 수 있다. 그러나 이러한 호국불교라는 지배이데올로기 중심의 접근만으로는 불교의 정치적 태도나 사회적 실천의 논의를 설명하려는 데에는 분명한 한계가 있다.

그렇다면 어디서부터 시작해야 할까? 교리적 측면에서 우리는 먼저 초기불교에서부터 일관되게 나타나고 있는 붓다의 핵심사상인 연기법에서 그 실천적 근거를 찾아볼 수 있다. 연기법에서는 "각각의 개별 존재가 다른 존재들을 가능케 하는 조건이면서 동시에 각각의 존재가 다른 존재들을 조건으로 하여 존재한다. 하나의 존재는 모든 존재에 의존해 있고 모든 존재는 하나의 존재에 의존해 있다"(안옥선, 2005: 244)는 논리를 제시한다. 연기법의 핵심주장에는 이 세상과 사회의 생멸에 대한 인식이 뚜렷이 나타나고 있다. 그러므로 사회에 대한 이러한 불교적 인식 논리들은 더 나아가 "연기법 자체가 '변혁의 법'이나 '변혁의 원리' 또는 '변혁의 윤리'라고 할 수 있다. … 변화하기 때문에 반대로 '삶의 고질적인 악순환도 역전'시킬 수 있다"(조준호, 2002: 248)는 실천적인 윤리로 나아가고 있다.

결과적으로 붓다에 의하면 사회적 변혁은 "이기적이고 불의한 사회체제와 제도 · 이데올로기 · 사고방식 · 문화 등 사회적 행태들을 비판하고 변화시킴으로써 이 사회를 이타적인 것으로 정의롭게 추구해 가는 사회적 실천"(딧사나야케, 1988: 71-72)이라는 실천적인 윤리로 해석할 수 있는 가능성을 충분히 지니고 있음을 알 수 있다.

이러한 논의들을 고려해 볼 때 한국불교를 덧씌우고 있는 호국불교라는 이름에 앞서 근본적인 자비행의 대승불교적 전통의 흐름에서 지속되어 왔던 사회적 참여에 대한 관심과 노력들의 실천적 근거를 찾아볼 필요가 있다. 전통적인 불교의 인식론은 근현대시기에 있어서의 불교사회운동과 민중불교운동에 대한 관심과 흐름으로 표출될 수 있는 중요한 지적 원천이었다. 바로 이 지점에서 대승불교적 이타행은 한국 근현대시기의 민주주의와의 만남을 가능하게 한다.

우리는 여기서 한국 민주주의운동사에서 잊혀져 가고 있는 1980년대 불교사회운동에 주목한다. 한국의 민주화운동이 정치민주화와 사회발전에 기여해 온 점을 고려해 본다면 다른 종교계의 활동에 비해 주목받지 못한 불교계의 사회민주화운동과 한국사회의 발전에 기여한 성과에 대한 재조명이 필요하다고 보기 때문이다.

Ⅱ. 종교와 사회발전의 이론적 논의

1. 사회발전과 종교의 관련성

사회발전의 개념은 유사한 의미로서의 근대성이나 현대화 또는 진보라는 개념과 관련되어 논의해 보는 것이 우선되어야 하겠지만, 사회발전에는 합리성을 통한 기존 사회조직의 새로운 조직화를 통한 변화와 같은 기능적인 의미도 포괄된다고 할 수 있을 것이다. 사회과학의 역사에서 '발전(development)' 의 문제가 주요한 쟁점으로 부각되기 시작한 것은 1945년 2차 대전을 마무리한 미국의 세계전략에서부터였다. 미국과 구소련의 양대 진영을 중심으로 하는 냉전체제의 형성과 패권다툼의 시작은 사실상 오늘날 세계화의 기원이기 때문이다. 1950년대 말 미국 기업과 자본의 역외수출과 직접투자에 의해 등장한 초국적 자본(transnational capital)과 다국적 기업들의 등장은 세계전쟁 이후 물질적 풍요의 시기를 구가하던 풍요로운 미국의 부와 자본이 전 세계를 상대로 하는 전략을 수립할 수 있는 중요한 물질적 배경이 되었다. 많은 경제학자들이 '경제개발' 이나 '정치발전' 에 대한 이론적 논의들을 생산해 내었다. 이는 새로운 성장과 발전에의 갈망을 지닌 신생 독립국들의 이해와 맞아떨어짐으로써 '신생독립국의 발전=경제발전'이라는 세계사적 공감대를 형성할 수 있었다. 결과적으로는 경제개발과 원조의 성공을 통한 정치적 이해관계를 고려하는 다양한 필요에 의해서도 새로운 관심사로 부상하는 계기가 된 셈이다. 그러므로 "미국의 신생국 경제개발계획의 실패로부터 결과된 것이 바로 정치발전에 대한 관심"(Diamant, 1966)이라는 비판적 지적 또한 '발전' 을 둘러싼 연구들이 바로 미국의 세계화 전략의 일환이었음을 평가하는 것에 다름 아니다. 이러한 인식들이 1950,60년대 이래 사회과학과 경제학을 포함한 주요 분과들에서의 '사회발전' 을 중심으로 하는 이론적 흐름들이 대세를 형성하는 계기가 되었다고 볼 수 있을 것이다.

이러한 사회적인 측면에 대한 이해와 관심 위에서 종교와 사회현상들의 상호작용과 관련성에 대해 성찰하는 것 또한 종교사회학의 주요 관심이자 연구영역의 하나이다. 종교에 대한 이해는 종교와 사회의 관계적 맥락에서 분석될 때 보다 분명하게 드러날 수 있다. "종교와 사회와의 관계는 한편으로 종교는 사회에 결정적 영향을 미치고, 다른 한편으로 종교는 사회적으로 방향 지워지고 사회적으로 구조화된 현상이기 때문에 상호규정적"(권규식, 1995: 476)인 측면에서의 접근이 필요한 이유이다.

그러므로 종교와 사회발전의 문제는 결국 종교와 다양한 사회적 현상들에 대한 성찰 및 사회변동의 문제와의 긴밀한 상호작용과 관계성에 대한 보다 풍부한 접근과 이해를 필요로 한다. 이러한 과정을 통해서 종교와 사회의 본질적인 측면에 더욱 다가갈 수 있을 것이다.

2. 종교와 사회발전 그리고 갈등

종교와 사회발전의 관계에 대한 고전적 논의는 17세기 영국 캘빈주의의 등장에서부터 유래를 찾아볼 수 있다. 베버의 프로테스탄트의 윤리가 자본주의의 정신이 되었다는 논의는 종교와 사회발전의 고전적인 논의에 해당한다. 이들은 종교의 사회적 활동력의 결과는 의도하지 않았지만 사회발전에 영향을 미쳤다고 파악하고 있다. 사회발전이라는 거시적인 맥락 안에서의 종교와 사회와의 관계와 의미를 살펴보고 있는 것이다. 막스 베버(M. Weber)의 고전적 논의에 뒤이어 로버트 벨라(Robert Bellah)는 종교발전의 과정을 기본적으로는 합리성의 증대와 발전(evolution)의 측면에서 파악하고 있다는 점에서 공통적이다. 벨라는 이러한 베버의 논의에 주목하며 종교의 특수적 환경에 따른 변화양상에 주목한다. 그는 이러한 특징을 differentiation(분리), transcendentalization(초월)의 과정으로 나타난다고 파악하고 있다. 분리의 과정에서는 세계와 실재와의 분리현상이 심화되어 가고 세속화되어 가는 과정에 주목한다. 합리성이 증대되어 갈수록 신과 인간의 거리가 합리적인 재구성의 과정을 거치게 된다는 측면에서는 베버의 논의의 연장선상에서 파악된다. 인간의 사회적 활동과 행위가 전통주의적인 성격에서 벗어나 합리성의 증대를 통해 나아가고 있다는 것이다.

버거(Berger, 1979: 296-300)와 잉어(Yinger)의 경우에서도 종교와 사회변동을 근대화와 관련하여 논하고 있다. 특히 잉어는 그의 연구에서 종교와 사회변동의 관계의 관련성에 대해 주목하면서 다섯 가지로 정리하고 있다. 첫째, 종교와 사회변동 사이에는 아무런 관련이 없으며, 그것들은 각기 인간의 삶의 다른 영역에 관련되어 있다. 둘째, 사회변동(경제발전, 지식의 증대, 기술의 변천 등)이 종교적 변동을 초래한다. 셋째, 종교적 제도나 가치가 사회변동을 저해한다. 넷째, 종교가 사회변화를 앞에서 이끈다. 다섯째, 종교는 복잡한 상호작용 체제의 일부분을 점한다(Yinger, 1963: 40)는 논의가 그것이다. 또, 톰슨(Thompson)의 경우에는 종교와 사회변동의 관계에 주된 영향을 미치는 요소에 주목하고 있는데 '카리스마적 지도자', '종교적 믿음과 신조', '사회와의 관계', '종교집단 구성원의 사회적 신분', '대체적 기관의 존재', '조직의 구조' 등 다양한 요소가 영향을 미친다(Thompson, 1985: 44-49)는 것이다.

이러한 종교와 사회발전의 관계를 보다 현실의 사회적 삶에서 살펴보기 위해서는 인간의 일상생활에서 직면하는 보편적인 현상인 갈등의 문제를 먼저 짚어볼 필요가 있다. 갈등은 보편적인 사회변동과 사회발전의 원동력으로 기능해 왔기 때문이다. 프랭(Freund)은 갈등에 대해 "서로가 일반적인 특정한 권리에 대해서 적대적인 의향을 나타내는, 동류의 두 집단이나 존재 간의 계획적인 대치 또는 충돌로 이루어진다"[1]고 언급한다. 인간의 사회적 환경에서 전통적인 규범과 가치체계의 차이는 다양한 갈등을 불러일으키기 마련이다. 사회적으로 표출되는 가치갈등들은 기존의 규범체계로부터의 일탈을 포함하는 다양한 양상의 집합적인 행동으로 표출되며 사회적 이견을 드러내기 마련이다. 이러한 집합행동의 즉흥적이고 표출적인 속성을 목적의식적이며 계획적인 양상으로 모아내고, 공통의 사회목표를 위하여 조직하면 사회운동으로 전환된다.

근현대사회에서 사회질서의 급격한 변화를 가져왔던 주된 동력은 사회운동이었다는 데 이의를 제기하기 어려울 것이다. 이렇게 사회적으로 표출되는 집합행동과 갈등을 기존의 사회질서 속에 편입시키며 제도화하는

---

1) J. Freund, *Sociologie du Conflict*(Paris: P.U.F., 1983), p.65(박재환, 1992: 51에서 재인용).

과정이나 사회적 동원과정을 거치면서 사회운동은 사회발전에 기능적으로 작동한다. 사회운동이 갈등의 기능적 통합의 과정을 거치면서 제도화되어 가는 과정은 사회발전에도 기능적인 의미와 역할을 수행한다는 점은 분명하다.[2] 사회운동의 기능주의적 관점의 지지자들이 제도화된 사회관계에 대해 강한 집착을 보인다는 논의를 고려하더라도 집합행동을 합법적인 제도에 의해 승인되지 않는 비정상적인 일탈이며, 규범적으로 통합된 질서를 분열시킨다는 관점에서 바라보고 있음은 주지의 사실이다.

그러므로 사회변동과 발전의 문제 그리고 종교와의 관계에도 세밀한 눈길과 관심을 둘 필요가 있다. 종교는 개인뿐만 아니라 사회에도 지대한 영향을 미친다. 특히 개인보다는 사회적 체계와 규범적 질서에 미치는 종교의 영향력은 더욱 두드러진다. 종교사회운동은 사회발전이나 사회변동을 촉진시키거나 영향을 미치려는 부단한 활동으로 나타나기 때문이다. 또 이러한 종교사회운동은 당대의 시대적인 조건이나 사회적인 상황 등과도 밀접한 관계가 있다. 그러므로 "특정의 한 종교는 사회적 조건에 따라 그 형태가 달리 나타나거나 전혀 새로운 해석방법으로 부각된다"(권규식, 1995: 491-492). 물론, 한 사회의 집합행동이나 사회운동에 대한 기술은 그 성격상 현재의 사회 정치적 상황과 실천적인 사회운동의 맥락과 밀접한 관련을 갖고 접근할 것을 요청한다. 종교와 사회운동에 대한 고찰이 현재의 사회적 상황이나 과거의 흐름을 포함하는 서술이 되어야 하는 이유가 바로 여기에 있는 것이다.

---

2) 헤블레(Heberle, 1968)는 이러한 사회운동의 잠재적 의미에 대해서 강조한다. "사회정치적 문제를 논의할 수 있게 하면서 운동의 사상을 지배적인 여론으로 통합함으로써 여론 형성에 도움"을 준다는 점과 사회운동의 과정이 "정치 엘리트의 충원과정이며 지도적인 정치가의 위치에 오르게 되는 지도자들을 양성"한다는 측면에서 기능주의적 의미를 지니고 있음을 강조하고 있다.

3. 불교사회운동과 사회발전

사회운동에 대한 고전이론의 논의들은 집합행동이나 일탈행동 또는 자원동원론의 측면에서 주로 논의되어 왔다. 이에 반해 1990년대 접어들어 대두되기 시작한 신사회운동론에서는 변화된 운동주체의 역량에 좀 더 주목함으로써 정체성과 그 이념적 지향에 관심을 두고 있다.

스멜스(Smelser)는 "기본적으로 집합행동은 사람들이 사회를 변화하려는 측면에 중점을 둔 신념의 기초 위에서 행동하도록 준비할 때 발생하지만, 그것은 사회의 규범적 제도를 통해 바람직한 목표를 획득하는 수단이 없을 때만 일어난다. 따라서 제도 밖에서 발생하면서 변화를 향해 의도적으로 나가게 되는 것이 행동이다"(Milgran and Toch, 1981: 48)라고 집합행동에 대해 정리하고 있다. 이는 많은 비판에도 불구하고 1980년대 한국사회의 사회적인 갈등상황과 사회운동을 설명하는 데 있어서 많은 적합성을 보인다. 그는 이러한 집합행동의 이론적 틀로서 '구조적 유인성', '구조적 긴장', '신념의 성장과 전파', '행동을 위한 동원', '촉진요인', '사회통제'를 제시하고 이러한 결정요인들이 부가가치의 논리에 따라 조직화된다고 본다.

위에서 살펴본 것처럼 일반적으로 "다수의 사회성원들이 사회변화를 일으키거나 반대로 변화에 저항하고 현상유지를 위하여 조직한 집합행위"(오갑환, 1974; Smelser, 1981)를 넓은 의미에서의 사회운동이라고 정의한다.[3] 그러므로 사회운동은 현존하는 사회제도의 구조적 부적합성을 변화시키려는 분명한 목적을 가지고 조직된 집합행동(박수호, 2005: 60-61)이다. 그렇다면, 종교사회운동은 사회변동과 사회발전을 이루는 것을 목

3) 또 사회운동에 대해 라쉬케(Raschke)는 "보다 근본적인 사회변화를 유발하거나 저지하거나 또는 철회시킬 것을 목적으로 하여 동원된 집합적 행위자들이 별다른 역할 규정 없이 고도의 상징적 통합에 의존하여, 그리고 다양한 조직 및 행위양태를 통하여 그러한 목적을 다소 지속적으로 추진하는 것"(Kasse, 1990: 124)이라고 정의하고 있다.

적으로 종교에 의해 수행되는 집합행동이라 할 수 있을 것이다. 이러한 불교의 사회운동에 대해, 박수호(2010: 96)는 “불교의 이상과 가치체계를 내면화하고, 이를 불교적 방법에 의해 구체적인 일상의 생활 속에서 실현함으로써 자기 자신의 삶을 변화시키는 것에서 출발하여 사회 구성원 모두의 삶을 근본적으로 변혁시키려는 포괄적인 간접적 사회운동의 방식을 추구하고 있으며, 이는 곧 불교 그 자체를 의미한다”고 정의하고 있다. 이러한 논의를 고려한다면 불교사회운동은 대사회적으로 중생들의 사회적 고통을 제도하고 불교적 가치를 구현하기 위해 당면한 사회구조적 문제의 해결을 추구하려는 활동이라고 개념정의할 수 있을 것이다. 불교사회운동을 이처럼 폭넓게 정의하면 개화기 이후 현재까지 등장했던 불교계의 다양한 사회운동을 포괄할 수 있게 된다. 즉 개별적으로 인식해 온 불교혁신운동, 종단개혁운동, 민중불교운동, 참여불교운동, 불교시민운동 등을 불교사회운동이라는 일관된 의미 맥락 속에서 체계적으로 파악할 수 있기 때문이다.

이와 더불어 우리가 사회운동사를 기술하는 데 있어서 주목해야 하는 것 중의 하나는 최대한 포괄적 관점에서 해석되어야 한다는 점이다. “반독재 민주화투쟁에서 민중민주주의 또는 사회주의 지향의 운동에 이르기까지, 억압적인 권위주의 독재정권에 저항하며 기본적 인권의 쟁취와 민주주의의 실현을 위해 투쟁한 정치 · 경제 · 사회 · 문화적 일체의 항거적 행위들을 모두 ‘민주화운동’의 범주로 인정하여야 하며, 거기에는 협애한 법리적 시야의 판단보다는 정치적 · 역사적 관점의 거시적 판단 기준이 적용되어야 한다”(유영국, 1997). 이러한 관점에서 불교계의 여러 활동가들의 사회적 실천이나 활동 및 사건들에 대해 사회운동이나 민주화운동이라는 광의의 확장된 개념적 틀에서 살펴보는 것은 불교 사회운동사로서의 타당성과 의미성을 충분히 부여받을 수 있다 하겠다.

Ⅲ. 한국 불교사회운동의 흐름

불교사회운동을 "불교의 이상과 가치체계를 내면화하고, 이를 불교적 방법에 의해 구체적인 일상의 생활 속에서 실현함으로써 자기 자신의 삶을 변화시키는 것에서 출발하여 사회 구성원 모두의 삶을 근본적으로 변혁시키려는 포괄적인 간접적 사회운동"이라고 정의한다면, 불교사회운동은 대사회적으로 중생들의 사회적 고통을 제도하고 불교적 가치를 구현하기 위해 당면한 사회구조적 문제의 해결을 추구하는 모든 집합행동을 포괄한다고 할 수 있다.

이러한 관점에서 살펴본다면, 만해 한용운이나 백용성 등에 의해 주도되었던 일제 강점기 불교혁신운동을 기점으로 활발히 전개되었던 활동들을 불교사회운동의 전사로 기록할 수 있을 것이다. 그러나 해방 이후 1970년대까지의 침체기를 경험한 불교사회운동은 1980년대 들어 민중불교운동으로 계승된 이후, 오늘날까지 불교시민운동과 참여불교운동 등으로 이어지고 있다. 여기서는 1980년대 한국 사회의 변혁 운동과 맞물리면서 다양한 양상으로 표출되었던 민중불교운동을 포함한 불교사회운동에 주목한다.

1. 불교사회운동의 전사

어떤 연구자들은 불교의 사회운동을 논하면서, 만해 한용운과 그 계열에 의해 형성되었던 불교참여사상이 해방공간에서 소멸해 버렸고, "1980년대의 민중불교운동은 기존의 참여전통이 사라진 가운데 갑자기 등장한 것이기 때문에 불교사상의 이해에 문제가 있다"(이병욱, 2009: 49)는 지적을 하기도 한다. 그러나 모진 바람이 불면 몸을 누이면서 피하는 민초들의 끈질긴 생명력이 민중의 생활사라고 한다면, 사회운동의 흐름 역시 부단한 사회역사적 사건들과 인적 연결망의 확장과 소멸의 과정을 거치며 이어진다. 여기에는 사회 조직의 발달과 이념의 변천사뿐만 아니라 개인의 관계망과 생활사까지도 함께 녹아 전승되기 마련이다. 그러므로 일상의 기저에 자리 잡고 있으면서 지속적으로 영향을 미치는 주요한 흐름에 주목할 필요가 있다. 한국의 불교사회운동에 있어서는 만해 한용운의 사상과 실천이 그러한 위치와 역할을 담당하고 있다는 것은 주지의 사실이다. 만해 한용운(1938)은 "불교청년운동을 부활하라"는 글에서 다음과 같이 주장하고 있다.

> "일가나 사회나 국가나 어느 것을 물론하고 청년이 부진하고서 그 전체가 건전할 수는 없는 일이다. 청년이 없는 가정이 융창할 수가 있으며 청년이 없는 사회가 진보할 수가 있으며 청년이 없는 국가가 발전할 수가 있는가. 또는 청년의 수가 아무리 많다 할지라도 청년다운 청년이 없으면 청년이 없는 것과 마찬가지오. 청년다운 청년이 다수 있다 할지라도 단체적으로 그들의 힘을 합하야 동일선상에서 활동하지 아니하면 전체적으로 보아서 거의 청년이 없는 것과 큰 차이가 없는 것이다. 그러므로 인류의 어느 사회든지 청년이 귀한 것이오. 청년은 집단적 활동이 귀한 것이다. 활발한 청년의 단체적 활동이야말로 앞에 적이 없고 뒤에 마가 없는 것이다. 어찌 아름답지 아니하리오."

위에서처럼 만해 한용운은 근대성의 형성시기에 있어서, 당시 불교청년회 활동의 경과를 기술하며 청년운동의 중요성에 대해 강조하고 있다. 더 나아가 1927년 '청년동맹'의 이름으로 확립한 불교청년운동의 3대강령으로 '붓다(佛陀)정신의 체험', '합리 종정(宗政)의 확립', '대승불교의 실현'을 제시하면서 불교청년운동의 나아갈 방향을 구체적으로 제시한다. 이는 1980년대의 민중불교운동이나 불교시민사회운동에도 그대로 적용될 수 있는 내용들이기도 하다.

이러한 맥락에서 우리는 한국사회 근현대시기의 민족불교운동의 참여불교라는 흐름의 연장선상에서 1970,80년대의 불교사회운동을 살펴볼 필요가 있다. 그러한 조직운동의 역사적 경험과 대중운동의 결합, 그리고 시행착오의 기억들이 있었기에 1980년대의 민중불교운동이 전개될 수 있었을 뿐만 아니라 1990년대 이후의 불교시민사회운동의 형성과 활성화에도 중요한 밑거름이 되었기 때문이다.

2. 민중불교운동의 시기

사회사나 운동사와 같이 이미 지나가버린 과거를 연구의 대상으로 삼는 경우, 이론이 적용 가능한 대상만을 기술함으로써 객관적인 사회적 사실을 의도하지 않게 왜곡할 위험성도 지닌다. 이는 결과적으로 사회적 집합의식의 속성을 놓치거나 때로는 과장할 수도 있다는 것을 의미한다. 그러므로 운동사를 기술하는 데 있어서 '객관적인 사회적 상황과 인식', '운동주체의 조직화' 그리고 '대중운동의 활성화' 정도와 같은 나름의 기준이 필요하다.

특정 단계의 운동의 발달사를 평가하는 데에는 운동주체의 조직화, 이념의 형성, 대중운동의 활성화 정도를 중요한 기준으로 고려한다.[4] 이러한 사회과학적인 방법론으로서의 개념과 범주설정에 있어서의 상호배타성과 포괄성의 중요성을 고려하더라도 사회운동의 내밀한 흐름을 살펴보는 데 있어서는 그 의미맥락과 동적인 과정에 주목하는 것이 더 바람직할 것이다.

불교계의 사회운동의 제도화와 발전단계에서의 부분적인 차이를 고려

4) 박수호(2010)의 논의에서는 이를 '대사회적 불교운동'과 '대내적 불교운동'으로 나누고, 민중불교와 참여불교, 불교개혁운동의 시기 등으로 나누어 자세히 설명하고 있다.

하더라도 본 논의에서는 불교계의 사회변동과 사회발전을 위한 집합행동을 포괄해서 '불교사회운동'이라고 지칭할 것이다. 불교사회운동을 사회변동과 사회 발전을 목적으로 불교에 의해 수행되는 집합행동이라 정의했을 때, 반독재민주화와 종단개혁을 기치로 진행되었던 1980년대의 다양한 흐름과 민중불교운동이나 참여불교, 불교시민사회운동도 그 하위개념으로 포함시킬 수 있다. 이러한 불교사회운동이라는 포괄적 의미에서의 개념정의를 통해 근대성의 형성에서부터 현대사회에 이르는 다양한 불교시민사회운동의 흐름과 시대적 특성을 설명해 낼 수 있는 최소기준을 확보할 수 있을 것이다.

1980년대의 불교계의 사회운동은 '불교개혁'적 목표와 '사회변혁'적 목표를 동시에 추구한 운동이라고 평가할 수 있을 것이다. 이후, 1980년대 한국사회의 변혁운동과 맞물리면서 다양한 양상으로 표출되기 시작하는데 1980년대까지의 다양한 불교계의 사회운동의 흐름을 통칭해서 민중불교운동이라고 할 수 있다. 이는 유승무(2010)의 논의를 토대로 다음과 같이 정리해 볼 수 있다.

분류(저서-저자)	민중불교운동의 정의
민중불교운동론 (전서암, 1975)	본래 불타정신으로 돌아가 삼보를 이 사회 속에서 구현하고자 하는 신앙적 태도에 입각해야 하며, 민중 즉 다수집단의 종교 및 종교적 사회운동
민중불교철학 (여익구, 1981)	중생불교는 보편적/초역사적/절대적 불교임에 대하여, 민중불교는 방편적/역사적/상대적/조건적 불교
민중불교운동의 전개과정 (김종찬, 1987)	불교의 자주화로 통칭되는 불교개혁운동과 민주화운동이 겸비되어야 하고, 실제적인 행동성과 아울러 진정한 승가의 구현에 바쳐진 불교운동
민중불교의 탐구 (홍사성, 1989)	1980년대 초부터 시작돼 현재까지 계속되고 있는 운동이며, 사회의 정토화를 목적으로 노동, 민주화, 통일 등 보다 보편적인 주제에 관심

* 연도 표기의 경우 처음 발표된 시기와 출판된 시기의 차이가 있음.

유승무(2010)는 위의 논자들의 정의를 통해 민중불교운동을 '불교개혁' 적 목표와 '사회변혁' 적 목표를 동시에 추구한 운동이라고 정리한다. 또, 이러한 사회운동과 불교운동의 결합을 내세우며 등장한 사원화운동[5]에서 민중불교운동의 두드러진 특징을 찾아볼 수 있다는 것이다. 이러한 활동들에 대해서는 1980년대의 민중불교운동에 대해 "당시의 독특한 사회민주화의 과제와 불교개혁적 과제를 해결하기 위한 불교계 일부 사회운동세력들의 집합적 행위"였지만, 결과적으로는 "1980년대 초반 몇 년을 제외하고는 사회민주화운동에서는 유의미한 족적을 남기지 못한, 운동의 주체라는 측면에서 볼 때는 민중불교운동은 거의 완전한 실패에 가깝다"고 평가한다. 특히 "민중불교운동 세력이 개혁종단의 등장과 함께 제도권으로 진입해 버림으로써, 이제 더 이상 사회혁신과 불교개혁을 추구하려는 집합적 노력이 형성되고 있지 않다"(유승무, 2010: 345-346)는 지적에서처럼 민중불교운동의 역사적 단절을 가장 큰 한계라고 지적하고 있다.

3. 1980년대 불교사회운동의 시기구분

일반적으로 한국사회의 민주주의와 사회발전에 대해 조희연은 "1960년대 사회운동의 인식을 '소시민적' 인식의 단계, 70년대를 '민중주의적' 인식의 단계, 1980년대를 민중적 · 혁명적 인식의 단계"로 구분한다(조희연, 2003: 105)[6]. 1980년대 사회운동에 있어서 인식의 근본적인 전환

5) 목우(1981)는 사원화운동 심포지엄 자료집에서 "우리 시대, 우리 사회의 민중의 고와 고의 원인에 대응해서 나타나는 새로운 불교운동으로서 승가정신과 민중의식의 불이적 내면화를 이룬 청년불자들이 사원을 중심으로 민중운동의 동사섭으로서 세간의 사원화(승가화)를 성취하려는 불교운동이다"고 정의하고 있다.

6) "통상적으로 1960,70년대의 사회운동 단계를 소시민적 민주화운동 단계, 포퓰리즘적 민중운동 단계라고 일컫는바, 이 단계에서는 근본 변혁에의 전망이 부재한 채로 민주변혁을 '군사

을 가져온 것은 전두환의 군사쿠데타와 5·18광주민주화운동에 대한 재조명이 되면서부터라고 할 수 있을 것이다. 기본적으로 한국사회의 민주주의와 관련한 문제인식은 불교사회운동의 활동가들에게도 공통의 인식이었기 때문이다.

1980년대 불교계의 사회운동을 살펴보기 위해서는 운동의 전개과정에 대한 시기구분에 주목할 필요가 있다. 가장 눈에 띄는 것은 홍사성(1989)의 논의이다. 그는 민중불교운동을 "사회의 정토화를 목적으로 노동, 민주화, 통일 등"의 보편적인 사회문제에 관심을 가지고 1980년대 초부터 시작해서 현재까지 진행되고 있는 것으로 정의하며, 1980년대의 민중불교운동의 시기를 '실천공간확보기' (1981~1983), '반독재민주화투쟁기' (1984~1987), '운동진영의 재편과 통일운동의 시기' (1988~)와 같이 세 시기로 구분하고 있다. 여기서는 민중불교운동을 전체 사회변혁운동의 하위부문으로 인식하고 있음을 확연히 보여준다. 또, 이러한 이론적 논의에는 1980년대 초반까지의 한국사회운동의 주요 논의들에 학생운동진영을 중심으로 전개되고 있는 내용들이 반영되고 있음을 알 수 있다. 결과적으로 전체 사회변혁운동의 흐름에 불교사회운동을 기계적으로 대입시켜서 설명하고 있다는 느낌을 지우기 어렵다. 이러한 논의들에 비해 유승무(2010)와 박수호(2010)의 논의들은 종교사회학적인 측면에서 나름의 정리를 시도하고 있다.

유승무(2010)의 경우에는 '논리적' 인 차원과 '경험적' 인 근거제시를 통해 '전반기 민중불교운동' (1981~1985)과 '후반기 민중불교운동' (1986~1991)의 시기로 구분한다. 이는 전두환정권의 실질적인 지배가 진행되던 5공화국의 시기와 노태우정권의 시기를 구분할 수 있다는 논리이다. 또 총무원장체제의 안정적인 제도화가 진행되었다는 점을 고려한 것으로

독재정권의 억압의 완화' 나 '민간정부로의 전환' 만으로 인식하는 경향이 지배적"(조희연, 1990: 105-106)이라고 평가한다.

보인다. 이러한 사회적인 결과와 제도화된 측면을 고려한 분류는 타당성이 있어 보인다.

박수호(2010: 103-111)의 논의는 좀 더 나아가 불교사회운동을 그 해결하고자 하는 운동의 목표에 따라 '대사회적 불교운동'과 '대내적 불교운동'으로 구분한다. 대사회적 불교운동은 "중생들의 사회적 고통을 제도하고 불교적 가치를 현실에서 구현하기 위한 불교사회운동이며 사회구조적 제약을 혁파하기 위한 운동"이다. 대내적 불교운동은 "불교계 내부의 시민사회적 영역에서 제기되는 사회문제를 해결하기 위한 불교사회운동"이라고 정의하고 있다. 이를 근거로 시기별 불교운동을 나누어 1970,80년대의 '민중불교운동'과 1990년대 이후의 '참여불교운동'으로 설명하고 있다.

사회운동의 흐름은 기본적으로는 당대의 주요한 영향력을 미쳤던 사건이나 투쟁을 중심으로 파악되기 마련이다. 이러한 사건에서의 운동주체들의 조직화의 정도나 조직의 양태를 통한 분석이 결합될 때에야 비로소 합리적인 평가가 가능할 것이다. 또 민중불교운동이라는 명명은 불교계의 사회참여운동에 대한 한 시기적 흐름을 표현하고는 있기는 하지만 불교계의 사회운동 전체를 지칭한 불교사회운동과 같은 의미의 고유명사로 이해하는 것이 더 타당하다고 본다. 마지막으로 엄격하게 구분해서 살펴본다면, 1987년까지의 시기는 민중불교론적 관점에서의 논의가 주를 이루었다고 평가할 수 있다. 하지만 1987년 대통령 선거 이후 사회적 이념의 분화가 불교계에도 반영되면서 불교계의 이념적 분화가 진행되기 시작한다. 독재정권에 대한 저항으로서의 '민주화' 담론에서, 환경과 생태 그리고 인권과 같은 다양한 사회적인 영역에의 관심이 대두되기 시작한 시점에서는 불교시민사회운동이라고 지칭하는 것이 더 타당하다고 본다. 그러므로 여기서는 1980년대 전체의 불교계의 사회운동을 불교사회운동이라고 통칭하고 이의 하위개념으로서 민중불교운동이라고 개념정의하지만 같은 의미로 혼용해도 무방하다고 본다.

이를 근거로 1980년대의 민중불교운동의 내적 흐름을 주요 사건이나 불교사회운동의 주체의 조직화정도에 따른 시기구분을 한다면 다음의 몇 가지로 나누어 정리할 수 있을 것이다.

① 준비기 : 5·18과 암울한 법난의 시기(1980~1981)
② 조직화 : 민중불교운동의 조직화(1982~1985)
③ 대중화 : 불교사회운동의 조직화와 1987년 6월항쟁(1986~1987)
④ 이념화 : 불교사회운동의 이념적 분화(1988~1990)

한국의 사회민주화의 흐름뿐만 아니라 불교계에 있어서도 1980년대는 매우 중요한 시기였다. 봇물처럼 터져 나오던 사회민주화의 시대적 요구를 군홧발로 짓밟으며 등장한 전두환정권은 '10·27법난'과 같이 세계 종교사에서도 유래를 찾아볼 수 없는 종교탄압으로 시작했다. 그러나 이 법난은 오히려 이때까지의 불교계와 권력과의 밀착관계에 대한 성찰과 불교계가 처한 현실을 되돌아보게 하는 중요한 계기가 되었다. 특히 1987년 6월항쟁의 시기에 이르기까지 법난의 문제가 군사독재정권과의 관련이 있었다는 자각은 사회민주화와 불교의 문제가 분리되지 않는다는 인식을 갖게 하였고, 결과적으로 1987년 6월항쟁의 시기까지 청년 불교운동가들이 민주화운동에서 적극적인 사회참여와 선도적인 역할을 수행할 수 있는 주된 동력으로 작용하였다.

1) 준비기 : 1980년 10·27법난과 불교사회운동의 분기점

1980년 민주화에 대한 전 국민적인 관심과 열망들은 불교계에도 자체 정화와 사회민주화에 부응하려는 움직임들을 태동시켰다. 그러나 이와 같은 불교계의 움직임에 대해 군사독재정권이 불교정화라는 이름으로 폭력과 무력을 통해 불교계 내부의 자율적인 정화의 노력과 민주화의 시도를 무산시킨 사건이 바로 10·27 법난이었다.[7] 10·27법난은 5·18광주민주화운동에 대한 사회의 부정적인 여론과 급박한 정세에서 위기의식을 느낀 군사정권이 국면전환을 위해 불교계를 활용했다고 생각할 수밖에 없는 사건이었다. 당시 전두환의 주도 아래 만들어진 국가보위비상대책위원회에서는 1980년 6월에서 8월까지 대대적으로 진행된 사회정화 조치를 실시하였는데, 군부의 극우 강경파세력들이 1979년 12월 12일 쿠데타를 거치며 실질적인 권력을 장악해 나가는 과정에서 쿠데타세력에 대한 비난과 화살을 불교계로 돌리고자 하였던 것이다.

암울한 법난의 시기를 거치면서 불교계의 활동가들은 1981년 초부터 전국적으로 시작된 승려와 재가불자들의 연합을 통한 '사원화운동'을 시작한다. 여래사운동이라고도 불리는 사원화운동은 대학생불교연합회 활동을 거친 청년 불자들을 중심으로 사찰의 청년활동을 조직화하기 위한 활동이었다. 이를 실천하기 위한 방안으로 등장한 것이 바로 '불교야학'이었다. 기독교계를 중심으로 진행되던 야학활동이 불교계에서도 본격적으로 전개되기 시작한 것이다. 이후 불교야학사업은 부산, 전주, 인천 등 전국에 흩어져 있는 불교야학의 고립, 분산성을 극복하기 위하여 대학생불교연합회(대불련) 각 지부와의 긴밀한 접촉을 통하여 '전국불교야학연합회' 결성사업으로 확장되었다. 이때 생겨난 불교야학은 서울의 묘각사 · 여래사 야학[8]과 천호동 보장사 야학, 전주불교야학, 부산의 89번 버스안내양을 대상으로 한 야학 등이었다. 사원화운동의 이러한 진보적 성

---

7) 1980년 10월 27일 사회정화라는 이름 아래 전국의 주요 사찰에 총을 앞세운 계엄군이 난입하여 승려들에 대한 무자비한 폭력과 사찰을 한 후, 48명을 연행하는 사건이 일어났다.

8) 문화총림여래사의 경우 1981년 3월 7일 불교계의 보수성을 강력히 비판하며 새로운 불교운동은 사회 속에서 생생하게 발현되어야 한다는 취지에서 설립되어 「청년여래」라는 진보적 계간지를 발간하고 출판과 문화수익사업을 통해 물적 토대를 마련하는 근거지 역할을 하였다.

격과 지향은 전두환정권에 의해 불교사회주의운동으로 지목받아, 운동의 핵심적인 활동가와 이론가들이 검거되고 실형을 선고받게 된다. 150여 명의 활동가들이 연행되어 조사를 받는 등 대대적인 탄압을 받아 결국 1981년 10월에 종말을 고하고 말았다. 그러나 이 운동은 야학장소로 사찰을 선택함으로써 기존의 사찰이 갖는 보수성과 반민중성을 타파하고 사찰이나 사원을 민중 지향적 사회활동의 근거지로 삼으려 했다는 점에서 매우 진보적인 운동이었다고 평가된다(유승무, 2010 논의 참조).

2) 조직화 : 민중불교운동의 확산과 조직화가 시작되다(1982~1985)

1982년에 접어들면서 학생운동을 중심으로 자신감을 회복한 학생들은 다양한 서클활동과 심포지엄, 학술발표회나 농활에서 가두시위 등의 다양한 방식으로 활동성을 표출한다. 이에 힘입어 학생운동진영에서의 양적 성장도 가시화된다. 이러한 대내외적인 흐름은 1983년 12월의 '제적학생 복교' 조치로부터 정치활동 '해금' 으로 이어지는 정권의 '유화조치(자율화조치)' [9]를 가져왔다.

전국적으로 활성화되기 시작한 학생운동을 중심으로 하는 사회적 참여에 조응하며 1982년부터 지역의 대불련이나 각 대학의 불교학생회에서도 그룹을 형성하며 광주항쟁의 현실과 사회과학 스터디를 통해 민중불교에 대한 체계적인 이론학습과 더불어 학생회 활동에도 적극적으로 참여하였다. 이러한 일련의 과정이 불교학생회에도 투쟁의지와 조직력을 강화하는 계기가 된 것으로 보인다.

1983년 7월 17일 범어사에서 개최된 '전국청년불교도연합대회' 는 전국의 불교사회운동을 하나의 정치적 세력으로 조직하는 중요한 계기를

9) 자율화조치(유화국면)로 제5공화국 3년간 1,400여 명에 달했던 제적생들의 복교를 허용하고, 학내에서의 경찰철수 등이 이루어졌다.

마련한다. 이 대회는 대불련 부산지구 주관으로 전국 사찰의 수좌와 학인 스님, 대불련, 대불청 회원 1천여 명 정도가 참가한 가운데 개최되었다. 이 대회를 계기로 기존의 출가자와 재가자로 분리되어 전개되던 불교운동이 통합되었고, 불교운동의 주체를 사부 대중으로 설정하였다는 점에서 큰 의의를 지닌다. 그러나 1983년 8월 16일 신흥사사태[10]가 발생하면서 민중불교운동은 다시 혼미한 수렁으로 빠져들었다. 그러나 종단을 개혁하고자 나섰던 승려와 청년불자들이 참여하여 결성되었던 '청년불교도연합' 에는 지역의 청년회와 대불련출신 활동가들이 주도적으로 참여하였다. 이를 계기로 불교청년운동과 승려들의 불교개혁을 위한 연대활동이 본격화되기 시작하였다.

민중불교운동진영 내부의 혼란은 1985년 5월 14일 '민중불교운동연합' 이 출범하자 전국적으로 하나의 조직적 틀을 갖추면서 정리된다. '민중불교운동연합' 은 1981년 사원화운동에서부터 제기되어 오던 불교사회운동의 목표로서 '불교개혁' 과 '사회민주화' 를 보다 명확히 제시하였다. 특히 1980년대의 시대적 조건 속에서 불교사회운동은 사회변혁운동의 부문운동의 성격을 띠면서 반독재민주화운동에 조직적이며 능동적으로 참여하였다. 민중불교운동연합의 발기취지문에서는 민중불교운동의 성숙된 모습을 내보이고 있다. "정치적인 악순환과 부정부패, 독점재벌을 위한 특혜정책, 지역사회 계층 간의 불균형 심화로 민중의 생존권이 위협받고 있다"고 하면서 "자주적이고 민주적인 불교의 건설, 주체적인 민족문화의 창달, 부의 공평분배와 조국의 자주 평화적인 통일 성취를 민중불

---

10) 1983년 8월 16일 조계종 총무원에서 임명한 신흥사 주지에 대한 신흥사 대중들의 반대는 급기야 살인 사태를 불러왔다. 지형, 성문 스님 등을 비롯한 소장파 스님들이 주축이 된 청불련은 이를 계기로 개혁 종단 수립을 목표로 하여 종단의 자율정화와 총무원장의 사퇴 및 종회의 책임을 촉구하는 성명을 발표하고 지속적으로 '호법구종법회(護法求宗法會)' 를 개최하였다. 8월 말까지 진행된 호법구종법회에는 연인원 1만여 명이 참가하였다. 청불련은 불교 내 모든 단체의 지지를 등에 업고 불교대중의 의지를 결집하였으며 이에 총무원과 종회는 해산하였다.

교의 운동 목표로 한다"(김종찬, 1987: 500-501)고 선언하기에 이른다.

결과적으로 민불련의 창립과 활발한 활동은 불교계의 사회적 동력을 크게 높이는 데 기여하였다. 전통적인 불교의 교리에 대한 재해석을 시도하거나 승단의 개혁을 위한 노력도 하였는데, 이러한 노력들은 이후 신도회나 거사림회와 같은 신도들의 조직화로 나타났다. 민불련의 적극적인 활동은 1985년 구로공단의 대우어패럴 파업을 계기로 촉발된 동맹파업 당시 파업 현장에 대한 지원 및 농성에의 참여를 통해서였다. 그러나 1980년 5월 광주항쟁 이후 최대의 가두시위로 기록되고 있는 '5·3인천사건'을 주도적으로 이끄는 과정에서 공안기관의 집중적인 탄압을 받고 조직 와해의 위기를 맞게 된다.[11] 이러한 정부의 탄압은 오히려 불교계의 결집을 이끌어 조직을 재정비하는 계기가 되었다. 결과적으로는 1987년 6월 민주항쟁에 주도적으로 참여할 수 있는 힘을 비축할 수 있었기 때문이다.

3) 대중화 : 불교사회운동의 조직화와 1987년 6월항쟁(1986~1987)

1980년대 후반기에 접어들면서 사회운동진영에 대한 탄압은 상대적으로 완화되었다. 반면에 서의현 총무원장 체제 등장 이후 내부적인 갈등과 대립은 심해지고 있었다. 1986년에는 대불련을 중심으로 하는 각 지역의 불교학생회의 활동력도 강화되었으며, 또 각 대학의 불교학생회와 사회과학 소모임들이 결성되었다. 이후 민중불교운동연합과 대구, 진주 등의 영남지역 대불련 조직과의 연계활동을 통한 조직적인 민중불교운동이념

---

11) 1986년 5월 3일에 발생한 인천사태는 민중불교운동이 와해되는 결정적인 계기가 되는 사건이었다. 이 사건을 계기로 민중불교운동연합의 지도부가 구속되고 주요 활동가들이 수배를 받게 되었을 뿐만 아니라, 종단내부의 보수세력으로부터 외면받아 점차 고립되기 시작하였다. 비록 창립된 지 1년도 못 되어 쇠퇴의 길을 걷기 시작했지만, 민중불교운동은 전반기 민중불교운동을 총결산하는 역사적 의의를 지니고 있다(유승무, 2010: 343 참조).

의 확산과 학내 민주화운동의 참여가 이루어졌다.

특히, 1986년 6월에 창립된 '정토구현전국승가회' 의 창립과 9월 7일 '불교관계법 철폐 및 전면 개정' 그리고 '10·27법난 규탄 해인사 승려대회' 를 거치면서 조계종 스님들의 종단개혁과 반독재민주화투쟁의 확산이 시작되었다. 주목해야 할 것은 승려가 직접 불교사회운동의 주도세력으로 등장하였다는 사실이다. 이는 민중불교운동연합 이후 사실상 불교사회운동의 조직이 질적으로 전환되었다는 것을 의미한다. 정토구현승가회는 창립선언문을 통해 과거의 한국불교가 '반역사적, 반민중적 보수성' 을 온존해 온 것으로 반성하고 "이제 불자들은 새롭게 다듬어진 불법과 보살정신과 역사의식으로 무장하여 … 우리는 새로이 정토구현승가회를 창립한다"고 밝히고 있다. 정토구현승가회는 기존의 개별적이고 고립 분산적으로 전개되던 승려들의 사회운동을 승가 차원에서 조직화, 체계화하여 불교운동의 역사에서 사회참여와 불교자주화 운동을 표방한 최초의 승가조직으로서 활동을 본격적으로 시작하였다는 것에 큰 의미를 부여할 수 있다.

1980년대 불교사회운동의 전환점은 1986년 9월 7일에 전국에서 약 2천여 명의 승려가 모여 '불교악법 철폐', '불교의 자주화' 와 '사회의 민주화', '조국통일' 을 천명하며 개최된 '해인사승려대회' 에서 찾을 수 있다. 정토구현전국승가회와 민불련 회원들이 조직하고 이끈 '9·7해인사승려대회' 는 민주적 불교발전을 가로막고 있는 불교 관계 악법의 철폐와 '10·27법난 진상 규명과 책임자 처벌' 을 주장하며 10개 항의 결의문을 제시하였다. 또한 '5·3인천사건' 으로 구속 수배 중인 불자들의 석방 및 정권의 불교탄압 등에 대해서도 강력하게 항의하였다. 이 대회에서는 그동안 금기시되었던 '10·27법난' 에 대해 '폭거' 로 규정함은 물론 '호국불교' 에 대한 개념을 '정권의 비호' 가 아닌 '국민일반의 비호' 라고 확대 해석함으로써 종전의 보수종단적 성격을 탈각시키는 인식 대전환의 계기를 마련하였다. 이는 사찰을 짓밟았던 군사독재정권에 대해 정면으로 대응하는 대중결사이자 불교사회운동의 일대 전기를 마련한 사건이었다고 평가할 수 있을 것이다.

결과적으로 해인사승려대회는 승려들의 대규모 참여를 조직한 최초의 연대투쟁이었다. 또 불교의 사회적 인식의 방향과 내용을 분명히 제시함으로써 불교 대중에게 불교개혁과 불교자주화 및 사회민주화의 문제가 하나임을 자각시키는 계기가 되었다. 이를 통해 그동안 축적된 민중불교운동의 성과를 확인할 수 있었다.

6월항쟁 이후의 정국변화에서 여실히 확인되듯이, 한국 정치발전의 결정적인 힘은 바로 시민사회적 저항과 투쟁을 통한 압력이었으며, 그동안의 사회경제적 발전이 정치발전에 긍정적으로 작용할 수 있었던 가장 중요한 효과는 그러한 사회적 저항세력과 저항의 잠재력을 성장시켜 왔다(유영국, 1997)는 인식에 불교계도 공감하기 시작하였다는 사실이다.

4) 이념화 : 불교사회운동의 이념적 분화(1988~1990)

1987년에 해인사에서 개최되었던 승려대회는 1987년의 소위 '민주화대투쟁'을 전후한 수많은 대정부 투쟁으로 연결되었다. 그러나 1987년 12월의 대통령 선거를 계기로 민중불교운동은 다시 분열되어 많은 군소불교운동단체들이 결성된다.

'대승불교승가회'의 창립과 '민중불교운동연합'의 재건은 후반기 민중불교운동을 특징짓는 가장 큰 사건이라고 할 수 있을 것이다. 특히 전자는 '민족불교'의 성격을 띠고 있었으며 종단내부의 문제에 깊이 개입한 반면에, 후자의 경우 전반기 '민중불교운동연합'의 성격을 그대로 유지하고 있었다. 따라서 이 두 노선 사이의 차이점은 당시 '민족해방' 계열과 '민중민주' 계열로 분리된 학생운동의 분열현상과도 흐름을 같이하고 있었다.

1987년 7월에는 정토구현불교협의회(정불협)가 결성된다. 정토구현불교협의회는 9월 7일 대각사에서 대불련 부산지부와 부산민가협 공동주최로 "자주화, 민주화를 위한 9·7생명해방제"를 열어 결의문을 통해 모든 양심수 석방, 민주인사 수배해제, 불교악법철폐, 불교자주쟁취, 군부독재타도 등을 주장하기도 하는 등 통일문제와 사회현실문제에 대한 비판적 참여의 목소리를 아끼지 않았다.

1980년대의 불교사회운동은 사회현실의 문제를 외면하지 않고, 수행자로서 붓다의 정신에 입각한 불교사회운동의 새로운 모델을 만들어가는 중대계기를 마련하였다는 점에서 긍정적으로 평가해 볼 수 있을 것이다. 1987년 6월항쟁의 시기로부터 청년승가를 사회운동에 이끌어내거나 각성시키는 역할과 계기를 불교사회운동의 과정을 통해서 이루어냈고, 많은 승려들의 적극적인 참여가 잇따랐다는 사실은 이를 뒷받침한다. 그러나 이후 민중불교운동의 분화의 시기에 불교학생운동 내부에서도 '정체성' 을 둘러싼 많은 논란들이 생겨났다.

1980년대의 대학생불교연합회의 활동에 적극적으로 참여하였던 학생들 가운데 많은 활동가들은 학생운동의 주류로 유입되어 갔다는 사실을 고려하더라도 불교청년운동진영에서도 변화가 일어났다. 정토불교운동협의회를 포함한 많은 불교운동단체들이 만들어지고 불교계가 통일운동에 선도적인 역할을 담당하기도 하였다. 또 인권운동에도 적극적인 참여와 연대를 수행하였다.

위에서의 논의들을 살펴보면, 1980년대 시기의 불교대중운동이 한국사회 통일운동과 인권운동에 견인차 역할을 충분히 수행하였다는 점은 주지의 사실이다. 그러나 이러한 활동의 방식에서 사회운동과 관련한 논의는 학생운동의 이념적 편향성과 더불어 사회운동과의 관련성들을 고려한 깊이 있는 논의와 성찰의 결과라기보다는 인맥과 연결망에 따른 정파주의의 폐해가 가져온 부정적 측면들도 있었다는 사실은 주지할 필요가 있을 것이다.

Ⅳ. 1980년대 불교사회운동에 대한 평가

종교는 사회를 통합하고 개인의 욕구와 불만을 해소시키는 보상기능에만 머물지 않고 변혁기에는 개인의 감정, 생각하는 방식 그리고 행동하는 방식을 통일시켜 새로운 가치를 창조하는 역동적인 기능을 한다(황선명, 1980: 14). 특히 사회변혁기에 종교는 사람들로 하여금 인식의 대전환, 사회변혁의 필요성 인식 그리고 종교집단의 목표달성을 위해 새로운 신념체계를 제시하며, 경우에 따라서는 적극적 현실참여를 유도할 수 있다(권규식, 1995: 475).

이러한 논의들을 고려하더라도, 먼저 1980년대 한국사회를 설명했던 불교사회운동의 중요한 이론적 자원이었던 민중불교운동에서 수용하였던 '민중'의 개념적 틀에는 이른바 '민중신학'에서 언급하는 논리에 대한 비판적 고찰이 없이 수용되고 있다는 점을 지적하지 않을 수 없다. 19세기 후반부터 형성된 세계적인 신학의 흐름과 1960년대 이후의 군사독재정권과 급격한 경제발전과정을 거치며 형성된 삶의 유사성에 의한 지칭이 민중이었다. '민중'에 대한 개념적 정의가 "생산수단에서 소외되었기에 수탈당하게 되고 통치수단에서 소외되었기에 억압당하고, 위광수단에서 소외되었기에 차별당하는 피지배자"(한완상, 1980: 79)라는 보편적인 의미에서 개념 정의된다 하더라도 하나의 개념을 둘러싼 사회적 대립과 맥락이 반영되어 형성된 의미성에 대한 비판적 고찰이 없었다는 점은 문제가 있었다고 지적할 수 있을 것이다.[12] 이러한 지적들에도 불구하고

1980년대 불교사회운동에 대한 몇 가지 평가들을 다음과 같이 정리해 볼 수 있다.

1. 1980년대 민중불교운동에 대한 양면적 평가

1980년대의 민중불교운동을 둘러싼 평가는 다양하게 나타나고 있다. 하지만 불교사회운동으로서의 민중불교운동에 대한 긍정적인 성과에 대해서는 '불교의 사회적 역할에 대한 모델 제시', '한국사회의 민주화에 기여', '불교의 사회과학적 해석을 통한 재인식'을 도모하였다는 측면에는 대부분의 연구자들이 공통된 의견을 보이고 있다. 이에 더해 '불교자주화운동을 통해 민주주의 역량을 확인', '민중불교운동의 능력 성숙'(이병욱, 2009: 51)하였다거나, '불교사상의 현대화' 및 '한국 불교사회운동의 이념적 토대를 제시'(박수호, 2010: 115-116)했다는 긍정적 평가들을 내리기도 한다.

이에 반해 부정적인 측면에서의 문제점들도 지적된다. 불교계 내의 대중적 지지기반 취약, 계급투쟁적 성격 및 폭력적 방법에 대한 거부감, 민중불교운동을 전체 사회변혁운동의 부문운동으로 제한함으로써 불교운동의 정체성 미확보(홍사성, 1989: 120-125)와 같은 지적들이 대표적이다. 이에 더해 "불교를 기계적으로 해석해서 불교를 왜곡", "민중불교를 주도한 사람들의 우월의식과 엘리트의식" 그리고 "운동세력 내의 조직 이기주의와 파벌주의"(이병욱, 2009: 53)에 대해서도 문제를 제기한다.

그러나 이러한 부정적인 평가들이 있음에도 불구하고 1980년대의 민중불교운동은 정치적, 경제적, 사회적 모순구조를 타파함으로써 중생을

12) 물론 이 민중의 개념적 표현은 서구적인 것이 아니라 우리의 역사적 체험과 제3세계의 공통 경험을 담아낸 체험언어로 봐야 한다는 지적도 눈여겨볼 필요가 있다.

제도할 수 있음을 강조하는 새로운 불교운동의 등장(박수호, 2010: 116)을 알리는 계기가 되었다는 사실에 이의를 제기하기는 힘들다. 특히 시대적 상황에서의 청년불교운동의 방향과 나아갈 바를 제시했다는 것은 회피할 수 없는 분명한 사실이기 때문이다.

2. 변혁운동의 부문운동으로서의 불교청년운동

종교사회운동은 "기존사회의 비판을 통해 사회구조에 있어서의 문제점을 제거하거나 이상사회의 비전을 제시함으로써 민중들로 하여금 새로운 대사회 및 대자아 인식전환에 기여"(권규식, 1995: 491-492)할 수 있다. 그런 면에서 종교가 사회변동에 능동적인 역할을 수행할 수 있다는 것은 한국의 1980년대의 사회적 상황과 불교사회운동의 흐름과 맥락을 통해서도 확인된다.

민중불교라는 개념적 틀에서 나타나고 있듯이 군사독재정권과의 이념적 대립구도 속에서 나타나고 있는 사회적 상황에 대한 현실인식의 논리는 정치적 민주화의 과제를 최우선의 과제로 인식하고 있었다. 그러나 결과적으로는 전체 사회운동 특히 정치적인 반독재민주화의 하위개념으로 불교계의 사회운동이 자리잡게 됨으로써 전체 변혁운동의 하위개념으로 흡수되어 버렸다. 이는 '전체 변혁운동에 종속된 부문운동으로서의 위치에 머물렀다' 거나 마르크스주의적인 '계급주의적인 운동의 논리로 기울어졌다' 는 비판으로 이어진다. 그럼에도 불구하고 1980년대의 법난을 겪으면서 시작된 불교의 자주화와 민주화에 대한 관심은 80년대 사회변혁을 요구하는 시대적 흐름과 맥락을 같이 하고 있음을 보여준다. 그러므로 이 시기의 불교사회운동은 기본적으로 반독재민주화운동의 연장선상에서 파악할 수 있을 것이다. 또한 "'부문운동' 을 전체 운동 속에서 불교적 특수성에 입각해 자기 대중을 상대로 하는 운동으로 규정하고, 이를 통해 민중불교운동이 독자적인 이념과 조직체계를 갖출 수 있었다"(조성렬, 2002: 449)는 평가에서처럼 불교와 사회참여에 대한 근본적인 인식을 통한 불교사회운동의 다양한 이념적 가능성을 점검하는 계기가 되었다.

특히 1987년 대통령 선거 이후의 사회적인 이념논쟁과 조직적 발전전망에 대한 논의들이 불교적 교리와 사회과학의 만남뿐만 아니라 불교사회운동의 모색과 대안적 논의들의 활성화에도 기여하였다. 이는 1990년대에 이르러 나타나기 시작한 다양한 형태의 환경과 생태 그리고 생명을 둘러싼 사회적 문제에 대한 주요 문제제기집단으로서 불교계의 사회운동이 등장할 수 있는 소중한 맹아가 될 수 있었다. 이것이 1990년대 들어 등장한 '선우도량'이나 '정토회'와 같은 다양한 형태의 불교시민운동으로서의 꽃을 피울 수 있었던 것이다.

3. 대중운동의 활성화와 불교청년운동의 범위

1970,80년대를 거치며 활성화되었던 민중불교운동 중심의 대사회적 불교사회운동은 1990년대 접어들며 참여불교운동으로 성장할 수 있는 가능성을 싹틔웠다. 1980년대 말부터 시작된 참여불교운동은 사실상 1994년의 종단개혁운동의 성공을 위한 중요한 기반을 조성할 수 있었다. 그러나 학생운동을 중심으로 하는 대중조직운동이 1987년을 기점으로 활성화되었던 것과는 달리 청년불자를 대상으로 하는 대중운동은 오히려 퇴조하기 시작한다는 사실은 눈길을 끈다. 이는 기본적으로는 불교청년운동의 활동가들이 학생운동이나 청년운동의 활동가로 전환해 가거나 불교적 관점을 지닌 채 사회활동으로 전환해 갔다는 사실에 기인한다. 또 활성화된 대중운동공간에서 불교학생회만의 서클주의를 고집해야 할 이

유가 없었다는 측면에도 주목할 필요가 있다. 특히 다양한 형태의 불교교육 단체의 설립과 활동력 강화와도 밀접한 관련성을 지닌다고 할 수 있다. 그러나 더 근본적인 문제는 청년운동의 주요 이론적 주도세력이었던 학생운동 진영 내에서의 변화된 사회환경과 이념적 지향에 부합하는 불교적 이론의 접합과 대안적 실천 그리고 이론 마련에 실패하였다는 사실이다. 결과적으로 청년불교의 대중화와 재생산에는 실패하였다는 것이다. 이는 다른 종교계의 체계화되고 공격적인 학생회활동의 강화현상과 뚜렷이 대비되는 장면이라고 할 수 있을 것이다.

이는 불교사회운동의 '범위'와 '방법'의 문제에 대해서도 고민의 여지를 남긴다. 1980년대 불교사회운동의 경우에 있어서는 재가자와 출가자의 구분, 교계와 종단의 민주화를 위한 문제제기와 대사회적 요구와의 엄밀한 구분이 되지 않고 있다. 특히 불교계의 대중운동은 주로 불교학생회나 청년회를 중심으로 전개되었는데, 이는 1980년대의 한국사회의 선도적 운동의 담당자가 청년학생이었다는 사실과 밀접한 관련이 있음을 보여준다. 학생이라는 이들의 신분적 위치와 졸업 후 진로의 다양성으로 인해 사회운동과의 엄격한 구분이 힘들었다. 이는 엄밀한 의미에서 불교계의 사회운동이라는 범위의 설정을 상당히 제약하는 지점이다. 그러므로 불교사회운동가와 학생운동세력의 변별성 있는 구분과 그 의미성에 대해 다시 생각할 필요가 있는 것이다. 불교청년운동을 전체 사회운동의 부문운동에서만 살펴보는 것이 아니라 그 내적 흐름에 대한 고찰이 필요한 이유가 바로 여기에 있다.

4. 사회과학과 불교와의 편협한 만남

1980년대 이후 제기되고 있는 이념적 지향과 담론의 문제에도 주목할 필요가 있다. 대부분의 불교사회운동 진영에서는 근현대 한국불교운동사의 중요한 기점을 만해 한용운에서 찾는다. 만해는 자신의 저작에서도 나타나고 있듯이 종교에 대한 다양한 논쟁을 마르크스의 종교관에 대한 비판적 논의에서부터 시작하고 있다. 특히, 1980년대 후반의 불교사회운동사에 있어서도 이러한 논의는 재현되고 있다는 사실에 주목할 필요가 있다. 물론 이병욱(2009: 61-62)의 경우에서처럼 1980년대의 민중불교운동과 1990년대의 선우도량이나 정토회의 논리보다 만해 한용운의 사회참여사상이 앞섰다고 선험적으로 평가할 수도 있겠지만, 한국사회의 군사독재정권의 지배와 1980년대의 시대상황을 고려해 본다면, 해방 전후사의 시기보다 더 열악한 이데올로기적 지형에 있었다는 사실도 고려할 필요가 있다.

그러므로 1980년대의 민중불교운동이 마르크스주의에 종속된 운동이었다라는 지적에 반해, 오히려 그러한 성찰적 고찰이 부족한 것이 더 큰 문제였다는 논리도 가능할 수 있을 것이다. 그런 의미에서 현대사회에서는 사회과학과 불교적인 접목을 통한 보다 적극적인 의미에서의 불교와 마르크스와의 성찰적 만남이 요청되고 있다고 본다. 프로테스탄트의 윤리와 자본주의 정신의 형성이라는 근대성의 근본적인 문제에 대한 고찰에서처럼 불교와 근대성 그리고 시민사회와의 만남이라는 주제에 대해 다시 재조명해야 되는 이유가 바로 여기에 있다.

5. 불교사회운동의 이념적 분화

불교사회운동의 본격화는 1987년 6월항쟁이후부터이다. 1987년 6월항쟁의 도화선은 박종철추모제를 주도적으로 준비했던 부산지역의 불교활동가들에게서 비롯되었다고 해도 과언은 아닐 것이다. 이후 터져 나오는 전국적인 사회민주화와 민주주의에 대한 관심은 비로소 불교의 인식논리에 의한 대중교육과 불교 시민사회의 문제로 관심을 옮기기 시작한다. 특히 사회의 민주화와 불교의 대중화에 대한 관심에서 시작된 불교교육기관의 등장은 양면의 칼이 되었다. 1987년 이후의 정치노선의 차이와 불교계의 복잡한 인맥관계가 결합된 활동의 분화는 거꾸로 대중적인 참여의 폭을 급격히 제약하기 시작했다.[13]

이와 더불어 불교계가 민족과 통일문제에 많은 관심을 쏟기 시작했다는 점에 대해서도 비판적으로 조망할 필요가 있다. 1988년 서울올림픽을 계기로 활성화된 불교통일운동은 '공동올림픽쟁취불교본부'를 거쳐 민족자주통일불교운동협의회(통불협)로 발전하면서 다양한 대중운동을 전개한다. 이후 1991년에 남북불교도의 만남을 통해 이후 '우리민족서로돕기운동'으로 나아간다. 불교계의 통일운동에의 적극적인 참여는 불교사회운동의 중심축이 '민족'과 '통일'의 문제로 관심이 옮겨지고 있었음을 보여준다. 그러나 이는 결과적으로 한국사회의 가장 근본적인 문제로서의 '노동'문제와 현실 사회의 갈등적 상황에 대해 상대적으로 침묵하는 결과로 나타났다는 점에서 비판의 여지를 남기고 있다.

최근 들어 북측의 사찰지원과 관련한 대북교류 중심의 활동이 주된 통일운동의 관심사로 부각된 것도 1980년대 불교사회운동 진영의 통일문제에 대한 지속적인 관심과 노력의 연장선상에서 진행되고 있음을 알 수 있다. 마찬가지로 이러한 이념적 분화의 정도와 비례하여 노동문제나 사회문제에 대한 발언에는 좀 더 주저하고 있다는 사실에 대해서도 비판적으로 살펴볼 필요가 있을 것이다.

---

13) 불교대중운동의 세력약화에 대한 논의는 좀 더 진지한 고민을 필요로 한다. 불교시민사회의 활성화와 성숙의 과정이 서구의 시민사회의 발달사와는 전혀 다른 경로를 보여주고 있기 때문이다. 이에 대한 논의는 이후 좀 더 깊이 있게 살펴볼 필요가 있을 것이다.

Ⅴ. 마치며

우리는 '과거는 이미 지나갔다' 고 생각한다. 그러나 지나간 역사는 지금 현재의 정체성을 형성하는 거울이 된다. '저것이 있으므로 이것이 있고, 저것이 일어남으로써 이것이 일어난다', '저것이 없어지면 이것이 없게 되고, 저것이 없어짐으로써 이것이 없어진다' 는 연기법의 의존적 발생의 원리는 각 존재들의 보편적 의존의 법칙이자 사회변동의 설명논리이기도 하다. 이러한 보편적 연기의 원리에서처럼 지나간 역사적 사실과 사건들에 대한 확인과 재평가의 작업은 그 자체가 오늘날의 역사의 원천이자 인과로서의 하나의 역사이자 사회적 사실이다. 사회사나 운동사에 대한 기억과 기록들의 정리와 기술이 필요한 이유가 여기에 있다.

위에서 살펴본 것처럼 한국의 불교사회운동은 한국 근대성의 형성과정과 사회발전에 있어서 나름의 역할을 담당해 왔다. 특히 1980년대의 민중불교운동은 한국사회의 민주화운동과 밀접한 관계를 맺으면서 한국사회와 불교계의 변화를 동시에 추구했다는 점에서 고유한 위상을 점하고 있다. 실제로 민중불교운동은 1980년대의 시대적 상황 속에서 청년불교운동의 방향을 제시하고, 전체 사회변혁운동의 부문운동으로서 한국 사회의 정치적 민주화에 기여하고 불교사회운동의 다양한 이념적 가능성을 점검하는 계기가 되었다고 평가할 수 있을 것이다.

참 고 문 헌

권규식. 1995. 「종교의 사회학적 이해」. 이문출판사.
김종찬. 1993. "민중불교운동의 전개과정," 「민중불교의 탐구」, 법성 외, 민족사.
______. 1987. "1980년대 민중불교운동," 「신동아」, 6월호, 494-495.

딧사나야케. 1988.「불교의 정치철학」. 대원사.

목 우. 1981. "새로운 불교운동으로서 사원화 운동,"「사원화운동 심포지엄 자료집」.

박수호. 2010. "한국불교사회운동의 이해 : 교리적 근거와 역사적 전개과정을 중심으로,"「종교와 사회」, 창간호, 95-135.

______. 2005. "사회운동으로서의 조계종 종단개혁운동,"「동양사회사상」, 11, 59-60.

안옥선. 2005. "불교 생태학에서 존재 평등의 근거,"「불교학 연구」, 제10호.

여익구. 1985. "민중불교란 무엇인가?,"「실천문학」, 7, 실천문학사, 301-304.

오갑환. 1974.「사회의 구조와 변동」. 박영사, 201-221.

유승무. 2010. "민중불교운동의 사회운동론적 이해,"「세계화와 한국적 사회이론의 모색」, 비판사회학회.

______. 2007. "한국불교와 현대적 사회제도의 만남,"「한국사회학회 발표논문집」.

______. 2000. "현대 한국불교 개혁운동의 흐름과 그 특징,"「불교평론」, 4.

유영국. 1997. "사회발전과 정치발전,"「빈곤문제와 사회발전」, 2(1).

이병욱. 2009. "근현대한국불교의 사회참여 사상의 변화,"「종교와 사회」.

전서암. 1977. "민중불교론,"「대화」, 82, 108-126.

조성렬. 2002. "현대 한국의 실천불교: 운동과 이념,"「실천불교의 이념과 역사」. 실천불교전국승가회불교포럼 편, 행원, 61-107.

조준호. 2002. "초기불교의 실천사상,"「한국불교학」, 제32집.

조희연. 2003. "저항론의 변화와 분화에 관한 연구 – 변혁론을 중심으로,"「저항, 연대, 기억의 정치 1」, 김진균 편저, 문화과학.

______. 1990. "현대 한국 사회운동사–6.25 전쟁 이후 1980년대 까지를 중심으로,"「한국사회론」, 한울.

한완상. 1980.「민중과 사회」. 종로서적.

한용운. 1938. "불교청년운동을 부활하라,"「불교–신판」, 10(10), 불교사, 2-4.

홍사성. 1989. "민중불교운동의 평가와 전망,"「민중불교의 탐구」, 법성 외, 민족사.

황선명. 1980.「민중종교운동사」. 종로서적.

Berger, P. 1979. *The Heretical Imperative*.

Diamant, Alfred. 1966. "Political Development: Approaches to the Theory and Strategy," J.D. Montgomery and W.J. Siffin(eds.). *Approaches to Development: Politics, Administration, and Change*. New York, McGraw-Hill.

Freund, J. 1983. *Sociologie du Conflict*. Paris: P.U.F.

Heberle, R. S. 1968. "Social Movement," *International Encyclopedia of Social Science*.

Kaase, M. 1990. R.J. 달턴 · M. 퀴흘러(엮음). 1996. "사회운동과 정치개혁," 「새로운 사회운동의 도전」(박형신 · 한상필 옮김), 한울.

Milgran, S. and H. Toch. 1981. "Collective Behavior: Crowds and Social Movement," in Lindzey & Aronson(ed). *The Hanbook of Social psychology*, Vol. Ⅳ.

Smelser, N. J. 1981. 「사회변동과 사회운동」. 박영신 역. 경문사.

Thompson, Ian. 1985. *Religion*(sociology in focus series). Cougman.

Yinger, J. Milton. 1963. *Sociology Looks at Religion*. Macmillan.

제 4 장

한국의 종교인구 현황과 문제점: 인구센서스와 해외 데이터베이스의 비교[1)]

유광석

Ⅰ. 서 론

현대사회에서 종교 관련 통계적 정보들은 단순히 현실의 복잡한 종교 상황들을 정리하고 기술하는 차원을 넘어 장기적이면서도 광범위하게 축적되고 분석된 자료들에 기초하여 정책적 및 학문적 차원에서 사회의 다양한 의사결정단계에 활용되고 있다. 통계적 지식이 없거나 통계적 자료들에 기초한 의사결정에 참여하지 않더라도 오늘날처럼 종교적 다양성이 급속하게 증대하는 사회에서 어느 누구나 그 사회에 존재하는 종교 또는 종교인들에 대해 충분한 정보와 이해를 갖기가 매우 어렵게 되었다. 「한국의 종교현황」(2011)에서 보고된 566개 종교단체들의 대부분은 종교연구자들에게조차 생소한 이름들을 가진 것들이고 그들의 숫자는 지구화(globalization) 과정이 가속화되는 정도에 따라 훨씬 더 증대될 것이다. 또한 고든 멜튼(J. Gordon Melton)이 집대성한 *Encyclopedia of American Religions(EAR)*의 7차 개정판(2003)은 북미에서 확인된 2600여 개의 종

---

1) 본 논문은 2015년 「담론 201」 18(2)호에 게재된 것을 재편집한 것임.

교단체들을 서술함으로써 종교연구자들의 연구대상이 양적 차원에서 이미 무한대로 확장되었음을 사실상 공표하고 있다.

이처럼 전 세계에서 활동했거나 여전히 활동 중인 모든 종교단체들 및 그에 부속된 신자들의 종교적 행위와 믿음에 대한 현장조사, 실태조사, 의식조사 및 문헌적 자료 등을 연구자 개인이 모두 수집하고 분석하는 것은 물리적으로 불가능할 뿐만 아니라 가능하다 하더라도 비현실적인 비용을 요한다. 한 세대를 풍미했던 종교사학자 엘리아데(M. Eliade)가 해석한 수천 개의 사례들조차 이제는 연구대상의 양적 차원에서 보자면 무한대의 모집단에 대한 하나의 샘플조사에 불과한 것이 되었다. 샘플의 수가 백 개이든 천 개이든 모집단의 무한성에서 보자면 그것은 사소한 문제일 뿐이며, 중요한 것은 추출된 샘플의 수가 아니라 그 연구자가 추출한 샘플이 모집단의 무한성을 얼마나 정확하고 효율적으로 반영하고 있는지에 있다. 정보화 시대에 종교의 이해는 무한대의 종교현상을 제한된 샘플조사 결과에 기초해서 인위적으로 해석하는 데서 시작하는 것이 아니라, 통계적으로 편향되지 않고 가능한 한 객관적으로 추출된 샘플조사 자료들 그 자체의 한계를 스스로 인정할 때부터 비로소 시작될 수 있다. 종교에 관한 해석이 모든 종교연구의 출발점이거나 종착점이어야 할 이론적 당위성은 없으며, 오히려 종교에 관한 과학적 연구조사가 현대사회의 종교현상을 이해하고 설명하는 데 더 시급히 필요한 것일지 모른다.

본 논문은 기본적으로 종교와 관련한 통계적 조사 자료들의 방법론적 우월성을 설명하기 위해 그것의 허구성을 밝히고자 한다. 이렇게 역설적인 주장이 어떻게 진실이 될 수 있는지를 한국의 종교인구분포에 관한 주요한 해외 데이터베이스들을 사례로 삼아 한국의 인구센서스 결과와 종합적으로 비교분석한 후, 종교통계적 관점에서 현재 한국사회의 문제점과 개선 방향을 제시함으로써 증명하고자 한다. 특히 한국의 종교소수자(religious minority)에 대한 서로 다른 데이터베이스들 간의 상이한 종교범주화(categorization)와 조사방법의 문제점을 지적하고 종교적 다양성의 증대로 인한 사회적 혼란과 갈등이 빈번한 한국의 다종교 상황에서 정확한 종교통계조사들이 어떻게 그리고 왜 정책적으로 한국사회의 발전에 기여할 수 있는지를 종교시장이론에 근거하여 설명할 것이다. 끝으로, 2015년에 실시될 인구주택총조사에서 한국사회의 종교적 변화를 예상하는 많은 종교연구자들과 직업적 종교인들이 정보화 시대에 걸맞은 과학적 종교이해를 위해 종교통계의 중요성을 인식할 수 있는 작은 계기가 되길 바란다.

Ⅱ. 인구센서스의 한계

1985년, 1995년, 2005년에 행해진 세 번의 인구주택총조사에서 생산된 종교인구 통계자료를 기초로 그동안 적지 않은 연구논문들이 양산되었다. 인구센서스에 종교 항목이 삽입되기 이전에는 주로 사회조사나 교단들의 자체 통계에만 의존하던 종교통계자료들이 자료 그 자체에 내재한 지리적, 문화적, 역사적 및 정치경제적 제한성과 편향성을 탈피했을 뿐만 아니라 조사방법의 자의성과 비일관성을 극복하면서 객관적이고 신뢰가능한 양질의 종교통계자료로서 인구센서스 자료들은 특별한 의심 없이 거의 모든 종교연구자들에게 수용되었다. 인구센서스 자료들에 대한 이러한 '믿음'에 기초하여 한국의 종교인구분포가 동불서기(東佛西基)나 종교적 독과점구조의 한국적 종교문화를 이해하는 중요한 증거자료가 된다거나(정창수 · 김신열, 1993: 118; 류성민, 2009: 25-26), 다종교사회로서 한국사회의 종교갈등의 위험성을 예단하는 증거로서(김정수, 2013: 691-696), 천주교의 양적 성장과 한국개신교의 위기라는 직접적 증거로서(이

길용, 2006; 조성돈, 2007; 조성돈 · 정재영 외, 2007; 최현종, 2011; 2012; 조세희 · 이재혁, 2013) 그리고 나아가 인구센서스 자료에 기초한 종교인구의 변동(dynamics)이 한국사회의 정치적 · 문화적 변화를 이끄는 원동력으로서 해석되기도 한다(김동환, 2014: 39-43).

문제는 한국의 종교변동을 논하는 기존의 연구들이 그 나름의 전문분야별 특성에 따라 적지 않은 공헌을 했음에도 불구하고, 그들의 학문적 배경을 불문하고 인구센서스 자료에 대한 합리적 의심 없이 거의 '믿음'에 가까운 신뢰를 전제하고 있다는 점이다. 또한 문화체육관광부 종무실의 종교현황이나 행정백서들을 비롯하여 한국의 모든 공식적 종교통계자료들에서도 인구센서스 결과는 한국사회의 종교적 현실을 양적으로 대표하고 있다. 이처럼 의심될 수 없는 하나의 기정사실로서 학계와 정부로부터 공인된 인구센서스 결과는 〈그림 1〉에서 보여주는 인구주택총조사표의 6번 문항에 그 기원을 두고 있다.

〈그림 1〉의 위 박스에 있는 조사표에서 보는 것처럼 종교 없음(religious nones), 8개의 개별 종교명, 그리고 기타(others)로 범주화된(categorized) 유형들만을 선택지로 제시하고 있으며, 아래 박스의 조사표 기입요령서에서는 조사대상자의 '종교단체 가입여부와는 관계없이 신도라고 응답하는 경우도 포함' 하여야 함을 안내하고 있다. 이러한 조사방법에 대해 윤이흠 교수는 이미 "한국인 종교적 심성의 근원"이라는 기고문에서 자기확인법(self-identification)이 유교나 기타 신흥종교인 내지 무속인구를 조사하는 데 적합하지 못하다고 주장하고 동양 종교의 구성원들을 조사할 수 있는 새로운 방법론의 개발을 주장한 바 있다(1985: 379). 그의 주장은 단지 400명의 갤럽표본조사 결과에 기초한 것이었지만, 당시의 정부 종교인구 통계가 얼마나 부정확한 것인지를 증명하고자 한 선구적 업적이라고 할 수 있다. 이후로 30년이 지난 2015년의 종교인구조사표에서도 기존의 종교인구 조사방법과 그에 대한 무비판적 믿음은 한국의 종교연

그림 1 》 2015 인구주택총조사 제2차 시험조사 조사표 기입요령서

6 종교가 있습니까?

✓있음　　　　② 없음

└▸ 있다면 어느 종교입니까?

① 불교	⑥ 대순진리교
② 기독교(개신교)	⑦ 천도교
③ 기독교(천주교)	⑧ 대종교
✓ 유교	⑨ 기타 [　　]
⑤ 원불교	

6 종　교

- 종교단체 가입여부와는 관계없이 신도라고 응답하는 경우도 포함됩니다.
- 「⑨ 기타」에 해당되는 경우, 구체적인 종교명(예 : 금강대도, 이슬람교, 미륵대도, 천리교, 한국SGI 등)을 기입합니다.

출처: 통계청, 「2015 Census 인구주택총조사」.

구자들과 관료들에게 여전히 강력한 통계적 편견을 만들고 있다. 현재의 종교인구조사표가 가진 몇 가지 문제를 먼저 설명하고 해외의 사례를 함께 고려하는 것이 논지를 객관적으로 이해하는 데 도움이 될 것 같다.

첫째, 현재의 인구조사표는 종교적 멤버십(religious membership)에 기초한 것이 아니다. 아래 박스의 기입요령서가 분명히 밝히고 있듯이 '종교단체 가입여부와는 관계없이 신도라고 응답하는 경우를 포함' 하고 있는 숫자를 의미한다. 다시 말하면, 종교단체 또는 조직에 가입하고 그 단체로부터 구성원으로서의 자격을 인정받은 종교인구를 의미하는 것이 아니라 광의의 차원에서 종교적 경향성을 갖고 있는 모든 사람들은 위 박스에 예시된 어느 칸에나 체크하도록 안내하고 있다. '멤버십(membership)' 이란 권리와 의무를 전제한 사회적 지위(social status)인 반면에, 국립국어원의 표준국어대사전에 따르면 '신도(信徒)' 란 '어떤 일정한 종교(조사표에서는 조사대상자가 '종교'라고 믿는 것)를 믿는 사람들'로서 특수한 사회적 관계성을 전제하지 않는다. 따라서 현재의 인구조사표는 '멤버십'과 '신도' 두 개념을 구분하지 않고 함께 종교인구에 포함하기 때문에 종교조직에 기초한 멤버십보다 훨씬 더 과장된 종교인구수를 낳게 된다. 예를 들어, 기독교문화권인 미국에서도 신(God)을 믿는 사람의 비율이 87.7%이지만, 종교조직에 소속된 사람의 비율은 62.8%에 불과했다(WVS 2011 조사, 샘플수 2,232명), 조직화된 종교(organized religions)문화에 기초하지 않은 한국적 전통에서는 이러한 멤버십과 단순한 신도수의 간격이 훨씬 더 크게 나타날 것이다. WVS(World Values Survey)나 GSS(General Social Survey)처럼 멤버십과 단순한 신도를 분리해서 설문을 구성하고 있는 선진국의 사회조사들과 달리 그 목적이 처음부터 인구 및 주택조사를 위해 제작된 현재의 인구조사표는 한국의 종교인구수와 그 비율을 정확히 산출하는 데 본질적인 한계가 있다.

둘째, 인구조사표의 종교범주는 일종의 포괄적 범주(catch-all category)에 해당한다. 10개의 범주만으로 전체인구 5천만 명의 종교성을 범주화(categorization)할 때 나타나는 가장 큰 문제는 서로 다른 종교적 정체성을 가진 수많은 그룹들을 하나의 대범주로 단순화시켜야 하는 조사방법의 인위성과 자의성에 있다. '불교' 범주의 경우 창가학회(SGI)와 같은 일련종 계열의 불교도들부터 단월드에서 창립한 선불교(仙佛教)와 같은 국내 민족종교들까지 아무런 차별성 없이 '불교'라는 범주로 단순화된다. '기독교(개신교)' 범주의 경우 역시 몰몬교, 안식교, 여호와의 증인들, 통일교, 신천지, 구원파부터 장로교나 감리교까지 모든 개신교 종파(sect) 및 교단(denomination)을 함께 포함하게 된다(김철수, 2013: 328). '유교' 범주는 실제 생활방식과 의식조사를 병행했을 때 그 범주에 소속될 수 있는 종교인구수가 훨씬 더 증가한다. 윤이흠 교수의 논문에서 집중적으로 논의된 것처럼 무작위 표본조사에 참여한 4백여 명 중 91.7%가 유교의 구성원으로 확인되었다(1985: 385). 게다가 '기타' 범주는 외국의 경우에서와 마찬가지로 매우 다양한 종교성을 무차별적으로 포괄할 수 있다. 즉 '종교 없음'과 8개의 개별 종교 범주에 해당하지 않는 모든 사람들이 '기타'에 체크해야 한다면 무속인, 역술인, 무신론자, 불가지론자, 다양한 신종교 신자들, 도교, 이슬람, 힌두교 등이 포함될 수 있다. 끝으로, 150만 명에 이르는 한국체류 외국인들의 민족종교들(ethno-religions)까지 고려한다면, 베트남 출신 불자들, 필리핀 출신 천주교인들, 중국 출신 개신교인들까지 조사표의 범주들은 구분 없이 포함하고 있는 것이다. 결국, 좀 더 세분화된 종교연구의 맥락에서 보면 인구조사표의 종교범주는 한국의 정확한 종교현황에 대해 양적으로 설명할 수 있는 자료를 거의 제공할 수 없는 범주화이며, 포괄적 범주를 사용하여 선택지를 제한함으로써 현실사회의 종교성을 제대로 반영하지 못할 뿐만 아니라, '종교 없음'의 범주에 속하는 인구수를 실제보다 과장하여 종교인구의 수를 과소평가하게 된다. 참고로 미국의 GSS는 약 4만 명의 응답자들을 25개의 교단별 범주(denominational categories)로 분류하지만 이 역시 불완전한 것으로 평가받는다(Pyle, 2006: 67).

셋째, 인구조사표는 종교인구의 연령별 특성을 과장하게 된다. 인구조사의 특성상 대한민국에 거주하는 0세 이상의 모든 인구를 〈그림 1〉의 조사표 범주로 분류하기 때문에 〈표 1〉에서 보는 것처럼 종교적 정체성의 성립여부를 불문하고 모든 미성년과 영유아를 '종교 있음' 또는 '종교 없음'으로 범주화하게 된다. 종교적 정체성을 갖지 못한 미성년자 또는 영유아의 경우 현행 인구조사표의 기입방법상 조사표를 기입하는 세대주 또는 부모의 종교성을 그대로 반영하는 경우가 대부분일 것이다. 이런 방식으로 종교인구비율이 부정확하게 집계되는 조사방법론적 오류를 회피하기 위해 일반적으로 선진국에서 행해지는 종교 관련 사회조사는 15세 또는 19세 이상의 성인만을 조사범위로 제한하고 있다. 하지만, 개인별 종교적 정체성의 성립시기를 언제로 정해야 하는지도 시간과 장소, 문화적 및 정치적 환경, 조사목적과 방법에 따라 다를 수밖에 없고 그에 대한 학문적 합의도 아직은 존재하지 않는다.

표 1 » 2005년 인구주택총조사에서 15세 미만 종교인구비율

연령별	2005년 연령별 종교인구비율							
	종교 있음	불교	개신교	천주교	유교	원불교	기타	종교 없음
전체	24,970,766	10,726,463	8,616,438	5,146,147	104,575	129,907	163,085	21,865,160
0~4세	922,837	275,740	428,281	204,207	915	4,722	6,296	1,450,224
5~9세	1,495,047	458,869	678,331	334,499	1,670	7,248	10,105	1,661,915
10~14세	1,740,877	579,113	737,136	398,217	2,430	8,146	11,067	1,681,514
비율(%)	**16.6**	**12.2**	**21.4**	**18.2**	**4.8**	**15.5**	**16.8**	**21.9**

넷째, 현재의 인구조사는 성별 및 연령별 종교인구분포만을 시 · 군 · 구 단위로 보여주고 있을 뿐이다. 인구조사에서 수집한 전체인구의 교육수준, 소득수준, 직업, 주거형태, 출산자녀 수, 혼인상태, 사회활동, 경제활동 등에 대한 자료를 통계청에서 보유하고 있음에도 불구하고, 이러한 변인들과 '종교' 항목과의 상관성 및 교차분석이 가능하도록 정리된 자료를 통계청은 공개하고 있지 않다. 실제로 종교와 다른 사회적 및 인구학적 변인들의 상관성에 대한 연구가 국내외적으로 매우 중요하고 다양하게 연구되고 있는 것을 감안할 때, 성별 및 연령별 종교인구분포만으로 인구조사결과에 대한 종교학적 접근을 차단하고 있는 것은 통계적 및 과학적 종교연구의 중요성에 대한 한국정부의 인식부족을 그대로 보여주는 것이다. 종교학적 관점에서만 보자면, 이런 현실은 천억 원 이상의 예산을 투입하여 실시하는 인구조사의 활용범위를 민간여론조사업체들이 2~3천 만 원 정도의 비용으로 1~2천 명의 표본 집단에 기초해서 실시하는 조잡한 사회조사나 의식조사보다 더 쓸모없는 자료로 만드는 것과 같

은 것이다.

이상과 같이 인구통계조사의 설문 항목 6번은 한국의 종교현황, 종교인구분포, 종교변동, 한국적 종교성 등 거의 모든 한국종교연구의 기초적 통계자료로써 원용되고 있음에도 불구하고 그것의 통계적 신뢰성에 대해 진지하게 분석되거나 이론적으로 검증되지 않고 있다. 따라서 본 논문에서는 국제적으로 종교연구자들에게 가장 많이 원용되는 Pew Research Center나 World Values Survey의 사회조사 데이터베이스들을 비롯하여 종교전문 데이터베이스로서 가장 많은 자료를 보유한 World Christian Database 및 ARDA(The Association of Religion Data Archives)와 같은 주요한 해외 데이터베이스들에서 한국의 종교현황이 어떻게 기술되고 있는지를 비교분석하고자 한다. 특히, 한국의 종교적 소수자들에 대한 통계현황은 종교학적 관점에서 많은 논란과 쟁점을 갖고 있어 이 부분에 대한 논의를 중심으로 살펴보고자 한다.

Ⅲ. 해외 데이터베이스들의 종교범주화

한국의 종교현황에 대한 거의 유일한 통계자료로서 국내에서 폭넓게 활용되고 있는 인구조사의 결과와는 달리, 해외에서 원용되는 영문 데이터베이스들에서 한국의 종교현황은 그 종류가 다양하고 내용상의 차이도 커서 큰 혼란을 일으키고 있다. 종교적 다수자인 불교, 개신교, 천주교인의 현황보다는 특히 한국의 종교적 소수자에 해당하는 여러 종교들에 대한 통계적 자료들이 그 범주와 종교인구 수에 있어서 한국적 상황을 고려함이 없이 서구적 관점에서 자의적으로 분류되고 추산되어 전 세계의 종교연구자들에게 제공되고 있다.

그림 2 ››› Pew Database에서 한국의 종교소수자 현황[2]

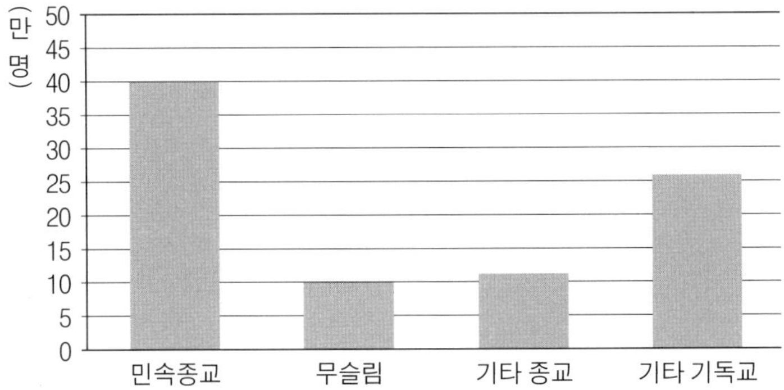

〈그림 2〉는 The Pew-Templeton Global Religious Futures Project의 하나로 전 세계 232개국 인구의 종교적 태도와 소속 등의 다양한 특성을 Pew Research Center가 자체적으로 조사한 보고서 "The Global Religious Landscape"(2012)에서 공개한 한국의 종교소수자 범주와 신도수이다. 한국의 인구조사표와는 대조적으로 Pew Database에서는 다섯 개의 세계종교(기독교, 불교, 힌두교, 이슬람, 유대교)를 중심으로 조사대상자를 분류하고, '기독교(Christianity)'의 하위범주(sub-category)로서 '개신교인들(Protestants)', '천주교인들(Catholics)', '정교인들(orthodox Christians)', '기타 기독교인들(Other Christians)'로 세분화하였다. 끝으로 '민속종교인들(folk religionists)'와 '기타 종교들(other religions)'를 대범주로 추가했으며, 전자에는 아프리카 전통종교(African traditional religions), 중국민속종교(Chinese folk religions), 미국원주민종교(Native American religions), 호주원주민종교(Australian aboriginal religions) 등이 포함되고, 후자에는 바하이교도(Bahai's), 자이나교도(Jains), 시크교도(Sikhs), 신도인(Shintoists), 도교인(Taoists), 천리교인(Tenrikyo), 주술사

2) http://www.globalreligiousfutures.org/countries(2015.3.16. 마지막 접속).

(Wiccans), 조로아스터교도(Zoroastrians), 기타 신앙(many other faiths)가 함께 포함되어 있다.

〈그림 2〉에서 Pew Database는 한국의 민속종교인들이 40만 명, 무슬림이 10만 명, 기타 종교인들이 11만 명, 기타 기독교인들이 26만 명이라는 것을 보여주고 있다. 위 범주들에 대한 종교센서스(religious census)가 한국에는 없을 뿐만 아니라 그것이 교단들의 자체 집계한 'roll data'가 아니라 Pew Research Center의 서베이 결과에 기초한 'poll data'라는 점에서 종교사회학자들이 이용할 수 있는 중요한 양적 데이터 중의 하나가 된다(Warner, 1998: 197). 2013년 기준 국내체류 외국인의 수가 157만여 명인 것을 고려하면[3] 무슬림 인구를 10만 명으로 추산한 것도 의미 있는 통계이지만, '무슬림'이란 종교범주 자체를 한국의 인구조사나 사회조사들이 완전히 배제하고 있다는 사실을 반성하게 한다는 점이 더욱 중요하다.

또한 기독교를 세분화하여 주류 기독교 이외의 기독교인들을 '기타 기독교인'으로 분류한 것도 의미 있는 범주화의 발전이며, 온라인 설문조사 방식의 의존도가 증가하는 추세를 감안해서 대범주의 하위범주를 더욱 세밀하게 분화시키는 것이 기술적으로 어려운 문제가 아니기 때문에 한국의 종교조사들도 적절한 하위범주의 개발을 시도할 필요가 있다. 물론, 하위범주를 세분화하는 것이 조사결과의 정확도를 높이는 대신 설문의 응답률을 떨어뜨리는 단점도 있을 것이다. 민속종교의 경우 〈그림 3〉에서 보는 것처럼 한국에서 네 번째로 큰 규모의 종교범주로서 기술되고 있을 뿐만 아니라 나라별 종교인구분포에서도 한국은 중국과 함께 세계에서 가장 큰 민속종교권역에 포함되어 있다.

Pew Database와 함께 국제적인 종교현황과 추세에 관한 정보를 얻는

---

3) 통계청, 2013, 「출입국 · 외국인정책 통계연보」.

그림 3 》 Pew Database에서 나라별 민속종교인구 상황[4)]

데 가장 폭넓게 활용되는 World Christian Database(WCD)는 *World Christian Encyclopedia*라는 백과사전으로 1982년에 출판된 것으로서 2001년 2,600페이지 분량으로 개정된 것을 이후에 World Christian Trends의 자료와 통합하여 하나의 데이터베이스로 만든 것이다. 1982년부터 2000년까지 응답된 약 5,000여 개의 설문조사, 현장조사, 인터뷰, 정부센서스, 학위논문들의 자료를 토대로 구성된 것으로서 그 내용의 포괄성에 있어서 독보적인 위치의 종교 DB라고 할 수 있다(Hsu *et al*., 2008: 680). ARDA와 같은 종교 데이터 아카이브에서도 WCD의 자료를 기초로 국제종교인구분포를 만들고 있다. 본 논문에서는 한국의 종교현황과 관련하여 제한적으로만 WCD의 자료를 검토하고자 한다.

---

4) http://www.globalreligiousfutures.org/religions/folk-religionists(2015.3.16. 마지막 접속).

표 2 》 World Christian Database(2010)에서의 종교인구비율

	한국	동아시아	전 세계
Baha'i	<0.1%	<0.1%	0.1%
Buddhist	24.8%	19.0%	7.2%
Chinese Universalist	<0.1%	26.8%	6.3%
Christian	33.4%	8.1%	32.8%
Confucianist	10.9%	0.4%	0.1%
Ethnoreligionist	14.7%	4.4%	3.5%
Hindu	<0.1%	<0.1%	13.8%
Jain	0.0%	<0.1%	<0.1%
Jewish	<0.1%	<0.1%	0.2%
Muslim	0.1%	1.4%	22.5%
Shintoist	<0.1%	0.2%	<0.1%
Sikh	<0.1%	<0.1%	0.3%
Spiritist	0.0%	<0.1%	0.2%
Taoist	0.0%	0.5%	0.1%
Zoroastrian	0.0%	<0.1%	<0.1%
Neoreligionists	14.2%	2.8%	0.9%
Atheist	0.1%	6.7%	2.0%
Agnostic	1.5%	29.7%	9.8%

18개의 범주로 세분한 WCD의 종교현황은 한국적 통계자료들과 너무 다른 범주명과 수치들로 인해 한국의 종교연구자들에게는 매우 낯설고 당황스러운 통계자료라고 할 수 있다. 국제적으로 가장 권위 있는 종교통계에서 한국 종교현황의 특징을 살펴보면, 먼저 종교인구 비율에서는 유교인구가 10.9%, 민족종교인(ethno-religionist)들이 14.7%, 신종교인들이 14.2%, 불가지론자 1.5%의 비중으로 분포하고 있다. 유교인구나 신종교인구는 한국 통계청의 인구센서스 자료들과 10배 이상의 큰 차이가 있을

뿐만 아니라, 그 범주화에 있어서도 전혀 새로운 개념들로 한국인들의 종교성이 분류되었다. 통계청 센서스(2005)의 '종교 없음' 인구비율이 46%인 것과 대조적으로 WCD는 '무신론자'와 '불가지론자'와 같은 새로운 범주를 도입하여 1.6%의 비율로 설명하고 있다. 또한, 다인종 또는 다문화 사회에서 유용한 '민족종교(ethno-religion)'라는 범주 아래에 한국인의 14.7%를 포함시킴으로써 한국사회의 종교적 다원성이 동아시아나 세계적 수준에 비해서 3~4배 정도 높은 것으로 설명하고 있다.

'민족종교'라는 범주는 결국 한국사회가 직면하고 있는 종교적 다양성의 문제와 직접적으로 관련된 것으로서 실제로 베트남 출신 불자, 몽골 출신 불자, 조선족 출신 민속종교인들, 필리핀 출신 천주교인들, 나이지리아 출신 개신교인들, 인도네시아, 파키스탄 및 방글라데시 출신 무슬림들의 경우는 '불교', '개신교', '천주교', '이슬람'으로 단순하게 범주화하기보다 WCD와 같이 '민족종교'의 범주로 새롭게 구성하거나 대범주의 하위범주로 세분화하는 것이 이론적으로 타당하다. 하지만, 이런 경우에도 민족별, 출신국가별, 인종별로 다양한 외국이주민들의 종교적 정체성을 어떤 기준으로 세분화할지는 어려운 과제이다. 어쨌든 종교성이 매우 강한 이러한 외국인들의 종교적 현황과 추세를 현행의 인구센서스로 계량화하는 것은 불가능하기 때문에, 향후 한국의 종교 관련 사회조사에서 외국이주민들의 종교성을 적극적으로 조사대상에 포함시켜야 할 것이다.

〈표 3〉은 이상에서 논의된 Pew와 WCD의 자료에 더하여 종교사회학계에서 자주 인용되는World Values Survey(WVS)의 조사 결과 및 2005년 인구센서스를 함께 비교해 보았다. 이러한 비교로부터 다음과 같은 몇 가지 사실을 추론할 수 있다.

첫째, 한 사회의 종교인구 현황 또는 비율은 종교범주의 정의와 범위에 따라 다양하게 나타날 수 있다. 통계청 인구센서스의 결과는 통계청의 인

표 3 ≫ 해외 주요 데이터베이스와 통계청 인구센서스의 한국 종교인구비율

<table>
<tr><th></th><th>PEW</th><th>WCD</th><th>WVS(n=1,200)</th><th>통계청(2005)</th></tr>
<tr><td>종교 없음</td><td>46.4</td><td>1.6</td><td>41.3</td><td>46.4</td></tr>
<tr><td>불교</td><td>22.9</td><td>24.8</td><td>20.6</td><td>22.8</td></tr>
<tr><td>유교</td><td>n/a</td><td>10.9</td><td>0.5</td><td>0.2</td></tr>
<tr><td>유대교</td><td><1.0</td><td><0.1</td><td>0.1</td><td>n/a</td></tr>
<tr><td>무슬림</td><td><1.0</td><td>0.1</td><td>0.1</td><td>n/a</td></tr>
<tr><td>기타</td><td><1.0</td><td>n/a</td><td>n/a</td><td>0.3</td></tr>
<tr><td>신종교</td><td>n/a</td><td>14.2</td><td>n/a</td><td>0.4</td></tr>
<tr><td>정교회</td><td>n/a</td><td>n/a</td><td>0.1</td><td>n/a</td></tr>
<tr><td>개신교</td><td>18.3</td><td rowspan="2">33.4</td><td>21</td><td>18.3</td></tr>
<tr><td>천주교</td><td>11.2</td><td>15.7</td><td>10.9</td></tr>
<tr><td>민속종교</td><td><1.0</td><td>n/a</td><td>n/a</td><td>n/a</td></tr>
<tr><td>민족종교</td><td>n/a</td><td>14.7</td><td>n/a</td><td>n/a</td></tr>
</table>

구조사상 편의에 맞게 과도하게 단순화된 종교범주화에 의해 체계적 편향성(systematic bias)을 가질 수밖에 없다. 〈표 3〉에서 보는 것처럼 '종교 없음' 은 1%~46%까지, '유교' 는 0.2%~10.9%까지, 무슬림은 0.1%~1.0%까지, 신종교는 0.3%~14.2%까지 다양하게 나타날 수 있다. 양적 조사방법론의 측면에서 볼 때, 적어도 현재로선 신뢰 가능한 한국의 종교인구비율이란 존재하지 않는다.

둘째, 한국사회의 종교현황에 대해 인구조사가 아니라 더 정확하고 신뢰성 있는 종교전수조사가 요구된다. 인구조사란 애시 당초 종교적 실태를 파악하기 위한 것이 아니란 점에서 정밀한 종교현황과 추세를 이해하기 위한 양적 자료로서는 본질적으로 부적합한 자료이다. 또한 한국의 종무실에서 발간하는 「한국의 종교현황」은 더욱더 많은 문제점을 가진 허구적 조사 자료들로 가득 차 있다(유광석, 2014b: 129-130). 종교적 정보가 부재한 한국의 종교현황을 국제적으로 정확하게 알리고 이해시키기 위해

서도 건국 이후 한 차례도 실시하지 못한 종교단체 또는 종교인들에 대한 전수조사를 조속히 실시할 필요가 있다.

셋째, 인구센서스의 결과에 전적으로 의존했던 기존의 종교정책은 근본적으로 재검토될 필요가 있다. 지난 30년간 인구센서스상에서 전체 종교시장의 98%를 점유했던 것으로 추산되었지만(유광석, 2014a: 99), '불교', '개신교', '천주교', '유교'의 범주는 한국사회의 종교적 다양성이란 현실을 초월해 있는 메타적 범주(meta-category)일 뿐 실제 종교시장 참여자들의 복잡한 구조적 특징을 대표하는 실증적 자료가 아니다. 불교, 개신교, 천주교를 대표한다고 주장하는 특정한 종교단체 중심으로 정부예산을 과도하게 집중지원하는 근거로서 널리 인정받고 있는 인구센서스상의 종교인구비율과 종무실의 종교현황이 전체 한국인의 종교적 특성을 정확히 표준화한 데이터가 아니라면, 그러한 재정지원은 통계적으로도 정당화하기 어려운 것이다. 종교 관련 데이터베이스로서 국제적 공신력이 훨씬 더 높은 Pew나 WCD의 기준을 적용한다면 정부로부터 한국의 종교단체를 대표하는 것으로 공인받은 사단법인 한국종교지도자협의회의 7대 종단은 전면적으로 재구성되어야 할 것이다.

이처럼 한국정부가 인구센서스의 허술한 종교 데이터만을 고집하는 것은 본질적으로 인구센서스가 가진 보수적 정치 이데올로기성에 기인한다. 즉 종교정책의 수립과 집행 및 의사결정을 위해 필수적으로 요청되는 기초적 종교통계를 체계적으로 확보하고 축적하기보다는 정권의 이데올로기적 취향에 부합되는 소수 종단에게 대표성을 부여하는 정부통계로서의 공인 기능이 인구센서스에 내재해 있기 때문이다. 주로 유대인들에 의해 제기된 인구센서스의 사회적 및 정치적 편향성에 대한 위험으로 인해 1960년 인구센서스부터 종교에 관한 설문을 삽입하는 것이 법[5]으로 금

5) Public Law 94-521(http://ask.census.gov/faq.php?id=5000&faqId=29, 2015.4.2. 마지막 접속).

지된 미국의 경우에서 보듯이(Schultz, 2006: 381), 한국에서도 인구센서스의 종교데이터 역시 정치적 타협의 결과를 반영하고 있다. Pew Data, WCD, WVS에서 본 것처럼, 서구 중심적 종교범주화에 근거하여 한국의 종교인구 현황이 21세기를 사는 오늘의 한국인들에게조차 완전히 새롭게 기술되는 것도 놀라운 일이지만, 이러한 해외 데이터베이스의 자료를 반박할 수 있는 신뢰 가능한 종교조사의 중요성과 실제적 가치에 대한 사회적 인식의 부족이 더욱 큰 문제인지도 모른다.

종교시장이론의 관점에서 보면, 정부와 학자들뿐만 아니라 종교시장에 참여하는 공급자와 수요자들에게도 정확하고 신뢰성 있는 종교통계적 정보들은 종교시장의 효율성을 제고하여 전체 사회구성원의 주관적 행복감을 증진시킴은 물론 부정확한 정보에 기초한 비합리적 의사결정의 폐해를 예방하기 위해서도 필수적인 것이다(유광석, 2014b: 113-120). 종교통계의 정확성은 결국 지구화 과정의 산물로서 지속적으로 증대되고 있는 종교적 다양성(religious diversity)에 대한 한국사회의 대응방식을 결정한다. 미국사회통계의 저명한 전문가로서 시카고 대학의 NORC(National Opinion Research Center)에서 GSS를 관장하고 있는 톰 스미스(Tom W. Smith)에 따르면, 종교통계가 가장 발달한 미국에서조차 미국 내의 종교적 소수자 그룹에 해당하는 무슬림, 불교도, 힌두교도 및 기타 종교인들의 비율에 관한 통계적 합의는 없다고 한다(2002: 578). 미국 전체 성인의 약 2.7%(1998~2000 GSS)~2.1%(2001 ARIS, American Religious Identification Survey) 정도로 추산되는 비유대-기독교 종교전통의 인구는 지속적으로 증가하고 있지만 여전히 소수자 그룹에 불과하다(Smith, 2002: 582-583). 그럼에도 불구하고 종교적 소수자를 포함하기 위한 값비싼 통계조사방법을 미국의 인구센서스나 사회조사들이 고수하는 이유를 스미스는 다음과 같이 간명하게 정리하고 있다.

> 종교를 다루는 분석적 어려움에도 불구하고, 그 노동의 대가는 종교가 리서치에서 사용될 때 발생하는 설명적 이점들에 의해 충분히 보상된다. 문화적 기원과 그 방향성의 핵심적 지표로서 종교는 단순히 믿음의 문제뿐만이 아니라 인공유산, 성역할, 교육(학교에서의 기도, 창조론, 종립학교에 대한 정부지원), 피임과 성적 개방성, 반공주의와 같은 다양한 도덕적·사회적 및 정치적 쟁점들에 대해서도 강력한 예측변수이다(Smith, 1990: 242).

한국사회에서 종교적 다양성이 증대하고 있다는 주장은 결국 종교시장에서 예측변수로서 종교의 영향력이 실제로 커지고 있다는 것을 의미한다. 종교적 현실을 통계적 관점에서 더 과학적이고 정확하게 이해하고자 하는 노력은 종교시장의 변화와 추세를 분석하는 사소한 기술적 발전이 아니라 한국사회가 직면하고 있는 수많은 사회적 문제들의 심층에 잠재해 있는 종교적 변수들을 실증적으로 인식하고 합리적 관점에서 대응할 수 있게 해 주는 사회적 인식시스템의 새로운 모델 개발과 깊이 연결된 것이다.

Ⅳ. 결론: 종교센서스의 필요성

통계학이란 본질적으로 미래를 예측하기 위한 기술적 방법들의 집적으로서 확률적 진실을 추구할 뿐이다. 확률적 진실은 결코 기정사실로 치환될 수 없다는 점에서 모든 통계자료는 믿음의 대상이 아니라 사실 의심의 대상이다. 의심 없는 믿음을 추구하는 종교성이 위험한 것처럼 통계적 자료에 대한 합리적 의심이 전제되지 않은 모든 종교연구는 방법론적으로 위험한 결론에 이를 수 있다. 특히 조직, 제도, 교리, 구성원의 의식과 행태에 관한 충분한 질적 및 양적 조사 자료가 없는 한국 신종교분야의 연구주제들은 여전히 계량적 접근법으로는 다루기 어려운 부적합한 연구대상인지도 모른다(남춘모 · 박승길, 2014: 259-260). 과학적 종교연구의 발전을 위하여 양적연구방법론이 종교연구에 강요하는 기계적인 전제와 과도한 단순화를 성급하게 수용하는 것도 큰 문제이지만, 종교정책적 관점에서 종교단체와 종교인구 전반에 대한 광범위한 양적 조사의 필요성을 정부 스스로 인정하면서도 그에 대한 충분한 재정지원과 투자를 소홀히 하고 있는 정부의 태도는 일종의 직무유기에 해당한다. 종교조사가 아닌 인구조사의 자료와 종교단체들의 자체적 보고서만을 근거로 아무런 객관적 검증절차 없이 「한국의 종교현황」을 간행하는 것은 국내에서뿐만 아니라 국제적으로도 큰 혼란을 초래하고 있다.

본 논문은 인구센서스의 결과에 기초한 종교인구현황을 중심으로 그것이 어떻게 그리고 왜 하나의 기정사실로 간주될 수 없는지를 설명하고, 해외의 주요한 종교 관련 데이터베이스에서 종교범주화의 유형과 한국의 종교현황들이 어떻게 기술되고 있는지를 간략하게 비교분석하였다. 기성종교뿐만 아니라 종교적 소수자들에 대한 인구센서스의 자료들은 한국사회의 종교적 상황을 부분적으로 과장하거나 과소평가하는 본질적 한계를 갖고 있고, Pew Database, World Christian Database, ARDA, World Values Survey와 같은 해외 데이터베이스들과의 비교에서도 자료들의 범주화 및 양적 일관성을 찾기 어렵다. 글로벌시대의 다종교 사회로 진입한 한국사회에서 종교인구의 정확한 조사와 측정을 위해서는 서구사회에서 개발된 종교범주나 통계조사방법을 반드시 따라야 하는 것은 아니지만, 현행 인구조사표의 단순한 포괄범주들보다는 훨씬 더 세분화되고 정교한 종교범주들을 개발할 필요는 절실해 보인다. 종교현상을 개인적 문제가 아니라 사회현상의 하나로서 이해하고 사회 진보에 기여할 수 있는 종교연구의 새로운 역할을 수행하기 위해서는 종교정보학이나 종교통계학과 같은 융복합적 접근법의 발전을 장려하고 투자하는 데 정부나 학자들이 더 많은 관심을 기울여야 할 것이다.

참 고 문 헌

김동환. 2014. "종교인구의 다이내믹스에 관한 시론적 모델,"「한국시스템다이내믹스 연구」, 15(3), 37-59.

김정수. 2013. "우리나라 종교갈등의 특성과 바람직한 종교정책의 모색,"「2013 한국정책학회 하계학술대회자료집」, 687-718.

김철수. 2013. "한국의 종교지형,"「21세기 종교사회학」. 서울: 다산출판사, 305-337.

남춘모 · 박승길. 2014. "종교집단에 대한 양적조사의 의의 및 방법,"「한국종교」, 37, 231-264.

류성민. 2009. "한국 종교인구 분포 비율의 변화와 그 특징: 1985년, 1995년, 2005년의 인구센서스를 중심으로,"「종교연구」, 56, 25-66.

유광석. 2014a.「종교시장의 이해」. 서울: 다산출판사.

______. 2014b. "종교정보학: 종교적 재난에 관한 종교시장이론적 접근,"「종교연구」 74(4), 103-136.

윤이흠. 2009. "다종교 사회와 종교의 자유,"「종교문화학보」, 6집, 163-175.

______. 1985. "한국인 종교적 심성의 근원,"「정경문화」, 7월호, 378-387.

이길용. 2006. "개신교는 줄고 천주교는 늘고 ; Again, 하나님 나라 운동! – 인구센서스에 대한 종교학적 접근," 기독교대한성결교회 활천사,「활천」, 634권 9호, 14-17.

정창수 · 김신열. 1993. "한국에 있어서 종교인구 분포의 지역간 차이에 관한 사화학적인 연구,"「한국사회학」, 27(여름호), 117-151.

조성돈. 2007. "종교인구 변동에 대한 분석과 한국교회의 과제," 한국사회이론학회,「사회 이론」, 32권 0호, 93-120.

조성돈 · 정재영 외. 2007.「그들은 왜 가톨릭교회로 갔을까」. 서울: 예영커뮤니케이션.

조세희 · 이재혁. 2013. "왜 '느슨한' 교회가 성장하는가?: 합리적 선택론에서 본 한국 그리스도교의 교세변화," 「한국사회학」, 47(2), 61-100.

최현종. 2012. "제도화된 영성과 한국 종교 지형의 변화; 가톨릭과 개신교를 중심으로," 「종교와 문화」, 22, 137-156.

______. 2011. 「한국종교인구변동에 관한 연구」. 부천: 서울신학대학교 출판부.

통계청. 2013. 「출입국 · 외국인정책 통계연보」.

______. 「2015 Census 인구주택총조사 자료실」. http://census.go.kr/mainView.do

Finke, Roger, Christopher D. Bader, and Edward C. Polson. 2007. "A Growing Web of Resources: The Association of Religion Data Archives(ARDA), www.TheARDA.com," *Review of Religious Research*, 49(1), pp.21-34.

Hsu, Becky, Amy Reynolds, Conrad Hackett, and James Gibbon. 2008. "Estimating the Religious Composition of All Nations: An Empirical Assessment of the World christian Database," *Journal for the Scientific Study of Religion*, 47(4), pp.678-693.

Melton, J. Gordon. 2003. "The Development of American Religion: An Interpretive View." in *Encyclopedia of American Religions*, 7th Edition [electronic resource]. Detroit, Mich.: Gale. pp.1-19.

Pyle, Ralph E. 2006. "Trends in Religious Stratification: Have Religious Group Socioeconomic Distinctions Declined in Recent Decades?" *Sociology of Religion*, 67(1), pp.61-79.

Schultz, Kevin M. 2006. "Religion as Idenity in Postwar America: The Last Serious Attempt to Put a Question on Religion in the United States Cenus," *The Journal of American History*, 93(2), pp.359-384.

Sherkat, Darren E. 1999. "Tracking the "Others": Dynamics and Composition of "Other" Religions in the General Social Survey, 1973-1996," *Journal for the Scientific Study of Religion*, 38(4), pp.551-560.

Smith, Tom W. 1990. "Classifying Protestant Denominations," *Review of Religious Research*, 31(3), pp.225-245.

______________. 2002. "Religious Diversity in America: The Emergence of Muslims, Buddhists, Hindus, and Others," *Journal for the Scientific Study of Religion*, 41(3), pp.577-585.

Warner, Stephen R. 1998. "Approaching Religious Diversity: Barriers, Byways, and Beginnings," *Sociology of Religion*, 59(3), pp.193-215.

The Association of Religion Data Archives(ARDA). www.thearda.com.

General Social Survey(GSS). http://www3.norc.org/Gss+website/

The Pew-Templeton Global Religious Futures Project(Pew Database). http://www.globalreligiousfutures.org/

U.S. Census Bureau. http://www.census.gov/

World Christian Database(WCD). http://worldchristiandatabase.org/wcd/home.asp

World Vaues Survey Database(WVS). http://www.worldvaluessurvey.org/WVSOnline.jsp

02

경험적 연구

– 2014년 한국 종교사회학회가 실시한 "사회발전에 대한 국민의식 여론조사" 결과분석을 중심으로

제5장 사회진보와 종교의 역할

제6장 최근 한국사회의 종교와 도덕

제7장 종교와 섹슈얼리티 그리고 가족

제 5 장

사회진보와 종교의 역할[1]

최현종

Ⅰ. 들어가는 글

사회진보와 종교의 역할은, 막스 베버(Max Weber)의 자본주의 발전에 있어서의 개신교 윤리의 영향에 대한 언급 이후, 사회학 연구에 있어 중요한 부분을 차지해 왔다. 그러나 1960년대 이후 현대사회에서의 종교의 역할 쇠퇴를 주장하는 세속화 이론은 사회발전에 있어서의 종교의 역할을 주변화시키거나, 사적인 역할로 제한시켜 온 것도 사실이다. 하지만, 이러한 연구 경향 또한 최근에는 종교사회학에 있어서의 '공적 종교'의 부활이나(Casanova, 1994), 사회학 전반에서 사회발전에 있어서의 '문화' 및 그 일부로서의 '종교'의 역할에 대한 재조명(헌팅턴 · 해리슨 편, 2001)에 따라 다시 바뀌어 가고 있다.

다른 한편으로, 한국사회에 있어 종교는 여전히 중요한 사회 구성요소의 하나이다. 전체 인구의 53.3%가 종교를 가지고 있으며,[2] 특히 기독교 계통의 종교는 근대화 과정에서 놀라운 성장을 이룩했다.[3] 이는 한국의 사회발전과 종교의 관련성을 시사해 주며, 이 과정에서 종교가 사회발전에 어느 정도 기여한 바도 생각해 볼 수 있다.

---

1) 이 글은 「담론 201」 제18권 1호(2015)에 발표된 논문임.

2) 2005년 인구 센서스 결과로 이에 대한 자세한 논의는 최현종(2011), 15-29 참조.

3) 대표적으로 개신교는 1957년 3.7%에서 2005년 18.3%로 성장하였다(최현종, 2011: 29-31).

본 연구는 이러한 맥락에서 현재 한국의 사회진보에 있어서 종교가 갖는 역할에 대한 탐구를 목적으로 한다. 구체적으로는 2012년부터 시작된 사회과학기초연구(SSK) "종교와 사회진보" 연구의 일환이며, 이에 대한 구체적 자료 조사를 위한 2014 "종교와 사회진보에 관한 설문조사"의 결과를 토대로 한 것이다.

Ⅱ. 사회진보와 종교의 역할에 대한 기존 연구들

들어가는 글에서 언급한 바처럼, 사회진보와 종교의 역할에 대한 고전적 입장은 자본주의 전개에 미친 개신교적 윤리의 영향에 대한 막스 베버의 연구로부터 시작된다고 볼 수 있다. 피터 버거(Peter Berger)는 데이빗 마틴(David Martin)의 현대의 오순절운동에 대한 연구서인 *Tongues of Fire*(1990) 서문에서, 소위 개신교가 영향을 준 세 번의 문화혁명(cultural revolution)의 물결에 대하여 언급하는데, 그 첫 번째가 바로 베버가 연구한 자본주의 태동기의 청교도의 영향이며, 이후 산업혁명기의 감리교의 영향, 라틴 아메리카를 비롯한 소위 제3세계에 있어서의 오순절운동의 영향을 각각 두 번째와 세 번째의 물결로서 제시한다(Martin, 1990: viii-ix). 이러한 종교와 사회발전의 관계에는 일반적으로 근검절약, 정직, 성실, 종교에 기초한 노동윤리 등이 그 연결고리로 제시되는데, 마틴은 이에 더하여, 교회와 정부가 분리되고, 자원주의적 교단과 근대성이 결합한 개신교-앵글로색슨적 모델이 갖는 사회진보에의 긍정적 영향을 주장한다(Martin, 1990: 2). 마틴에 따르면, 라틴 아메리카에서의 오순절운동의 전파는 이와 같은 개신교-앵글로색슨적 모델의 확산을 의미하며, 오순절운동은 앵글로색슨 세계에서 히스패닉 세계로 국경을 넘어선 최초의 물결이라고 언급한다. 라틴 아메리카의 상황에서 해방신학이 이데올로기적 요소를 제공했다면, 오순절운동은 문화적 요소를 제공하였으며, 양자 모두 도시화에 따라 상실된 보수적 혹은 규범적 사회 분위기를 새롭게 요구하며, 재수립하는 데 기여했다고 마틴은 평가한다(Martin, 2002: 95). 에이미 셔먼(Amy L. Sherman) 또한 과테말라의 사례 분석을 통해, 정통 기독교인이 '이교도적 기독교인(Cristo-pagan)'에 비해 경쟁적 선택, 자유시장, 정치적 참여를 적극 지지하며, 이러한 기독교의, 혁신에의 개방적 태도, 개인적 성취욕구, 성과주의에 따른 불평등의 수용, 운명 극복 가능성에 대한 믿음, 게으름의 비난, 정령주의적 신앙의 거부 등은 사회경제적 성취로 연결된다고 주장한다(Sherman, 1997: 15f.).[4]

라틴 아메리카의 발전에 대한 연구는 종교를 넘어 문화 일반의 영향에 대한 연구로 확대되는데, 마리아노 그론도나(Mariano Grondona)는 '개발지향적' 문화와 '개발저항적' 문화 유형을 구분하여, 이러한 문화형태가 사회진보에 미치는 영향을 연구하였다(그론도나, 2001). 또한 로렌스 해리슨(Lawrence E. Harrison)은 북아메리카 국가와 남아메리카 국가의 차이를, 데이빗 마틴과 유사하게 앵글로-프로테스탄트와 이베로-가톨릭 유산의 관점에서 설명한 카를로스 랑헬(Carlos Rangel)의 견해를 차용하면서, 진취적 문화와 정태적 문화를 구분하는 10가지 가치와 태도를 제시하였다.[5] 해리슨은 이와 유사한 맥락에서 이미 ① 세계관의 시간 지향, ② 세계관이 합리성을 고무하는 정도, ③ 평등과 권위의 개념 등의 3가지 요소를 발전에 결정적 요소로 지적한 바 있고(Harrison, 1985: 6), 또 다른

---

4) 셔먼은 또한 개신교 개종에 따른 구체적인 행동적 변화들로, 대안적 공동체의 형제애적 네트워크에의 통합, 알콜 소비의 축소, 가족 복지에의 투자, 결혼의 유대 강화, 교육 추구, 비농업 고용 추구, 외부인에 대한 노출 증대 등을 열거한다(Sherman, 1997: 46-49).

5) 10가지 가치와 태도는 ① 미래지향적 시간 지향성, ② 노동, ③ 검약, ④ 교육, ⑤ 실력에 대한 긍정적 태도, ⑥ 정체성과 신뢰의 범위가 가족의 범위를 넘어 확장하는가?, ⑦ 엄정한 윤리규범, ⑧ 정의와 공정성에 대한 기대, ⑨ 수평적 권위, ⑩ 세속주의: 종교제도의 영향이 적은 편인가? 등이다. 이에 대하여는 새뮤얼 헌팅턴 · 로렌스 해리슨 편(2001), 441f. 참조.

곳에서는 신뢰망(공동체 의식), 윤리적 체계의 강도, 권위의 행사 방식, 혁신/일/저축/이윤에 대한 태도 등의 4가지 요인을 발전에 영향을 주는 요소로 제시하였다(Harrison, 1992: 10). 이러한 입장은 이미 뮈르달(Gunnar Myrdal)이 남아시아 연구에 있어서 운명주의와 가족주의를 발전의 장애요인으로 언급한 부분이나(Myrdal, 1968), 휘욜(Thomas Roberto Fillol)이 아르헨티나 사회를 분석함에 있어 일, 사업, 물질적 성취를 통하여 개인의 상황을 개선할 수 없다고 믿는 아르헨티나 국민들의 경향을 발전을 저해하는 요인으로 지적하는 데서도 나타난다(Fillol, 1961).[6]

한편, 이러한 베버 전통의 종교와 사회발전에 대한 연구의 또 다른 흐름은 동아시아의 경제발전에 대한 소위 '유교 테제'에서 나타난다. 이러한 연구들은 동아시아의 급속한 근대화의 원인을 개신교와 유교 윤리의 유사성에서 찾고 근면, 규율, 절약, 성실 등의 유교적 윤리와 함께 사회적 통합, 개인적 희생, 관료적 전통 등 성리학적 가치가 동아시아 발전에 중요한 역할을 한 것으로 평가한다(Shim, 2000: 548). 앞서 언급한 해리슨도 동아시아의 발전을 유교적 중심 원리에 기초한 것으로 지적하며(해리슨, 2001: 440), 권위주의나 위계 등의 부정적 영향도 있지만, 전반적으로는 긍정적으로 기여한 것으로 평가한다(Harrison, 1992: 115). 마틴 또한 한국에서 유교적 윤리는 ① 이 세상에 초점을 맞춘 태도, ② 질서, 규율, 예의, 집단 결속의 강조를 통하여, 경제성장에 필요한 동기를 제공하였다고 평가한다(Martin, 1990: 152-153). 국내 학자들 중에는 1960~86년까지의 신문사설의 내용 분석을 통하여 "한국의 근대화 과정에서의 유교적 가치"의 역할을 연구한 이동인의 연구를 들 수 있는데, 그는 유교적 가치가

6) 이러한 문화발전주의적 입장에 반대하는 대표적 학자로는 마뉴엘 카스텔스(Manuel Castells)를 들 수 있는데, 그는 빈곤과 저발전은 문화가 아닌 사회구조의 결과이며, 특정 유형의 문화가 빈곤에 상응한다면, 이는 빈곤이 문화를 창조한 것이지, 그 역은 아니라고 주장한다. 이에 대한 상술은 카스텔스의 「정보시대: 경제, 사회, 문화」 3부작 참조(한국어 번역, 2003).

한국의 근대화 과정에 있어서 "사회 생활의 제 영역에 가치판단의 기초(틀)를 제공해 온 '원천적 가치' 또는 '모가치(母價値)'"였으며, "유교의 가치 체계는 근대화에 도움이 되는 가치, 윤리 체계였다"고 평가한다(이동인, 1987: 224f.). 나아가 일부 학자들은 유교와 칼빈주의 윤리적 가치의 중첩이 한국에서 칼빈주의 전개를 위해 적합한 초석을 제공했다고 주장하기도 하지만(Keil, 1998: 74), 오히려 한국의 개신교 윤리가 "유교가치 내지는 토착가치의 영향으로 강력한 근대화의 추진세력이 되지는 못한" 것으로 평가하는 시각도 있다(권규식, 1983: 301). 유교적 가치와 관련, 가족/친족주의 혹은 소집단주의 역시 많은 주목을 받았는데(Ching, 1989: 112; Nakajima, 1994: 116), 한국의 경우 국가 및 사회 윤리 또한 이러한 가족 윤리의 확장으로 볼 수 있으며(Cha, 1998: 51f.), 이러한 가족/친족주의 윤리는 사회적 조화와 정치적 안정 등을 강조하는 면에서는 긍정적 측면을 지니기도 하지만, 권위적 · 집단이기적 · 가부장적 측면에서는 부정적 영향을 지닌 것으로 평가되고 있다(Tu, 1996: 188).[7]

개신교와 사회진보의 연관성을 막스 베버의 전통에서 바라볼 때, 개신교 '윤리'의 영향과 함께 지적되는 또 하나의 전통은 개신교 '공동체'와 자본주의 발전을 연결시키는 입장이다. 이미, 막스 베버 스스로도 그의 「종교 사회학」(*Gesammelte Aufsätze zur Religionssoziologie*) 전 3권 중 "개신교 윤리와 자본주의 정신"의 관계를 지적한 부분과 함께, "개신교 종파(Sekte, 영 sect)와 자본주의 정신"이라는 부분을 통하여 이를 지적한 바 있다(Weber, 1920). 스마일데(David Smilde)는 이러한 맥락에서 베네수엘라의 상황을 분석하고, 개신교가 라틴 아메리카의 상황에서 (알콜 소비에 근거하지 않은) 대안적인 사회적 연계망을 제공하고, 이러한 연계망은 고용에 관한 정보, 추천, 소액 대출, 기타 다른 형태의 원조 등 사회경제적 생

7) 부정적 평가와 관련하여서는 박영신(1987)도 참조.

존과 발전의 주요한 요소들을 제공해 준다고 지적한다(Smilde, 2007: 6). 마틴 또한 (한국 및 아프리카의 상황에서도) 개신교가 경제발전에 따른 사회변동의 상황에서 공동체적 지원과 변화에 대한 불안으로부터 지켜주는 역할을 하며, 도시적 상황에서 희망과 치유를 공급함과 동시에 공동체와 네트워크를 제공한다고 지적한다(Martin, 1990: 155; 아프리카와 관련하여서는 2002: 140). 마틴은 이러한 종교가 제공하는 공동체적 요소를 '대체사회(substitute society)' 라고 부르기도 한다(Martin, 1990: 258).

바로(Robert J. Barro)와 맥클리어리(Rachel M. McCleary)는 이러한 종교와 경제적 발전의 관계를 100여 개국의 경험적 데이터를 통하여 검증하고자 시도하였다(Barro and McCleary, 2003: 760-781). 그들에 따르면 종교성은 1인당 GDP와 도시화율을 기준으로 한 경제발전과는 부정적 상관을 보이지만, 개인적 차원에서의 교육기간과 교회 출석은 매우 긍정적 상관을 나타낸다. 바로와 맥클리어리는 이를 교육받은 인구가 교회활동을 포함하여 집단활동에 보다 적극적으로 참여한 결과로 해석한다. 이들의 연구에 따르면, 전반적으로 경제성장은 교회 출석과는 부정적, 내세 혹은 초월적 신에 대한 신앙과는 긍정적 상관을 보이는 것으로 나타난다.

위에서 살펴본 바와 같이, 종교와 사회진보의 관련성 연구는 주로 경제발전을 중심으로 이루어져 왔지만, 정치발전 또한 사회진보의 중요한 요소이며, 이 또한 종교와 관련하여 살펴볼 수 있다. 종교와 근대적 정치 발전의 연관성에 대한 선구적 연구로는 토크빌(Alexis de Tocqueville)을 들 수 있는데, 그는 미국의 민주주의 발전에 있어 종교의 역할을 중요한 요소로 제시하였다(토크빌, 2009). 하지만, 앞서 언급한 바와 같이 사회학 연구 전반에 있어서의 종교의 주변화 및 종교사회학에 있어서의 세속화 이론의 주도에 따른 공적 영역에서의 종교 역할 제한의 제기 등으로 정치발전과 종교를 연결하여 보는 시도는 근래에는 매우 드문 실정이었다. 그러나 최근 다시 카사노바에 의한 '공적 종교' 의 주장은 정치발전에 있어서의 종교의 역할을 다시 주목하도록 만들었다. 카사노바는 동구의 민주화, 남미의 해방신학 등 현대사회의 정치 변화에 있어서의 종교의 역할에 주목하면서, 특별히 (하버마스의 전통에서) 시민사회를 통한 종교의 기여를 주장한다(Casanova, 1994). 앞서 언급한 셔먼의 연구에서도 종교가 정치적 참여를 촉진시키는 부분을 지적하고 있는데, 셔먼은 라틴 아메리카에 있어 개신교의 성장이 시민사회 내에 '열린 공간' 을 창출함으로써 민주주의 형성에 기여하고 있다고 평가한다(Sherman, 1997: 133). 한국사회의 종교가 정치발전에 기여한 부분에 대해서는 개신교의 국가조찬기도회와 민주화운동에 대한 참여를 중심으로 살펴본 전명수의 연구를 들 수 있다 (전명수, 2014).

Ⅲ. 연구방법 및 데이터

본 연구는 SSK "종교와 사회진보" 팀에서 연구의 일환으로 2014년 실시한 "사회발전에 대한 국민의식" 여론조사 데이터를 분석한 결과이다. 조사는 2014.3.27.~4.2.의 1주일간 수도권에 거주하는 20~60세의 성인남녀를 대상으로 온라인상에서 실시되었다.[8] 표본 추출은 2005년 인구 센서스의 연령, 지역, 종교 비율에 따라 할당되었으며, 표본 수는 총 1,070명이었다.

조사에 있어 종교에 관한 변인으로는 신앙 종교의 유형과 함께, 본인의 삶에 있어서의 '종교의 중요도', 종교적 '신앙의 강도' 등이 5점 척도에 의해 평가되었다. '사회진보' 와 관련하여서는 조사한 내용 중 '도덕적 삶', '부정부패 감소', '행복한 삶', '인격 형성', '교육 발전', '복지 발

8) 실제 조사는 ㈜글로벌리서치에 의뢰하여 실시되었다.

전' 에 대한 종교의 기여 여부(5점 척도)를 종속변수로 분석하였다. 따라서 본 연구는 앞서 언급된 연구 경향들과 비교하여 볼 때, ① 사회진보에 대한 종교의 구체적 공헌의 분석이 아닌, 일반인의 평가 혹은 종교의 역할 인식에 관한 것이며, ② 내용적으로도 경제성장보다는 사회, 문화적인 요소 및 교육/복지와 같은 성장외적 요소에 치중하였다. 이와 같은 측정 항목의 변화는 ① 경제발전의 경우, 근대화 시기의 기여 요소를 현재적 시점에서 측정하는 것이 어려웠고, ② 시대 변화에 따라 사회진보를 구성하는 요소가 어느 정도 변화한 것에 기인하였다. 그러나 한편으로, 앞서 제시된 선행 연구들과 비교한다면, '도덕적 삶', '부정부패 감소', '인격 형성' 항목은 경제발전의 문화적/윤리적 요소와 연결되며, '행복한 삶', '교육 발전', '복지 발전' 항목은 사회진보의 비경제적 지표와 연결된다고 볼 수 있다. 한편, 정치적 발전과 관련하여서는 각 종교의 민주화에 대한 기여 정도를 평가하게 하였다. 앞에 언급한 6개의 항목의 내적 일관성은 크론바하 알파(Cronbach-alpha) 계수로 측정하였을 때, 0.750이었고,[9] 설문 문항에 대한 요인분석에서 하나의 요인으로 추출되었다. 본 연구의 통계분석에서는 개별 문항에 대한 분석과, 요인분석 결과를 점수화하여 단일변수로 사용한 분석을 병행하였다.

통제변수로는 성, 연령, 선호 신문유형 등이 사용되었다. 선호 신문유형은 보수계통 신문(조선, 중앙, 동아)과 진보계통 신문(한겨레, 경향)으로 구분되었으며, 보수-진보 성향을 나타내는 지표로 사용되었다. 수도권에 한정된 조사였던 관계로 지역은 (별도의 분석 결과) 유의미하지 못하였고, 소득 관계 변수들(총소득, 경제 상태 만족도, 계층 귀속)은 유의미한 경우에만 별도로 언급하였다. 통계분석에 있어 프로그램은 SPSS ver.21을 사

9) 6개 항목의 각 문항을 제외하고 나머지 문항들, 즉 5개 항목의 크론바하를 측정하였을 때, 크론바하 알파 계수는 모든 측정에서 감소하였다. 즉, 6개 항목을 하나의 척도로 하였을 때 가장 높은 크론바하 알파 계수를 나타냈다.

용하였다.

Ⅳ. 분석 결과

종교유형을 독립변수로, 사회진보에 대한 종교의 기여 정도에 대한 평가를 종속변수로 분석한 결과는 아래의 〈표 1〉과 같다. 〈표 1〉에 의하면 종교유형은 유의미한 수준에서 종교의 평가에 영향을 미치며, 그 순서는 개신교>가톨릭>불교>무종교 순으로 나타났다. 즉, 개신교인이 사회진보에 대한 종교의 역할을 가장 긍정적으로, 무종교인이 가장 부정적으로 평가하였다. 또한 나이가 많을수록, 보수적 신문을 선호할수록 종교에 대한 평가도 긍정적인 것으로 나타났다. 유일하게 신문유형과 가톨릭이 유의미한 영향을 미치지 못한 것으로 나타난 '행복한 삶'에 대한 기여 항목

표 1 》 종교유형에 따른 종교의 사회진보에 대한 기여 평가(Model 1)

변 수	요인점수	도덕적 삶	부정부패 감소	행복한 삶	인격 형성	교육 발전	복지 발전
(상수)	$-.363^{***}$	2.521^{***}	2.209^{***}	4.121^{***}	2.491^{***}	2.248^{***}	2.602^{***}
성	−.078	−.113	−.088	.049	−.023	−.020	−.018
연령	$.129^{***}$	$.111^{***}$	$.174^{***}$	$-.071^{**}$	$.167^{***}$	$.146^{***}$	$.100^{***}$
신문유형	$.176^{**}$	$.257^{***}$	$.180^{**}$	−.108	$.182^{**}$	$.174^{**}$	$.145^{***}$
종교유형							
• 개신교	$.657^{***}$	$.472^{***}$	$.470^{***}$	$-.655^{***}$	$.585^{***}$	$.547^{***}$	$.427^{***}$
• 가톨릭	$.406^{***}$	$.435^{***}$	$.373^{**}$	−.177	$.431^{***}$	$.388^{***}$	$.240^{**}$
• 무종교	$-.484^{***}$	$-.643^{***}$	$-.536^{***}$	$.289^{***}$	$-.423^{***}$	$-.367^{***}$	$-.312^{***}$
$R^2_{adj}.$	.277	.226	.219	.177	.209	.189	.113

• N=1,013; $^{*} < p = .05$, $^{**} < p = .01$, $^{***} < p = .001$.
• 성=여성, 신문유형=진보, 종교유형=불교 기준.
• 행복한 삶은 역척도.

도 유의확률은 각각 0.53과 0.68로, 어느 정도 의미 있는 영향을 미치는 것으로 생각할 수 있으며, 이러한 차이는 부분적으로 질문 방식의 차이에 기인하는 것으로 보인다.[10]

〈표 2〉는 Model 1에 '종교의 중요도' 변수를 첨가한 것으로, '종교의 중요도'는 종교인만 평가하였기에, 무종교인은 분석에서 제외되었다. 이 경우에 Model 1에서 유의미한 영향을 미쳤던 많은 변수들의 영향력이 줄어들거나, 유의미하지 못한 수준으로 떨어지는 것으로 나타났다. 반면 수정된 결정계수(R^2_{adj}.)의 값은 크게 증가하여, 종교의 사회진보에 대한 기여를 평가하는 데 있어 종교의 중요도가 가장 의미 있는 변수임을 보여주었다. 즉, 종교의 중요도를 고려할 때, 종교유형의 효과는 어느 정도 상쇄되며, 연령이나 선호 신문유형의 효과도 상당 부분 사라지는 것으로 보

표 2 » 종교의 중요도에 따른 종교의 사회진보에 대한 기여 평가(Model 2)

변 수	요인점수	도덕적 삶	부정부패 감소	행복한 삶	인격 형성	교육 발전	복지 발전
(상수)	-2.084^{***}	$.516^{**}$	$.550^{**}$	5.221^{***}	$.797^{***}$	$.730^{***}$	1.195^{***}
성	.023	−.069	.028	.055	$.189^{**}$	.094	.090
연령	.026	.018	$.069^{*}$	.003	.058	.034	.009
신문유형	.089	$.225^{**}$	.137	−.063	.097	$.190^{*}$	.104
종교유형							
• 개신교	$.240^{**}$	.006	.070	$-.375^{***}$	$.182^{*}$	$.178^{*}$	.087
• 가톨릭	$.178^{*}$	.185	.158	−.021	$.214^{*}$	$.194^{*}$	.057
종교의 중요도	$.647^{***}$	$.726^{***}$	$.617^{***}$	$-.430^{***}$	$.626^{***}$	$.564^{***}$	$.525^{***}$
R^2_{adj}.	.469	.389	.312	.233	.360	.310	.243

• N=558; $^{*} < p=.05$, $^{**} < p=.01$, $^{***} < p=.001$.
• 성=여성, 신문유형=진보, 종교유형=불교 기준.
• 행복한 삶은 역척도.

10) 질문 항목 중 '행복한 삶'만 유일하게 부정적인 기술 형태로 질문하였다.

인다.[11] 특히, 개신교가 다른 종교에 비해 높은, 불교가 낮은 '종교의 중요도'를 보인다는 기존의 연구를 고려할 때(최현종, 2011: 119), 개신교>가톨릭>불교 순의 긍정적인 평가는 상당 부분 종교의 중요도가 영향을 미친 것으로 생각할 수 있다.

그렇다면 각 종교유형별 종교의 사회진보에 대한 기여의 구체적 값은 어떻게 나타날까? 〈표 3〉은 종교유형별로 종교의 사회진보에 대한 기여를 평가한 평균값을 보여준다. 표에 나타난 평균값에 의하면, 일반적인 종교의 역할에 대한 평가는 부정적인 쪽에 조금 더 가깝게 나타났다. 즉, 6개 항목 모두, 5점 척도의 산술적 평균값인 3점보다 작은(역척도인 '행복한 삶'의 경우 큰) 값으로 평가되었다. 이 차이는 '인격 형성'을 제외하고는 모두 $p<.01$ 수준에서 유의미한 것으로 나타났다('복지 발전'을 제외하면 4개 항목은 $p<.001$ 수준에서도 유의미하였다). 종교유형별로 보았을 때는 개신교인과 무종교인의 긍정적-부정적 평가의 대조가 매우 두드러졌다.

표 3 》 종교유형별 종교의 사회진보에 대한 기여 평가 비교

종교유형	전체	불교인	개신교인	가톨릭	무종교인
도덕적 삶	2.76	2.92	3.39	3.28	2.23
부정부패 감소	2.60	2.73	3.21	3.04	2.13
행복한 삶	3.86	3.87	3.23	3.73	4.21
인격 형성	2.99	3.04	3.63	3.40	2.54
교육 발전	2.70	2.75	3.28	3.06	2.30
복지 발전	2.92	2.94	3.39	3.15	2.61

• 행복한 삶은 역척도.

11) 위의 모델들에 소득 및 계층 귀속 변수를 포함한 모형에서는 행복한 삶(소득 변수에 한해 $B=.049$; $p<.05$에서 유의미) 외에는 유의미한 변수로 나타나지 않았고, 상호작용 효과 포함 모델에서도 신문*종교의 중요도, 연령*종교의 중요도는 유의미한 영향을 나타내지 않았다. '신앙강도'를 포함한 모델의 경우는 Model 2와 상당 부분 중복된 결과를 보였으나, Model 2가 '신앙강도' 모델보다 결정계수가 높게 나타나, 본 논문에서는 제시되지 않았다.

민주화에 대한 평가는 종교별로 실시한 관계로 믿는 종교유형에 따라 평가가 매우 달랐다(Model 3). 개신교에 대한 평가는 개신교인>가톨릭>불교인>무종교인 순으로, 불교에 대한 평가는 불교인>가톨릭>무종교인>개신교인 순으로, 가톨릭에 대한 평가는 가톨릭>개신교인>불교인>무종교인 순으로 나타났다. 일단 각 종교인은 자신의 종교를 긍정적으로 평가하는 경향을 보였는데, 이러한 자신이 믿는 종교에 대한 긍정적 평가는, 평가항목은 다르지만 이전의 연구에서도 드러나는 경향이다(최현종, 2011: 93f.). 개신교인과 불교인의 상호 부정적인 평가도 눈에 띄는데, 특히, 개신교인의 불교에 대한 평가는 무종교인보다도 부정적이었다. 이러한 평가에 비추어 볼 때, 각 종교의 (민주화에 대한) 평가는 실제의 사실(fact)보다는, 그 종교에 대한 개인의 이미지 혹은 서사(narrative)에 어느 정도 의존한다고 말할 수 있을 것이다. 기타의 변수 중에서는 연령이 가장 유의미한 영향을 미쳤으며(연령이 높을수록 긍정적 평가), 개신교에 대하여는 선호 신문유형(보수적 신문을 선호하는 사람이 긍정적 평가)도 영향을 주었다. '종교의 중요도'를 추가한 모형(Model 4)에서는, 전반적인 사회진보에 대한 평가 모델(Model 2)과 마찬가지로, '종교의 중요도'가 매우 유의미한 변수로 작용하였으며, '종교의 중요도'를 제외한 모형(Model 3)에서 $p<.05$ 수준에서 유의미한 영향을 미쳤던 3개의 결과 중에서 2개(개신교에 대한 가톨릭교도의 평가와 가톨릭에 대한 개신교인의 평가)는 유의미하지 않은 수준으로 떨어졌다.[12)]

각 종교의 민주화에 대한 기여 평가는 종교별로 평가 경향이 상이하여, 하나의 요인으로 추출할 수 없었고, 따라서 종교의 민주화 일반을 하나의

12) 소득 및 계층 귀속 변수를 포함한 모형에서, 개신교 및 불교의 민주화 기여에 대하여는 유의미한 영향을 미치지 못했고, 가톨릭 민주화에 대한 평가는 소득에 한해서 높을수록 가톨릭의 민주화 기여를 긍정적으로 평가하는 것으로 나타났다($B=.053$; $p<.05$에서 유의미). 상호작용 효과 포함 모델에서도 신문*종교의 중요도, 연령*종교의 중요도는 모든 종교의 민주화 기여에 유의미한 영향을 나타내지 않았다.

표 4 » 종교유형에 따른 종교의 민주화에 대한 기여 평가(Model 3)

변수	개신교	불교	가톨릭
(상수)	2.564***	3.309***	2.870***
성	-.002	.024	.050
연령	.074**	.027	.191***
신문유형	.145*	-.016	-.061
종교유형			
• 개신교	.427***	-.402***	.186*
• 가톨릭	.240*	-.243*	.540***
• 무종교	-.312***	-.357***	-.082
R^2_{adj}.	.156	.025	.098

• N=1,013; * < p=.05, ** < p=.01, *** < p=.001.
• 성=여성, 신문유형=진보, 종교유형=불교 기준.

표 5 » 종교의 중요도에 따른 종교의 민주화에 대한 기여 평가(Model 4)

변수	개신교	불교	가톨릭
(상수)	1.332***	2.585***	1.945***
성	.064	.038	.121
연령	.007	-.021	.123***
신문유형	.171*	.164*	.020
종교유형			
• 개신교	.415***	-.558***	-.030
• 가톨릭	-.185	-.309**	.433***
종교의 중요도	.439***	.233***	.328***
R^2_{adj}.	.266	.084	.165

• N=558; * < p=.05, ** < p.01, *** < p=.001.
• 성=여성, 신문유형=진보, 종교유형=불교 기준.

변수로 한 분석은 실시하지 않았다. 다만, 흥미로운 사실은 설문 항목 전반에 관한 요인분석을 실시하였을 때, 개신교 민주화가 사회진보 전반의 6개 항목과 함께 하나의 요인으로 추출되고, 불교와 가톨릭 민주화는 별도의 요인으로 추출되었다는 사실이다. 이러한 분석 결과는, 종교 일반의 사회진보에 대한 평가가 상당 부분 개신교에 대한 평가 경향과 비슷하고, 이는 개신교가 종교 전체의 이미지 형성에 상당 부분 대표성을 갖는 것으로 해석할 수 있다. 하지만, 이러한 개신교의 일정 부분 대표 효과를 인정한다면, 종교 일반의 사회진보에 대한 기여의 부정적 평가는 다른 한편으로 이러한 개신교에 대한 부정적 평가의 결과라고도 생각할 수 있다. 그리고 이러한 개신교의 부정적 평가와 그 파급 효과는, 각 종교의 민주화에 대한 평가에서 나타난 서사 효과와 관련하여 볼 때, 최근의 사회 전반에 걸친 개신교에 대한 부정적 이미지, 혹은 부정적 서사의 결과가 작용한 것이라고 추정할 수도 있다. 〈표 6〉에 의하면, 개신교의 민주화 기여는 종교 중에 가장 낮고, 산술적인 평균값(5점 척도에서 3)과 비교할 때도 유일하게 부정적인 평가를 받고 있다. 물론 개신교의 민주화에 대한 기여 부분은 평자에 따라 달라질 수는 있겠지만, 개신교가 1970,80년대에 민주화운동을 추진함에 있어 상당한 기여를 한 것은 부인할 수 없는 사실이다.[13] 그럼에도 불구하고, 이와 같은 부정적 평가를 받는 것은, 필자의 견지에서 볼 때는 상당 부분 현재의 개신교에 대한 부정적 서사가 투영된 것이라고 여겨진다.[14]

---

13) 개신교의 민주화 기여에 대하여는 한국기독교사회문제연구원(1982), 한국기독교교회협의회(2005) 참조.

14) 종교별 민주화 기여에 대한 상대적 평가의 차이를 종속변수(불교-개신교 격차, 가톨릭-개신교 격차, 불교-가톨릭 격차)로 별도의 분석을 실시한 결과에 의하면, 선호 신문유형이 개신교의 부정적 평가에 가장 중요한 영향을 미치는 것으로 드러났다(p=.002). 즉, 진보적 신문을 선호하는 사람일수록 불교와 가톨릭에 비해 상대적으로 개신교의 민주화 기여를 낮게 평가하는 것으로 드러났다. 성, 소득 등은 유의미한 수준의 영향을 미치지 못하였고, 연령의 경우에는 가톨릭-개신교의 경우에만 그 차이를 더욱 크게 평가하는 경향을 보였다.

표 6 》 종교유형별 종교의 민주화 기여 평가 비교

종교유형	평균	불교	개신교	가톨릭	무종교
개신교 기여	2.89	2.85	3.55	2.79	2.59
불교 기여	3.09	3.38	2.98	3.14	3.01
가톨릭 기여	3.40	3.36	3.52	3.91	3.21

Ⅴ. 요약 및 나가는 글

본 연구는 현재 한국의 사회 진보에 있어서 종교가 갖는 역할을 국민 일반의 의식을 통하여 살펴보는 것을 목적으로 하였다. 앞에서 언급한 바처럼, 본 연구는 ① 사회 진보에 대한 종교의 구체적 공헌의 분석이 아닌, 일반인의 평가 혹은 종교의 역할 인식에 관한 것이며, ② 내용적으로도 경제성장보다는 사회, 문화적인 요소 및 교육/복지와 같은 성장외적 요소에 치중하였으며, ③ 정치적 발전과 관련하여서는 각 종교별 민주화에 대한 기여 정도를 구체적으로 평가하였다.

분석에서 나타난 중요한 결과들을 요약해 보면, 먼저, 사회진보와 관련된 종교의 역할은 그다지 긍정적인 평가를 받지 못했다. 물론, 이러한 평가는 종교의 유무, 믿는 종교의 유형, 특히 개인의 삶에 있어서의 종교의 중요도 등에 따라 달랐고, 연령 및 선호 신문유형에 의해 측정된 진보-보수의 차이도 이에 영향을 미쳤지만, 전체 평균값으로 보면 오히려 부정적인 쪽에 가까웠다. 이러한 부정적인 평가는 전체적으로는 세속화의 영향, 좀 더 구체적으로는 개신교에 대한 부정적 서사의 결과로 보여진다.

세속화는 가장 일반적인 의미에서, '사회 전반의 영역에서 종교의 영향력이 감소하는 현상'으로 정의되는바,[15] 사회진보에 대한 종교의 영향을 부정적으로 평가하는 것은 한국사회의 세속화로 해석할 수 있는 부분이다. 다만, 한국의 종교인구가 여전히 증가하고 있는 현실에 비추어 볼 때,[16] 한국사회의 세속화는 종교인구의 감소보다는 의식의 세속화, 혹은 종교의 주변화로 해석할 수 있을 것으로 보인다.[17] 그러나 종교의 세속화에도 불구하고, 여전히 사적인 영역에서는 종교의 영향력이 지속된다는 서구의 사례와는 달리, 전통적으로 사적인 영역으로 평가되어 온 도덕, 인격 형성, 행복한 삶 등의 요소에 대한 종교의 기여를 부정적으로 평가한 본 연구의 결과는 한국사회의 세속화가 서구 사회와는 또 다른 측면을 갖고 있음을 보여준다. 즉, 카사노바의 연구 이래 공적인 영역에서도 종교가 여전히 기여할 수 있다는 서구의 종교사회학의 입장과는 반대로, 한국사회에서는 사적인 영역에서조차도 세속화의 영향이 미치고 있음을 보여주는 결과라고 할 수 있다.

한편, 개신교의 부정적 서사도 이러한 종교의 역할에 대한 부정적 평가에 영향을 미치는 것으로 보이는데, 이러한 사실은 ① 개신교 민주화와 그 외 종교 일반의 사회진보에 대한 평가가 요인분석에서 갖는 공통성, ② 불교 및 가톨릭의 상대적으로 긍정적인 민주화 기여 평가 결과, ③ 각 종교별 민주화 평가에 나타난 서사 효과의 경향 등에서 추정할 수 있다. 즉, 현재의 한국사회에서 개신교는 어느 정도 종교 전체를 대표하는 이미지를 갖는데, 이것은 긍정적이기보다는 부정적이라는 것이다. 이러한 개신교-무종교의 어느 정도 적대적인 진영 설정은, 마틴의 유럽 사회 유형 구분과 비교하여 볼 때, 프랑스 그리고 어느 정도는 스페인의 경우와 유사하다. 이들 국가의 경우, 대개 종교는 사회의 보수적 세력과 결합하고,

15) 세속화의 정의 및 이하의 논의와 관련하여서는 최현종(2013) 참조.

16) 인구센서스에 의하면 한국의 종교인구는 1985년 42.6%, 1995년 50.7%, 2005년 53.3%로 지속적으로 증가하고 있다. 이에 대하여는, 최현종(2011), 19-21 참조.

17) 한국갤럽의 조사에 의하면, 자신의 신앙심을 깊다고 평가한 종교인의 비율은 1984년 41.2%, 1997년 41.8%에서 2004년 33.7%로 낮아졌다(한국갤럽, 2004: 23).

이는 다시 공격적인 비신앙 세력과 적대적인 전선을 형성하게 되는데, 이러한 분열은 계급 혹은 지역적 분열과 결합하여 더욱 강력해지기도 한다.[18] 본 연구의 분석에 의하면, 한국사회의 경우에도 개신교에 대한 부정적인 평가는 진보 성향을 지닌 사람들에게서 가장 강하게 나타나고 있다. 그렇다면 한국사회에서 종교는 더 이상 의미 있는 기여를 할 수 없는 것일까? 앞에서 언급한 바처럼, 과거 한국사회 종교인구, 특히 개신교 인구의 증가는 경제발전 및 그에 따른 사회변동과 불가분의 관계를 지녀왔고, 현재에도 여전히 한국사회의 종교인구는 증가하고 있다(최현종, 2011: 19-35). 또한 사회진보와 더불어 종교는 점차 사라지리라는 세속화론자들의 주장과는 달리, 세계적으로 종교는 부흥하고 있는 실정이다. 물론, 사회의 발전과 더불어 종교의 기능과 의미는 달라질 수 있다.[19] 현재의 한국사회에서 종교는 어떻게 사회진보에 기여할 수 있을까? 변화하는 사회 속에서 새로운 종교의 역할을 찾고, 이를 다시 사회의 진보와 연결시켜, 보다 행복한 사회, 건강한 사회를 만들어 나가는 것은, 좁게는 SSK "종교와 사회진보" 팀의, 넓게는 대한민국의 모든 종교인 혹은 나아가 국민 전체의 과제라고 할 수 있을 것이다.

참고문헌

권규식. 1983. 「종교와 사회변동: 막스 웨버의 종교사회학」. 서울: 형설출판사.

그론도나, 마리아노. 2001. "경제발전의 문화적 유형," 새뮤얼 P. 헌팅턴 · 로렌스 E. 해리슨 편. 「문화가 중요하다」 (이종인 옮김), 서울: 김영사, 98-113.

박영신. 1987. "한국의 전통 종교 윤리와 자본주의," 한국사회사연구회 편. 「한국의 종교와 사회변동」, 서울: 문학과 지성사, 151-169.

---

18) 한국의 지역별 종교 분포와 관련하여서는 최현종(2011), 25-27 참조.

19) 한국사회에서의 종교의 기능 및 의미 변화와 관련하여서는 최현종(2011), 71-90 참조.

이동인. 1987. "한국의 근대화 과정에서의 유교적 가치: 두 일간지의 내용 분석," 한국사회사연구회 편. 「한국의 종교와 사회변동」, 서울: 문학과 지성사, 170-225.

전명수. 2014. "종교의 정치참여에 대한 일 고찰: 한국의 종교와 정치발전 연구의 일환으로," 「담론 201」, 17, 31-56.

최현종. 2013. "세속화," 김성건 외. 「21세기 종교사회학」, 서울: 다산출판사, 85-113.

_____. 2011. 「한국 종교인구변동에 관한 연구」. 부천: 서울신학대학교 출판부.

카스텔스, 마뉴엘. 2003. 「정보시대: 경제, 사회, 문화」 3부작(김묵한 외 옮김). 서울: 한울 아카데미.

토크빌, 알렉시스 드. 2009. 「미국의 민주주의」 1, 2(임효선 옮김). 서울: 한길사.

한국갤럽. 2004. 「한국인의 종교와 종교의식 제4차 비교조사」. 서울: 한국갤럽.

한국기독교사회문제연구원. 1982. 「1970년대 민주화운동과 기독교」. 서울: 한국기독교사회문제연구원.

한국기독교교회협의회. 2005. 「한국교회 인권운동 30년사」. 서울: 한국기독교교회협의회.

해리슨, 로렌스 E. 2001. "문화적 변화의 추진," 새뮤얼 P. 헌팅턴 · 로렌스 E. 해리슨 편. 「문화가 중요하다」(이종인 옮김), 서울: 김영사, 440-454.

Barro, Robert J. and Rachel M. McCleary. 2003. "Religion and Economic Growth Across Countries," *American Sociological Review*, 68, pp.760-781.

Casanova, Jose. 1994. *Public Religion in the Modern World*. Chicago: University of Chicago Press.

Cha, Sung Hwan. 1998. "Die Neokonfuzianischen Werte und Die Industrialisierung in Korea," Siegfried Keil/Jens Jetzkowitz/Matthias König(Hg.). *Modernisierung und Religion in Südkorea*. München: Weltforum Verlag, pp.47-63.

Ching, Julia. 1989. *Konfuzianismus und Christentum*. Mainz: Grünewald.

Fillol, Thomas Roberto. 1961. *Social Factors in Economic Development: The Argentine Case*. Cambridge: MIT Press.

Harrison, Lawrence E. 1985. *Underdevelopment Is a State of Mind*. Lanham: Madison Books.

______________. 1992. *Who Prospers? How Cultural Values Shape Economic and Political Success*. New York: Basic Books.

Keil, Siegfried. 1998. "Konfuzianismus, Protestantismus und Kapitalismus: Die Weber-These und die Koreanische Entwicklung," Siegfried Keil/Jens Jetzkowitz /Matthias König(Hg.). *Modernisierung und Religion in Südkorea*. München: Weltforum Verlag, pp.65-75.

Martin, David. 1990. *Tongues of Fire: The Explosion of Protestantism in Latin America*. Oxford: Blackwell.

________. 2002. *Pentecostalism: The World Their Parish.* Oxford: Blackwell Publishing.

Myrdal, Gunnar. 1968. *Asian Drama: An Inquiry into the Poverty of Nations*. New York: Pantheon.

Nakajima, Mineo. 1994. "Economic Development in East Asia and Confucian Ethics," *Social Company*, 41, pp.113-119.

Sherman, Amy L. 1997. *The Soul of Develpoment: Biblical Christianity and Economic Transformation in Guatemala*. New York: Oxford University Press.

Shim, Jae-Ryong. 2000. "Buddhism and the Modernization Process in Korea," *Social Company*, 47, pp.541-548.

Smilde, David. 2007. *Reason to Believe: Cultural Agency in Latin American Evangelicalism*. Berkeley: University of California Press.

Tu, Wei-Ming. 1996. "South Korea and Taiwan," Wei-Ming Tu(ed.). *Confucian Traditions in East Asian Modernity*. Cambridge: Harvard University Press, pp.187-190.

Weber, Max. 1920. *Gesammelte Aufsätze zur Religionssoziologie*. 3Bde. Tübingen: J.C.B. Mohr.

제 6 장

최근 한국사회의 종교와 도덕[1]

장형철

Ⅰ. 들어가는 말

종교는 사회의 도덕성에 영향을 미칠 수 있다. 종교는 도덕적 규범을 사회에 제시하고 그것을 따르도록 하여서 개인들의 태도와 행위를 제한할 수 있기 때문이다. 그러나 현대사회는 합리성과 개인을 강조하는 세속화된 사회가 되었다(Weber, 1978: 63, 340; Turner, 1991: 135). 그리고 현대사회에서 정치, 종교, 그리고 경제의 제도와 영역은 분화되었다(Tschannen, 1991: 403-404; Beckford, 2003: 46). 그래서 서구의 사회학자들은 이러한 종교가 사회에 미치는 영향력은 점점 약화되고 있다고 본다(Bruce, 2002: 3; Wilson, 1982: 149; 기든스, 2011: 594). 그러므로 세속화된 현대사회에서 종교가 사회의 도덕성에 미치는 영향력과 그 양상은 이전과 다르게 나타날 수 있다. 특히 한국사회는 산업화, 도시화, 급속한 경제성장, 민주화, IMF 경제위기 등으로 대표될 수 있는 급격한 변화를 거듭하여 왔다. 그렇다면 변화하는 한국사회 안에서 종교는 도덕적 기능을 수행하고 있는가? 종교는 개인들의 도덕적 태도에 어떻게 영향을 미치고

1) 이 논문은 「현상과 인식」 2015년 봄여름호(39권 1/2호)에 게재된 필자의 논문을 수정 보완한 것이다.

있는가? 현재 한국사회에서 종교는 도덕과 어떠한 관계에 있는가? 이러한 질문들에 답하기 위해 본 연구는 종교인과 무종교인이 가지고 있는 종교의 도덕적 기능에 대한 의식 정도의 차이 그리고 종교가 개인들의 도덕적 태도에 영향을 미치는 정도를 경험적인 연구방법으로 측정하고 분석하려 한다. 그리고 그 결과를 바탕으로 이 연구는 최근 한국사회에서 나타나는 종교와 도덕의 관계의 특징들이 무엇인지 살펴보려 한다.

Ⅱ. 종교와 도덕의 관계에 대한 사회학 이론들과 선행연구

종교와 도덕의 관계에 대한 관심은 사회학이 출발할 때부터 시작되었다. 고전 사회학자 뒤르켐(Durkheim)은 종교가 개인들에게 도덕적 권위를 가지고 있다고 보고 도덕적 힘으로 사회를 통합할 수 있다고 주장한다(Durkheim, 1976: 207-209). 이러한 뒤르켐의 견해는 기능주의(functionalism)로 발전한다. 기능주의의 입장에서 보면 종교는 사람들이 서로 교감하면서 공유하게 된 가치로 인해 도덕적 책임감을 갖게 한다. 그래서 그 사람들은 규정을 어기는 것, 도덕적 혐오, 또는 잠재적인 죄책감을 느낄 수 있는 자신들의 행위를 제한하고 일탈을 하지 않는다(Tittle and Welch, 1983: 656). 그리고 종교와 도덕에 대한 관계는 잉어(Yinger)에 의해서 유형별로 구분되며 이론화된다. 잉어는 종교와 도덕 사이에는 네 가지 관계가 존재한다고 본다(Yinger, 1970: 41-48). 그것들은 '종교는 도덕의 일부이다', '종교와 도덕은 동일한 것이다', '종교와 도덕은 서로 분리된 체계이다', 그리고 '종교는 도덕의 동인(agent)이다. 즉 도덕이 종교를 통해 실행된다' 이다. 잉어에 의하면 종교가 말하는 죄(sin)와 도덕이 말하는 잘

못된(wrong) 것이 동의어라고 할 수는 없지만 개인의 행동은 종교와 도덕에 의해서 규제될 수 있다. 그에 의하면 도덕은 인간끼리의 관계를 고려한 것이고 종교는 인간과 어떤 절대적인 힘이나 고귀한 이상을 고려한다. 그리고 도덕은 인간을 죽음에 이르게 하는 잔인함, 살인, 질병, 굶주림의 요소를 금지하고 통제하려 하지만 종교는 죽음을 대면하고 대처하는 사람들에게 도움을 준다. 그래서 그에 의하면 도덕과 종교는 인간의 삶 속에서 경험적으로 연결이 되어 있다(Yinger, 1970: 49). 잉어는 종교사회학의 중요한 과제 중의 하나가 이러한 도덕과 종교의 관계의 영역, 크기, 양상, 그리고 결과를 분석하는 것이라고 보았다(Yinger, 1970: 53).

그리고 스타크(Stark)를 비롯한 여러 서구 학자들의 종교와 도덕의 관계에 대한 경험적인 연구의 성과들이 지속적으로 나오고 있다. 스타크는 종교의 성스러운 도덕적 명령이 분명하고 일관성 있게 사회 안에서 표현된다면 바로 그러한 사회 안에서 개인들의 도덕적 행위는 그들의 종교적 의무감의 영향을 받는다(Stark, 2001: 620)고 주장한다. 스타크와 켄트와 도일(Stark, Kent, and Doyle)은 많은 사람이 종교에 참여하는 지역일수록 범죄와 같은 사회적 일탈의 수준이 낮아진다고 보았다(Stark, Kent, and Doyle, 1982). 또한 히르쉬와 스타크(Hirschi and Stark)에 의하면 종교성이 강한 사람들은 종교가 규정한 악을 행하면 사후 지옥에 갈 수 있다는 두려움이 있기 때문에 덜 종교적이거나 비종교적인 사람들보다 범죄를 저지르거나 일탈을 할 가능성이 적다고 보았다. 이것을 '지옥불 이론(hellfire theory)' 이라고 한다(Hirschi and Stark, 1969).

한국사회 내의 종교와 도덕의 관계에 대한 연구를 살펴본다면 대표적인 선행연구로는 전성표(2000, 1999), 정순일 · 한내창(1997), 그리고 이원규(2009)의 연구들이 있다. 전성표의 연구는 개신교인과 무종교인의 도덕성의 차이를 경험적으로 연구하였다. 정순일과 한내창은 종교성이 개인의 도덕성에 미치는 영향력을 경험적으로 연구하려 하였다. 이원규의 연구는 종교와 도덕의 관계를 기독교(개신교와 가톨릭)를 중심으로 이론적으로 논의하였다. 전성표의 연구는 개신교에 한정하였다. 또한 정순일과 한내창의 연구는 종교적 환경이 개인들의 종교성에 영향을 미치는 것은 확인하였지만 종교적 환경과 종교성이 개인의 도덕성에 영향을 미치는 효과는 명확하게 확인하지 못했다고 연구자들은 자평한다(정순일 · 한내창, 1997: 664). 그리고 선행연구들이 분석한 데이터는 대부분 10년 이상이 되었다. 그러므로 이제 새로운 데이터를 수집하고 이를 분석할 필요가 있다. 따라서 본 연구는 최근 한국사회의 종교가 도덕성에 어떠한 영향을 미치는지 확인하고 그 관계의 특징을 이해하려 한다.

Ⅲ. 연구방법

1. 자 료

이 연구는 본 연구자도 함께 설문 개발에 참여했던 2014년 한국 종교사회학회의 "사회발전에 대한 국민의식 여론조사"의 자료를 사용한다. 이 조사의 전체 응답자는 1,070명이었다. 그중 유효한 표본 수는 1,000명이었다. 표본추출 방법은 지역, 성별, 연령, 종교를 비례로 할당하였다. 조사지역은 서울 44.9%, 인천 11.2% 그리고 경기도 43.9%였다. 성별로는 남성이 49.8%이고 여성이 50.2%였다. 연령대는 20대 24.7%, 30대 28.5%, 40대 26.1%, 50대 15.4% 그리고 60대 이상이 5.3%였다. 종교별로는 불교 17.7%, 개신교 22%명, 가톨릭 13.3%, 기타종교 0.2%, 무종교 46.8%였다. 조사방법은 온라인 설문조사였다.

2. 변인 구성

본 연구는 이 조사의 내용 중 종교성과 도덕에 관련된 측정결과를 분석한다. 종속변인으로는 종교의 도덕적 기능에 대해 동의하는 정도를 측정하는 변수('종교를 가지면 더 도덕적인 삶을 살 수 있다'와 '종교는 사회의 부정부패를 줄일 수 있다') 그리고 도덕적 태도를 측정하기 위한 변수('가족이라도 범죄혐의가 있을 때는 고발할 수 있다'와 '손해를 보더라도 법과 규칙은 지켜야 한다')가 사용되었다.[2] 독립변인으로는 무종교를 포함한 '종교의 유형'과 종교성이 관련된 변수들인 '스스로 평가하는 자신의 믿음의 강도' 그리고 '삶에서 종교의 중요도'[3]가 사용되었다. 여기서 '스스로 평가하는 믿음의 강도'와 '삶에서 종교의 중요도'에 대한 질문은 믿음이 강하면 삶 속에서의 종교의 중요도가 높고 믿음이 약하면 삶 속에서의 중요도도 낮을 것이라고 예상할 수 있으므로 결국 유사한 질문처럼 보일 수 있다. 그러나 믿음이 강한 것과 삶 속에서 종교가 중요한 것은 별개의 문제일 수 있다. 이번 조사의 결과를 보면 믿음의 강도에 대해 '다소 강하다' 또는 '매우 강하다'라고 대답한 비율은 불교 18.7%, 가톨릭 24.8%, 개신교 42.7%로 나타났다. 반면 삶에서 종교의 중요도에 대해서 '중요하다' 또는 '매우 중요하다'라고 대답한 비율은 불교인 28.3%, 가톨릭 48.9%, 개

2) 이 2개의 변수는 과거의 사실이 아니라 가상적이지만 다소 민감한 도덕적 진술을 제시하고 이에 대한 동의의 정도를 측정한다. 과거의 행위를 물어 도덕성을 측정하는 것은 현재의 종교적 행위와 인과관계가 혼동된다(Grasmik, Kinsey, and Cochran, 1991: 103). 티틀과 웰치(Tittle and Welch, 1983: 656, 661, 667)도 종교성이 일탈행위를 막는 것을 확인하기 위해서는 미래의 의도를 물어야 한다고 보았다.

3) 경험적 연구에서는 의례참석을 변수로 사용하여 종교성(믿음의 강도와 실천 등)을 측정할 수 있다(Wuthnow, 1987: 107; Bekkers, 2004; Scheepers and Te Gronenhuis, 2005). 그러나 다종교 사회인 한국의 경우 종교별 의례빈도와 참석률은 각각 다르게 나타난다. 예를 들어 불교는 개신교와 비교하여 볼 때 예불이나 법회와 같은 의례가 많지 않고 참석률도 높지 않다(한국갤럽, 2015: 7). 그러나 불교인이 의례 참석을 상대적으로 적게 한다고 해서 다른 종교인 보다 종교성이 약하다고 단정할 수는 없다. 나아가서 한국 개신교인의 높은 예배 출석률이 반드시 도덕성과 연결되지 않을 수도 있다(전성표, 2000: 1072-1073).

신교인 62.3%로 각각 다르게 나타났다. 전반적으로 믿음의 강도보다는 삶에서 종교의 중요도가 훨씬 높은 비율을 나타내고 있다. 나아가서 〈표 1〉 기술통계에서 확인할 수 있듯이 변수 A의 평균값(3.081)과 변수 B의 평균값(3.43) 사이에는 차이가 있다. 그리고 다음 Ⅳ절 〈표 5〉의 회귀분석에서도 이 두 변수가 종속변수들에게 주는 유의미한 영향력과 설명력은 매우 다르게 나타난다. 이에 대한 것은 Ⅴ절에서 논의하도록 하겠

표 1 》 기술통계

변수		응답자수	평균	표준편차	최솟값	최댓값
독립변수	A	532	3.081	.893	1	5
	B	532	3.430	.917	1	5
	C	998	1.894	1.178	0	3
종속변수	D	1,000	2.746	1.157	1	5
	E	1,000	2.589	1.097	1	5
	F	1,000	3.424	.830	1	5
	G	1,000	3.732	.769	1	5
통제변수	H	1,000	.502	.500	0	1
	I	1,000	39.239	11.584	20	83
	J	1,000	.99	.943	0	2
	K	1,000	2.95	1.277	1	7
	L	1,000	1.893	1.178	0	3
	M	1,000	2.702	.869	1	5

A: 믿음의 강도[4] B: 삶에서 종교의 중요도[5] C: 종교유형(기독교, 불교, 가톨릭, 무종교)[6]
D: 종교를 가지면 더 도덕적인 삶을 살 수 있다. E: 종교는 사회의 부정부패를 줄일 수 있다.
F: 가족이라도 범죄혐의가 있을 때는 고발할 수 있다. G: 손해를 보더라도 법과 규칙은 지켜야 한다. H: 성 I: 나이 J: 권역 K: 수입 L: 계층 M: 가계 경제만족도

4) 이 문항은 종교인들만 답변을 하였다. 그래서 응답자 수는 530명이다.
5) 이 문항은 종교인들만 답변을 하였다. 그래서 응답자 수는 530명이다.
6) 기타종교로 라헬리안 무브먼트 1명과 여호와의 증인 1명은 분석에서 제외하였다.

다. 그리고 통제변수는 인구사회학적 변수들인 성별, 나이, 지역, 수입, 계층의식, 가계 경제만족도를 도입하였다.

이상의 변수들의 측정은 1점 '전혀 그렇지 않다' 에서 5점 '매우 그렇다' 로 구성된 5점 척도 스케일의 리커트 척도법을 사용하였다. 이상의 변수들의 기술통계는 앞의 〈표 1〉에 제시되어 있다.

3. 분 석

분석은 크게 세 부분으로 나누어 진행하였다. 먼저 무교를 포함한 종교별 집단 간 차이를 알아보기 위해 분산분석을 실시하고 주요 변수들의 상관관계를 살피기 위해 피어슨 상관분석을 실시하였다. 다음으로 종교의 유무가 종속변수에게 주는 영향을 분석하기 위해 다중회귀분석을 실시하였다. 마지막으로 종교인들만 응답한 '스스로 평가하는 믿음의 강도' 와 '삶에서 종교의 중요도' 가 종속변수들에 미치는 영향을 알아보기 위해 다중회귀분석을 실시하였다. 이러한 분석은 STATA 12를 사용하여 실시했음을 밝혀둔다.[7]

---

7) 통계분석을 하는 데 많은 도움을 준 경희대학교 박사과정 조광덕 선생님에게 감사한다.

Ⅳ. 분석결과

1. 분산분석과 주요 변수들에 대한 상관분석

아래 〈표 2〉는 무종교를 포함한 각 종교들과 종속변수(*D*, *E*, *F*, *G*)들의 분산분석이다. 변수 *F*만 유의검증되지 않았고 나머지 변수 *D*($p < 0.001$), *E*($p < 0.001$) 그리고 *G*($p < .005$)는 모두 유의검증이 되었다. 5점 척도로 보았을 때 전반적으로 종교들 간의 차이는 크게 나타나지 않는다. 그러나 종교와 무교의 차이는 크게 나타난다. 모델 *D*와 *E*의 경우 평균값이 무종교인의 경우 2점대인 반면 각 종교인들의 경우는 3점대 전후이므로 적지 않은 차이가 존재한다. 특히 개신교인의 *D*평균값 3.381과 *E*평균값 3.182는 무종교인의 *D*평균값 2.226과 *E*평균값 2.122와 1.0 이상의 차이가 난다. 반면에 변수 *G*의 경우 무교와 각 종교들 사이에 큰 차이가 나타나지 않고 있다. 그리고 변수 *G*의 유의확률($p < .005$)이 변수 *D*와 *E*의 유의확률($p < 0.001$)보다 약했다.

표 2 》 주요 변수들 분산분석

종교 / 변수	평균				유의검증
	불교 (*N* = 177)	개신교 (*N* = 220)	가톨릭교 (*N* = 133)	무교 (*N* = 468)	
D	2.915(1.132)	3.381(1.051)	3.286(1.012)	2.226(1.003)	$p < .001$
E	2.729(1.042)	3.182(1.048)	3.045(1.014)	2.122 (.946)	$p < .001$
F	3.378 (.775)	3.372 (.804)	3.519 (.813)	3.434 (.864)	–
G	3.774 (.765)	3.777 (.709)	3.834 (.720)	3.662 (.805)	$p < .005$

아래 〈표 3〉은 '자기평가 믿음의 강도'와 '삶에서 종교의 중요성'을 포함한 주요 변수들 간의 상관관계를 분석한 것이다. 피어슨 상관계수(r)가 0.4 이상이면 보통수준의 상관관계 그리고 0.6 이상이면 높은 수준의 상관관계라고 본다.

표 3 » 상관분석[8]

	1	2	3	4	5	6	7	8	9	10
1	1.000									
2	.723***	1.000								
3	.519***	.614***	1.000							
4	.465***	.558***	.746***	1.000						
5	.087*	.074	.048	.001	1.000					
6	.158***	.195***	.116***	.090**	.180***	1.000				
7	.132**	.171***	.158***	.235***	−.113***	.079**	1.000			
8	.037	.059	.055	.070*	−.035	−.020	.054	1.000		
9	.118**	.082	.090**	.100***	−.031	.024	.031	.508***	1.000	
10	.224***	.124*	.182***	.163***	.043	.059	−.070*	.303***	.503***	1.000

* $p<.05$, ** $p<.01$, *** $p<.001$.

8) 1 = 스스로 평가하는 믿음의 강도, 2 = 삶에서 종교의 중요도, 3 = 종교를 가지면 더 도덕적인 삶을 살 수 있다, 4 = 종교는 사회의 부정부패를 줄일 수 있다, 5 = 가족이라도 범죄혐의가 있을 때는 고발할 수 있다. 6 = 손해를 보더라도 법과 규칙은 지켜야 한다, 7 = 나이, 8 = 수입, 9 = 계층의식, 10 = 가계 경제만족도.

이러한 기준으로 본다면 믿음의 강도는 '종교를 가지면 더 도덕적인 삶을 살 수 있다' ($r = 0.519^{***}$) 그리고 '종교는 사회의 부정부패를 줄일 수 있다' ($r = 0.465^{***}$)와 정적 상관관계에 있다고 볼 수 있다. 그러나 '가족이라도 범죄혐의가 있을 때는 고발할 수 있다' ($r = 0.087^{*}$) 그리고 '손해를 보더라도 법과 규칙은 지켜야 한다' ($r = 0.158$)와는 낮은 상관관계를 보인다. 반면에 삶에서 믿음의 중요도는 믿음의 강도보다 '종교를 가지면 더 도덕적인 삶을 살 수 있다' ($r = 0.614^{***}$)와 그리고 '종교는 사회의 부정부패를 줄일 수 있다' ($r = 0.558^{***}$)와 비교적 높은 상관관계를 보인다. 그러나 '삶 속에서 믿음의 중요도'는 '가족이라도 범죄혐의가 있을 때는 고발할 수 있다' ($r = 0.074$) 그리고 '손해를 보더라도 법과 규칙은 지켜야 한다' ($r = 0.195^{***}$)와 낮은 상관관계를 보인다.

그러나 종교유형과 종교 믿음의 강도, 종교 중요도를 하나의 모델 안에 투입할 경우 다중공선성(multicollinearity)을 배제할 수 없다. 그 예로 〈표 2〉에서 '스스로 평가하는 믿음의 강도'와 '삶에서 종교의 중요도'는 상관관계가 매우 높다($r = 0.723$, $p < .001$). 따라서 이후 제시된 회귀분석모델들에서는 다중공선성을 확인하기 위해 분산팽창계수(*VIF*: variance inflation factor) 값을 먼저 제시하였다.

2. 회귀분석 Ⅰ: 종교의 유무가 도덕성에 미치는 영향

다음의 〈표 4〉는 종교유무와 도덕성 관련 변수들을 회귀분석한 것이다. 분석모델은 이번 조사의 내용 중 도덕적 태도와 관련된 4개의 질문들을 변수(D, E, F, G)들로 해서 각각 네 개의 단일 모델로 구성하였다. 분석에 앞서 다중공선성 유무를 확인하기 위해 분산팽창계수(*VIF*) 값을 산출하였는데 종교 유무 1.04, 성별 1.01, 나이 1.03, 권역 각각 1.13과

표 4 » 종교의 유무가 도덕성에 미치는 영향

변수	모델 1 (*D*)	모델 2 (*E*)	모델 3 (*F*)	모델 4 (*G*)
종교 유무 (기준: 종교 유)	−.894*** (.066)	−.789*** (.063)	.022 (.053)	−.108* (.049)
성별(기준: 남)				
여성	.134* (.065)	.091 (.062)	.172*** (.052)	.035 (.049)
나이(기준: 39세)	.013*** (.003)	.020*** (.003)	−.007** (.002)	.006** (.002)
권역(기준: 서울)				
인천	−.023 (.109)	−.112 (.103)	.065 (.087)	.047 (.081)
경기	.091 (.070)	.030 (.066)	−.043 (.056)	−.035 (.052)
수입	−.021 (.030)	−.011 (.028)	−.014 (.024)	−.032 (.022)
계층의식	−.017 (.055)	.002 (.052)	−.052 (.044)	.008 (.041)
가계 경제만족도	.210*** (.044)	.170*** (.041)	.059 (.035)	.056 (.033)
상수	2.602	2.480	3.371	3.693
N	998	998	998	998
R^2	.218	.219	.030	.020
$Adj-R^2$	.211	.213	.022	.012

* $p<.05$, ** $p<.01$, *** $p<.001$.

1.14, 수입 1.37, 계층의식은 1.65, 가계 경제만족도 1.38로 평균 1.22로 나타났다. 일반적으로 분산팽창계수 값이 10 이상으로 나타나면 다중공선성을 의심할 수 있다. 따라서 본 분석모델에서 다중공선성은 문제가 되지 않는다.

〈표 4〉의 분석 모델 1은 종교의 유무가 '종교를 가지면 더 도덕적인 삶을 살 수 있다' 는 진술에 대한 동의에 미치는 영향을 분석했다. 결과를 살펴보면, 종교가 없는 집단과는 달리 종교가 있는 집단이 '종교를 가지면 더 도덕적인 삶을 살 수 있다' 는 진술에 동의하는 데 유의미한 영향($p < 0.001$)을 강하게 미치는 것을 확인할 수 있다. 그리고 종교인을 기준으로 하였을 때 비표준화 계수(B)가 −0.894인 것으로 보아 무종교인은 종속변수에 대해 강한 부적 관계를 나타내고 있다. 다시 말해 종교인의 경우 강한 정적 관계를 의미한다. 통계변수에서는 남성에 비해 여성이, 나이가 39세 기준으로 높을수록, 가계 경제만족도가 높을수록 '종교를 가지면 도덕적인 삶을 살 수 있다' 에 동의하고 있음을 보여준다. 분석 모델 1은 종속변수의 변이를 약 21.1% 설명한다.

분석 모델 2는 종교의 유무가 '종교가 사회의 부정부패를 줄일 수 있다' 는 진술에 대한 동의에 미치는 영향을 분석했다. 분석결과를 보면 종교가 없는 집단과는 달리 종교가 있는 집단이 '종교가 사회의 부정부패를 줄인다' 는 진술에 유의미한 영향($p < 0.001$)을 미치고 있다. 그리고 종교인을 기준으로 하였을 때 비표준화 계수(B)가 −0.789인 것으로 보아 무종교인은 종속변수에 대해 강한 부적 관계를 나타내고 있다. 이것은 다시 말해 종교인의 경우는 강한 정적 관계에 있다는 것을 의미한다. 통계변수에서는 39세 기준으로 나이가 높을수록, 가계 경제만족도가 높을수록 종교가 사회의 부정부패에 미치는 영향에 정적인 효과를 가진다는 것을 보여준다. 분석 모델 2는 종속변수의 변이를 약 21.3% 설명한다.

분석 모델 3은 종교의 유무가 '가족이라도 범죄혐의가 있을 때는 고발할 수 있다' 는 도덕적 태도에 미치는 영향을 분석했다. 하지만 종교의 유무는 가족이라도 범죄혐의가 있을 시 고발할 수 있다는 의견에 유의미한 영향을 미치지 않았다. 다만 여성($p < 0.001$)이 가족이라도 범죄혐의가 있을 시 고발할 수 있다는 태도에 약하게 정적인 효과($B = 0.172$)를 보였

다. 그리고 39세를 기준으로 나이($p < 0.001$)가 낮을수록 매우 약한 효과($B = -0.007$)가 나타났다. 분석 모델 3은 종속변수의 변이를 약 2.2% 설명한다.

분석 모델 4는 종교의 유무가 '손해를 보더라도 법과 규칙을 지켜야 한다'는 태도에 미치는 영향을 분석했다. 그 결과 종교가 없는 집단이 손해를 보더라도 법과 규칙을 지켜야 한다는 태도에 약하지만 부적인 효과를 보임을 확인할 수 있었다($p < 0.05$, $B = -0.108$). 다시 말해 종교가 있는 집단이 이 변수에 정적 효과를 미쳤다. 통계변수에서는 39세를 기준으로 나이가 높을수록 손해를 보더라도 법과 규칙을 지켜야 한다는 의견에 정적인 효과를 보인다. 이 분석 모델은 종속변수의 변이를 약 1.2% 설명한다.

전체적으로 정리해 본다면 분석 모델 1과 2에서 종교인이 무종교인보다 종교의 도덕적 기능에 대해 더 긍정적이다. 그리고 분석 모델 4에서 보면 손해를 보아도 법을 준수하겠다는 민감한 문제에 있어서 종교인이 더 규범적 선택을 하는 것으로 보아 종교인이 무종교인보다 도덕성이 높다는 것을 확인할 수 있다. 특이사항으로 분석 모델 3에서 볼 수 있듯이 종교인과 무종교인 모두 가족 관련 문제에서는 영향을 미치지 못했다. 이에 대해서는 〈표 5〉의 분석결과와 함께 Ⅴ절에서 논의할 것이다.

3. 회귀분석 Ⅱ: 믿음의 강도와 삶에서 종교의 중요도가 도덕성에 미치는 영향

다음 〈표 5〉는 '믿음의 강도'와 '삶에서 종교의 중요도'와 도덕성 관련 변수들을 회귀분석한 것이다. 본 모델에서도 유사해 보이는 의미를 가진 변수들을 투입하여 분석모델을 구성하였기 때문에 다중공선성이 발생할

표 5 » 믿음의 강도와 삶에서 종교의 중요도가 도덕성에 미치는 영향

변수	모델 1 (*D*)	모델 2 (*E*)	모델 3 (*F*)	모델 4 (*G*)
스스로 평가하는 믿음의 강도	.169** (.061)	.111 (.062)	.081 (.057)	.023 (.052)
삶에서 종교의 중요도	.591*** (.060)	.516*** (.062)	.013 (.057)	.148** (.051)
종교유형(불교 기준)				
기독교	−.002 (.091)	.082 (.093)	−.086 (.086)	−.124 (.077)
가톨릭	.155 (.099)	.141 (.101)	.124 (.093)	.014 (.084)
성별(남성 기준)				
여성	.104 (.074)	−.000 (.076)	.144* (.069)	−.050 (.063)
나이(39세 기준)	.004 (.033)	.010** (.003)	−.004 (.003)	.003 (.003)
권역(서울 기준)				
인천	−.043 (.125)	−.134 (.128)	.038 (.117)	−.068 (.106)
경기	.050 (.080)	.048 (.082)	−.168* (.075)	−.132* (.068)
수입	−.016 (.033)	−.015 (.034)	−.014 (.031)	−.065* (.028)
계층의식	−.036 (.063)	−.002 (.064)	−.019 (.059)	.061 (.053)
가계 경제만족도	.137** (.052)	.142** (.053)	.019 (.049)	.015 (.044)
상수	.316	.452	3.170	3.331
N	530	530	530	530
R^2	.411	.346	.040	.061
$Adj-R^2$	.398	.332	.019	.041

* $p<.05$, ** $p<.01$, *** $p<.001$.

여지가 있다. 그래서 분산팽창계수 값을 산출해 보니 믿음의 강도 2.28, 삶에서 종교의 중요도 2.22, 종교유형 각각 1.51과 1.38, 성별 1.02, 나이 1.08, 권역 각각 1.16과 1.19, 수입 1.40, 계층의식 1.72, 가계 경제만족도는 1.48, 평균 1.49였다. 따라서 다중공선성은 의심되지 않았다.

〈표 5〉의 분석 모델 1은 두 개의 독립변수(믿음의 강도와 삶에서 종교의 중요도)가 '종교를 가지면 더 도덕적인 삶을 살 수 있다'는 진술에 동의하는 데 미치는 영향을 분석했다. 결과를 살펴보면, 믿음의 강도($p < 0.01$)와 삶에서 종교의 중요도 모두 유의미한 영향을 미쳤다($p < 0.001$). 믿음의 강도가 높을수록 '종교를 가지면 더 도덕적인 삶을 살 수 있다'와 정적 관계($B = 0.169$)가 있었다. 그리고 또한 삶에서 종교 중요도가 높을수록 '종교를 가지면 더 도덕적인 삶을 살 수 있다'와 높은 정적 관계($B = 0.591$)가 있음을 확인하였다. 그러나 각 종교별로 영향력은 확인할 수 없었다. 이러한 현상은 모델 2, 3, 4에서도 나타난다. 이번 설문조사는 종교별 도덕적 기능의 차이와 특성을 상세하게 파악하기보다는 종교 유무가 도덕성에 미치는 영향을 측정하는 것을 중심으로 개발되었다. 이는 이번 조사가 가진 약점이다. 통제변수로는 가계 경제만족도가 높을수록 유의미한 영향이 나타난다. 분석 모델 1은 종속변수의 변이를 약 39.8% 설명한다.

분석 모델 2는 믿음의 강도와 삶에서 종교의 중요도가 '종교는 사회의 부정부패를 줄일 수 있다'는 진술에 대한 동의에 미치는 영향을 분석했다. 믿음의 강도는 유의미한 영향을 미치지 못하고 있다. 반면에 삶에서 종교의 중요도는 사회의 부정부패를 줄일 수 있다는 태도에 유의미한 영향을 미친다는 것을 확인할 수 있다($p < 0.001$). 비표준화계수($B = 0.516$)가 높은 것으로 보아 삶에서 종교의 중요도가 높을수록 '종교는 사회의 부정부패를 줄일 수 있다'는 의견을 가지는 성향이 강하게 나타난다는 것을 알 수 있다. 통제변수로는 나이가 많을수록 그리고 가계 경제만족도가 높을수록 유의미한 영향을 주는 것을 알 수 있다. 여기서 가계 경제만족

도는 위의 모델에서도 변수 *D*에 유의미한 영향을 미쳤다. 그리고 종교인과 무종교인을 함께 넣어 분석한 회귀분석 Ⅰ에서도 변수 *D*와 *E*에 유의미한 영향을 미쳤다. 이러한 가계 경제만족도의 영향에 대해서는 Ⅴ절에서 논의할 것이다. 분석 모델 2는 종속변수의 변이를 약 33.2%정도 설명한다.

분석 모델 3은 믿음의 강도와 삶에서 종교의 중요도가 '가족이라도 범죄혐의가 있을 시 고발할 수 있다'는 도덕적 태도에 미치는 영향을 분석했다. 하지만 두 독립변수(믿음의 강도와 삶에서 종교의 중요도)는 유의미한 영향을 미치지 않았다. 앞의 회귀분석 Ⅰ에서도 이 변수에 독립변수(종교 유무)가 영향을 미치지 못하는 결과가 나왔다. 이것을 이해하기 위한 가족의 의미와 관련된 논의는 다음 절에서 진행할 것이다. 통제변수로는 여성이 종속변수에 유의미한 영향을 미치며, 인천에 비해 서울이 유의미했다. 분석 모델 3은 종속변수의 변이에 대한 약한 설명력(1.9%)을 가지고 있다.

분석 모델 4는 믿음의 강도와 삶에서 종교의 중요도가 '손해를 보더라도 법과 규칙을 지켜야 한다'는 도덕적 태도에 미치는 영향을 분석했다. 그 결과 삶에서 종교의 중요도만이 종속변수에 유의미한 영향($p < 0.01$)을 미쳤다. 비표준화계수($B = 0.148$)가 낮은 것으로 보아 약하기는 하지만 삶에서 종교의 중요도가 높을수록 개인적인 유불리를 떠나 법을 준수하는 성향이 높아짐을 알 수 있다. 통제변수에는 인천에 비해 서울이, 경기에 비해 서울이 손해를 보더라도 법과 규칙을 지켜야 한다는 의견이 높음을 확인할 수 있었다. 분석 모델 4는 종속변수의 변이를 4.1% 설명한다.

Ⅴ. 한국사회 안에서 종교와 도덕의 관계

이상의 분석을 통해서 살펴본 최근 한국사회 안에서 종교와 도덕의 관계는 네 가지 특징을 가지고 있다. 첫째로, 종교인이 무종교인보다 도덕적이다. 분산분석에서 보았듯이 5점 척도로 보았을 때 종교의 도덕적 기능(변수 *D*와 *E*)에 대한 종교인의 의식은 무종교인의 의식과 차이가 분명히 있다. 종교인은 무종교인보다 종교의 도덕적 기능에 대해 긍정적인 의식을 가지고 있었다. 그리고 도덕적 태도(변수 *F*와 *G*)도 종교인이 무종교인보다 비교적 높게 측정되었다. 또한 〈표 4〉 회귀분석 Ⅰ을 통해서 종교가 도덕성에 유의미한 영향을 미치는 것을 확인할 수 있었다. 그러나 〈표 5〉 회귀분석 Ⅱ에서 보았듯이 각 종교들이 도덕성을 측정하는 종속변수들에게 유의미한 영향을 주는 것은 확인할 수 없었다. 그래서 어느 특정 종교가 다른 종교보다 도덕성에 영향을 미친다는 것은 이번 연구를 통해서는 단정하기 어렵다.[9] 그러므로 각 종교가 도덕에 영향을 주는 정도와 차이를 확인할 수 없는 것은 이번 조사와 분석의 한계이며 또한 후속연구의 주제이기도 하다.

둘째로, '삶 속에서의 종교의 중요도'가 '스스로 평가하는 믿음의 강도'보다 더 도덕성에 영향을 미친다. 〈표 5〉를 보면 믿음의 강도는 '종교를 가지면 사회의 부정부패를 줄일 수 있다'는 변수 *D*에만 유의미한 영향을 미치고($p < 0.01$) 다른 변수들(*E*, *F*, *G*)에는 유의미한 영향을 주지 못했다. 그러나 삶 속에서 종교의 중요도는 가족 관련 변수 *F*를 제외하고 도덕적 태도를 나타내는 다른 모든 변수(*D*, *E*, *F*)에 유의미한 영향을 미

9) 각 종교별 도덕성을 다룬 이원규의 연구는 기독교의 도덕적 수준이 높으며 가톨릭은 반사회적인 행위를 통제하는 도덕성이, 개신교는 친사회적 행위를 실천하는 도덕성의 수준이 높다고 보았다(2009: 163). 그러나 이 연구는 종교의 도덕성에 대한 영향을 2000년대 초반의 범법행위자의 종교와 종교별 사회복지시설에 관한 자료를 확인하여 간접적으로 파악한 것이다.

치고 있다. 즉 믿음의 강도보다는 삶 속에서의 종교의 중요도가 도덕성에 더 유의미한 영향을 준다. 이는 믿음의 강도가 높은 종교인보다 삶에서 종교의 중요도가 높은 종교인일수록 믿음을 삶에 적용하여 더 도덕적 행위를 한다고 추측해 볼 수 있다.

셋째로, 가계 경제만족도가 높을수록 종교의 도덕적 기능('종교를 가지면 더 도덕적인 삶을 살 수 있다' 그리고 '종교는 사회의 부정부패를 줄일 수 있다')에 동의하는 데 유의미한 영향을 매우 강하게 미치는 것으로 나타난다($p < 0.001$). 이 결과는 종교인과 무종교인을 합쳐서 분석한 〈표 4〉 회귀분석 Ⅰ과 종교인만을 분석한 〈표 5〉 회귀분석 Ⅱ에서 모두 나타난다. 가계 만족도가 높을수록 종교의 도덕적 기능에 대한 동의가 높아지는 이유는 높은 가계 만족도를 가진 종교인들이 응답자들 안에 포함되었기 때문으로 보인다. 〈표 6〉에서 보듯이 이번 조사에서 모든 종교인의 경제 만족도가 무종교인의 만족도보다 높은 것으로 나타났다. 그리고 5점 척도로 보아도 종교인의 경제 만족도가 무종교인보다 높다.

표 6 » 응답자의 경제 만족도와 종교 (단위: %)

		사례수	① 매우 불만족	② 불만족	③ 보통	④ 만족	⑤ 매우 만족	①+②	③	④+⑤	계	평균 (5점 척도)
전체		998	7.7	32.8	42.3	16.0	1.2	40.5	42.3	17.2	100	2.70
종교	불교	177	6.2	30.5	45.2	18.1	0.0	36.7	45.2	18.1	100	2.75
	개신교	220	6.4	30.5	42.3	20.0	0.9	36.8	42.3	20.9	100	2.79
	가톨릭교	133	3.8	29.3	45.9	17.3	3.8	33.1	45.9	21.1	100	2.88
	종교 없음	468	10.0	35.9	40.2	12.8	1.1	45.9	40.2	13.9	100	2.59

그러나 〈표 7〉에서 보듯이 종교인의 수입이 비교적 무종교인보다 높기는 하지만 많이 차이 나지 않는다.

표 7 》 응답자의 수입과 종교

(단위: %)

		사례 수	200 만원 미만	200~400 만원 미만	400~600 만원 미만	600~800 만원 미만	800~1,000 만원 미만	1,000~1,200 만원 미만	1,200 만원 이상	계
전체		998								
종교	불교	177	6.8	23.7	40.1	15.3	6.2	2.8	5.1	100
	개신교	220	7.7	33.6	34.5	15.5	5.0	0.9	2.7	100
	가톨릭교	133	9.8	21.8	36.8	18.0	10.5	0.0	3.0	100
	종교 없음	468	9.8	34.2	32.7	13.2	7.1	1.3	1.7	100

종교인들이 실제로 수입이 많아서 만족하기보다 그들의 종교가 삶을 긍정하게 하기 때문에 경제적인 만족도가 높을 수 있다. 그리고 이러한 종교인들이 전체 응답자에 포함되어 종교의 도덕적 기능에 동의하는 비율을 높게 만든 것으로 추측된다.

넷째로, 종교의 도덕에 대한 영향력은 가족 관련 문제와 연결될 때는 약해진다. 일반적으로 지금까지 도덕성과 관련한 종교와 가족에 대한 논의는 종교가 가족을 통해 도덕적 기반(moral platform)을 마련한다는 것이었다(D'Antonio, Newman, and Wright, 1982: 222). 하지만 이번 조사 결과를 보면 한국사회의 경우는 다른 측면이 나타난다. 〈표 4〉와 〈표 5〉의 회귀분석에서 볼 수 있듯이 여성이 미미한 정적 관계를 나타내는 것을 제외하고 어떤 독립변수도 '가족이라도 범죄혐의가 있을 때는 고발할 수 있다' 는 종속변수 *F*에 영향을 미치지 못했다. 즉 한국사회에서 종교와 가족 관련 문제는 뚜렷한 독립변수와 종속변수의 관계를 나타내지 않았다. 그리고 종교인 전체와 *F*변수를 상관분석하여 보니 피어슨 상관계수가 0.013으로 거의 상관관계가 없었다. 오히려 가족이 관련되었을 경우 종교는 도덕적 의식과 태도를 이끄는 효과가 미미하게 나타난다. 즉 가족이 종교보다 우위에 있거나 또는 종교보다 가족을 선택하기도 한다는 것이다.

이것은 두 가지 측면에서 볼 수 있다. 우선 정서적 구속력이 강한 가족이 가족주의로 발전하여 종교가 도덕에 영향을 미치는 것을 방해할 수 있다. 김승현(2010: 66)은 한국인들은 도덕과 같은 규범적 가치보다는 가족과 같은 정서적 구속에 더 강하게 끌리고 있어서 도덕적 가치가 행동을 유도할 만큼 내면화되어 있지 않았다 본다. 송재룡(2002: 20)에 의하면 이러한 가족주의 안에서 공공성은 있을 수 없다. 집안 어른에 대한 예의, 집안의 구성원들 간에 지켜져야 할 룰이 곧 사회 공동체적 윤리의 전부가 되기 때문이다. 이런 의미에서 가족주의는 무도덕한 특성을 갖게 된다. 나아가서 한국사회에서 가족은 문화적 습속이나 사회적 관습일 뿐만 아니라 물질과 정보를 주고받을 수 있는 준거로도 인식되고 있다(이명호, 2013: 380). 그렇다면 힘들게 도덕적 규범을 지켜야 하는 종교보다는 실제적인 이득을 줄 수 있는 가족을 선택할 수도 있다.

다음으로 이러한 한국 종교인의 특성을 올포트(Allport)의 본질적 종교성(intrinsic religiosity 이하 I 종교성)과 비본질적 종교성(extrinsic religiosity 이하 E 종교성) 개념으로 이해할 수도 있다.[10] 2008년 전 세계 36개국에서 수집한 사회총조사(General Social Survey)의 자료를 분석한 한내창(2013: 171)에 의하면 한국인의 종교성은 I 종교성이 12.2%이며 E 종교성은 30.9%이다. 올포트와 로스(Allport and Ross)에 의하면 I 종교성을 가진 기독교인들은 E 종교성을 가진 기독교인들보다 편견을 덜 가지고 있다(Allport and Ross, 1967: 441). 그래서 그들은 I 종교성은 관용도에 기여하고, 반면에 E 종교성은 배타성에 기여한다고 본다. 그러나 한내창

10) 본질적 종교성은 종교적 목적을 실천하기 위해 자신을 헌신하는 성향을 말한다. 종교 자체가 목적이다. 반면에 비본질적 종교성은 인간의 안위나 평안, 사회적 지위 등의 목적을 위해 종교를 수단으로 이용하는 종교적 성향을 말한다. 즉 종교적인 활동에 참여함으로써 개인적 구원이나 사교, 사회적 지위, 마음의 평화 등을 추구하는 종교적 성향이다(Allport, 1966).

(2013: 174)의 분석에 의하면 한국의 경우는 반대로 E 종교성이 관용도에 기여하고 I 종교성이 배타성에 기여하고 있다. 다종교 상황 속에서 한국인의 I 종교성은 종교 간 경쟁에서 승리하기 위해 배타적인 성향을 갖게 되었다. 반면에 한국인의 E 종교성은 급속한 도시화와 산업화를 통한 경제발전, 압축적 근대화, 정치적 민주화, 그리고 IMF 경제위기 등 한국사회의 급격한 변동으로 인한 가치혼란 속에서 정서적 안정감이나 사회적 · 경제적 이익[11]을 얻기 위해 오히려 관용적인 성향을 나타낸다. 나아가서 한내창(2013: 173)의 분석에 의하면 한국사회의 경우 I 종교성과 E 종교성은 대립적 관계가 아니라 상호보완적인 관계에 있다. 다시 말해 I 종교성이 높으면 E 종교성도 높을 확률이 높다는 것이다. 그래서 이러한 이중적인 독특한 종교성을 가진 한국 종교인들은 '가족이라도 범죄의 혐의가 있을 때는 고발할 수 있다' 문항에 '그렇다' 라는 대답을 하기 어려웠을 것이다.

이상 네 가지 종교와 도덕의 관계의 특징을 형성하는 데 있어서 최근 한국의 사회문화적 변화가 매우 중요한 요인으로 작용한 것으로 보인다. 물론 Ⅱ절에서 소개한 잉어와 스타크의 논의에서 보았듯이 종교 자체가 가진 도덕적 성격이 있다. 기독교의 십계명, 불교의 팔정도, 이슬람의 자선(zakah) 등을 보면 종교에는 일종의 도덕적 황금률(golden rule)이 있는 것처럼 보인다. 일부 학자들은 종교들에는 공통의 도덕적 필요요건(common moral requirement)이 있거나(Hick, 1992) 또는 도덕적 공통 토대(moral common ground)를 공유할 수 있다고 보았다(Donovan, 1986: 375).

---

11) 전성표(2000: 1087)의 연구에서 나타나는 한국 개신교인의 도구적 가치관 즉 '교회에 가면 마음에 드는 사람을 만날 수가 있다', '사업상 교회에서 많은 사람을 사귈 필요가 있다', '교인들은 어려운 일을 당할 때 큰 도움이 된다', '교회의 가족적인 분위기가 좋다', '기독교는 자녀교육에 좋다', '교회에서 수준 높은 사람들과 어울려서 좋다', '교회에 나가는 것이 출세에 도움이 된다' 등과 같은, 교회를 다님으로써 사회적 · 경제적 이익을 기대하는 태도가 E 종교성의 구체적인 모습으로 볼 수 있다.

그래서 류성민은 종교다원적 상황을 고려한 종교윤리학을 논의하면서 여러 종교들 사이에 공통된 도덕적 또는 윤리적 토대가 있다는 것을 전제한다(류성민, 2001: 124). 그러나 이러한 형이상학적인 전제는 종교와 도덕성의 연관성이 각 지역의 사회와 문화 안에서 다르게 나타난다는 것을 간과하게 할 수 있다. 종교와 도덕 사이의 관계가 다양한 이유는 종교 자체의 특성만이 아니라 그 관계가 이루어지는 바탕이 되는 사회와 문화가 다르기 때문이다. 한국의 경우 IMF 경제위기 이후 양극화의 심화, 사회의 고령화, 저출산, 사이버 문화의 도래 등으로 대변될 수 있는 사회의 변화가 최근 종교와 도덕의 관계를 형성하는 바탕이 된 것이다. 그래서 종교인이 무종교인보다 여전히 더 도덕적이고, 믿음보다는 삶 속에서의 종교의 중요도가 더 도덕에 영향을 미치고, 가족이 연관되었을 때는 종교가 제시하는 숭고한 가치와 도덕보다는 실익을 얻을 수 있는 가족을 우선시하는 특징들이 형성된 것이다.

스타크는 종교가 개인의 범죄행위에 미치는 부적 영향은 그 종교의 특성일 뿐만 아니라 개인의 종교성을 형성하는 데 영향을 주는 문화 콘텍스트에 의한 것이라고 본다(Stark, 1996: 167). 그러므로 그는 종교별 특성과 문화 콘텍스트의 특성을 반드시 고려해야 한다고 본다. 나아가서 티틀과 웰치(Tittle and Welch)는 종교와 일탈의 관계는 사회문화적 환경(도덕규범에 대한 동의, 사회통합에 기초하였지만 조직화되지 않은 구속체계, 그리고 본보기가 되는 사람들이 자신을 따르게 하는 능력들)에 따라 다양하게 나타난다고 본다(Tittle and Welch, 1983: 656). 그들에 의하면 일탈행위에 영향을 미치는 개인의 종교성은 이러한 사회문화적 환경이 종교 공동체의 특성과 맞물려 어떠한 순응의 기제를 만드느냐에 따라 달라진다고 보았다(Tittle and Welch, 1983: 676). 그러므로 이러한 종교와 도덕의 관계는 고정되어 있기보다는 계속 변화한다. 사회문화적 콘텍스트가 달라지면 종교와 도덕의 관계도 달라지기 때문이다. 스타크는 단순한 문화에서 복잡한 문화에까지 이르는 문화의 변화를 염두에 두고 종교와 도덕성의 관계를 분석해야 한다고 주장한다(Stark, 2001: 621).

Ⅵ. 나오는 말

이 연구는 최근 한국사회 안에서 종교가 도덕성에 어떠한 영향을 미치고 있는지 알아보려 하였다. 분석한 자료는 한국 종교사회학회가 2014년 실시한 사회조사의 결과였다. 분석은 종교의 유무, 믿음의 강도, 삶에서 종교가 갖는 중요도가 종교의 도덕적 기능에 대한 동의에, 그리고 도덕적 태도에 어떠한 영향을 미치는지 분석하였다. 분석결과를 보면 종교인이 비종교인보다 종교의 도덕적 기능을 강하게 인식하고 도덕적 태도도 강한 것으로 나타났다. 그리고 종교인들에 한정하여 보았을 때 믿음의 강도보다는 삶에서 종교가 갖는 중요도가 도덕적인 의식과 태도에 더 많은 영향을 주는 것으로 나타났다. 단, 이러한 영향력은 가족이 관련된 경우에는 제한된다. 가족은 정서적 구속력이 강하고 가족주의로 발전하여 종교보다 우위에 자리할 수 있다. 또한 높은 E 종교성을 가진 한국 종교인들은 도덕을 지키라는 종교보다 사적인 만족감과 실제적인 이득을 주는 가족을 선택한다고 볼 수 있다. 이러한 종교와 도덕의 관계는 종교 자체가 가지고 있는 특성과 식민지화, 전쟁, 압축적 근대화, 민주화, IMF 경제위기 이후 사회의 변화를 겪으면서 형성된 한국사회의 문화적 특성이 맞물려 만들어진 것으로 보인다.

그리고 이상의 분석결과는 종교의 세속화와는 대조되는 측면이 있다고 볼 수 있다. 현대사회가 합리성을 기반으로 구성되면서 종교적 의식, 행위 그리고 제도가 영향력을 잃게 되는 과정이 종교의 세속화(Wilson,

1987: 158-160)라 한다면 이번 조사의 분석결과는 한국사회가 급격한 사회변동을 거듭 겪어 왔음에도 불구하고 종교의 대표적인 사회적 기능 중에 하나인 사회의 도덕성에 대한 영향력은 여전히 남아 있음을 보여준다. 종교는 여전히 사회에 부정적이든 긍정적이든 영향을 미치고 있다. 예를 들어 세월호 참사 사건을 보자. 이 사건의 시초로서 구원파라는 종교집단은 한국사회에 큰 충격을 주었다. 그리고 또한 거대한 종교 아이콘인 교황 프란치스코 1세의 방한은 이 사건으로 상처받은 한국사회를 위로하기도 하였다. 그러므로 종교가 한국사회를 향하여 사랑과 자비와 같은 절대적이고 숭고한 가치를 계속해서 제시한다면 현재 한국사회가 맞닥뜨린 도덕성의 위기에서 벗어나는 것에 기여할 여지는 충분히 남아 있다.

참 고 문 헌

기든스, 앤소니. 2011. 「현대 사회학」(김지숙 외 옮김). 서울: 을유문화사.

김승현. 2010. "가족주의와 공공성: 전통적 가치와 현대적 가치의 측정에서 사회적 소망의 편향성," 「한국정치학회보」, 제44집 3호.

류성민. 2001. "종교와 도덕의 관계: 종교 윤리학 방법론의 기초," 「종교연구」, 14집.

송재룡. 2002. "가족주의와 한국사회의 '삶의 유형' : 두 개의 언어게임 사이에서," 「현상과 인식」, 86호.

이명호. 2013. "가족관련 분석적 개념의 재구성," 「사회사상과 문화」, 제28집.

이원규. 2009. "종교와 도덕성의 관계에 대한 연구," 「신학과 세계」, 64호.

전성표. 2000. "개신교인과 무종교인 사이의 도덕성의 차이와, 개신교인의 도덕성에 미치는 종교적 영향," 「한국사회학」, 34집.

______. 1999. "기독교의 세속적 기능에 대한 방법론적 고찰," 「사회과학논집」, 제9권 2호.

정순일 · 한내창. 1997. "종교성과 사회윤리와의 관계연구," 「한국사회학」, 제31집.

한국갤럽. 2015. 「보고서 한국인의 종교 1984-2014」.

한내창. 2013. "I&E 종교성의 타당성 검증," 「종교연구」, 70집.

Allport, Gordon W. 1966. "Religious Contexts of Prejudice," *Journal of Scientific Study of Religion*, 5(3).

Allport, Gordon, W. and Michael Ross. 1967. "Personal Religious Orientation and Prejudice," *Journal of Personality and Social Psychology*, 5(4).

Beckford, James, A. 2003. *Social Theory and Religion*. Cambridge: Cambridge Univ. Press.

Bekkers, Rene. 2004. *Giving and Volunteering in the Netherlands-Sociological and Psycological Perspective*. Utrecht: Utrecht Univ.

Berger, Peter. 1967. *The Sacred Canopy: Elements of the Sociological Theory of Religion*. New York: Anchor Books.

Bruce, Steve. 2002. *God is Dead: Secularization in the West*. Oxford: Blackwell.

D'Antonio, William V., William M. Newman, and Stuart A. Wright. 1982. "Religion and Family Life: How Social Scientists View the Relationship," *Journal of Scientific Study of Religion*, 2(3).

Donovan, Peter. 1986."Do Different Religions Share Moral Common Ground?," *Religious Studies*, 22.

Durkheim, Emile. 1976. *The Elementary Forms of Religious Life*. trans. Joseph Ward Swain. London: George Allen & Unwin.

Grasmick, H.G., Karyl Kinsey, and J. K. Cochran. 1991. "Denomination, Religiosity, and Compliance with the Law:A Study of Adults," *Journal of Scientific Study of Religion*, 30.

Hick, John. 1992. "The University of the Golden Rule," Joseph Runzo(ed.). *Ethics, Religion, and Good Society: New Direction in a Pluralistic World*, Kentucky: Westminster John Knox Press.

Hirschi, T. and R. Stark. 1969. "Hellfire and Delinquency," *Social Problems*, 17.

Luckmann, Thomas. 1967. *The Invisible Religion: The Problem of Religion in Modern Society*. New York: Macmillan.

Ogland, Curtis P. and Pedro Hinojosa. 2012. "Religion and Social Attitudes: Examining the Contours of Religion in Moral Judgements Toward Premarital Sex and Cohabitation in Contemporary Brazil," *Sociology of Religion*, 73(4).

Scheepers, Peer and Manfred Te Gronenhuis. 2005. "Who Cares for the Poor in Europe?," *European Sociological Review*, 21(5).

Stark, Rodney. 1996."Religion as Context: Hellfire and Delinquency One More Time," *Sociology of Religion*, 57(2).

__________. 2001. "Gods, Rituals, and Moral Order," *Journal of Scientific Study of Religion*, 40(4).

Stark, R., L. Kent, and D. P. Doyle. 1982. "Religion and Delinquency," *Journal of Research in Crime and Delinquency*, 19.

Tittle, C.R. and M. R. Welch. 1983. "Religiosity and Deviance: Toward a Contingency Theory of Constructing Effects," *Social Forces*, 61.

Tschannen, Oliver. 1991. "The Secularization Paradigm:A Systemization," *Journal of Scientific Study of Religion*, 30(4).

Turner, Bryan, S. 1991. *Religion and Social Theory*. London: SAGE.

Weber, Max. 1978. *Economy and Society: An Outline of Interpretive Sociology*. trans. Guenther Roth and Claus Wittich. Berkeley: Univ. of Carlifornia Press.

Wilson, Bryan, R. 1982. *Religion in Sociological Perspective*. Oxford: Oxford Univ. Press.

__________. 1987. "Secularization," in *The Encyclopedia of Religion* Vol.12. Mircea Eliade(ed.). London: Macmillan.

Wuthnow, Robert. 1987. *Meaning and Moral Order: Exploration in Cultural Analysis*. London: Univ. of California Press.

Yinger, Milton. 1970. *The Scientific Study of Religion*. London: Macmillan Publishing Co.

제 7 장

종교와 섹슈얼리티 그리고 가족[1]

최현종

Ⅰ. 들어가는 글

가족이 한 사회의 기초 단위이며, 건전한 사회는 건전한 가족에서부터 비롯된다는 입장은 우리 사회를 비롯한 많은 사회의 전통적인 견해였다. 그러나 후기 산업사회로의 변화에 따라 전통적인 가족은 위기에 처하였고, 가족과 연결하여 생각되어지던 섹슈얼리티의 문제는 어느 정도 독립적으로 다루어지고 있다. 더욱이 근래에 우리 사회의 이슈가 되고 있는 동성애를 비롯한 성적 소수자의 문제는 현재 우리 사회가 안고 있는 중요한 갈등 요소가 되고 있다. 본 연구는 이러한 현재의 한국사회의 상황 속에서 종교라는 요소가 이러한 문제에 어떻게 영향을 미치는지 살펴보고, 사회진보라는 측면에서 그것을 어떻게 다룰 수 있을지 생각해 보고자 한다. 본 연구는 2012년부터 시작된 사회과학 기초연구(SSK) "종교와 사회진보" 연구의 일환이며, 이에 대한 구체적 자료 조사를 위해 실시한 2014 "종교와 사회진보에 관한 설문조사"의 결과를 토대로 한 것이다.

1) 이 글은 「종교연구」 제75집 2호(2015)에 발표된 논문임.

Ⅱ. 종교와 섹슈얼리티/가족 관련 태도에 대한 기존 연구들

푸코(Michel Foucault)의 선도적이면서도 혁명적인 저작 「성의 역사」(*Histoire de la Sexualité*)[2] 이후, '섹슈얼리티' 의 문제는 현대 사회학의 중심에 자리 잡아 왔다. '성' 담론의 권력에 의한 의도적인 확산이라는 푸코의 견해를 수용하든(푸코, 2010) 혹은 그렇지 않든, 담론 자체가 확산되고, 또한 현대의 섹슈얼리티가 이전에 밀접한 관련을 갖고 있던 가족이나, 자녀의 출산이라는 과정과는 일정 부분 분리된 것은 인정할 수밖에 없는 사실이다. 기든스(Anthony Giddens)는 우리가 규범적으로 생각하고 있는 가족제도의 모형이 사실은 근대 산업사회의 산물이며, 이러한 가족제도, 그리고 그와 관련된 섹슈얼리티의 변화를 '친밀성의 구조변동' 이라는 틀에서 서술하며, '감정의 민주주의' 라는 측면에서 긍정적으로 발전할 수도 있음을 암시하고 있다(기든스, 1996). 벡(Ulrich Beck) 또한 근대 산업사회의 산물로서 현재의 가족제도가 성립됐다는 기든스의 입장에 동조하면서, 남성/여성이라는 기존의 젠더의 틀을 넘어 새로운 관계가 정립될 필요가 있음을 제시하고 있다(벡, 2006: 175-207). 벡은 또한 후기 산업사회 혹은 벡의 용어로 성찰적 근대화의 시기로 접어들면서 나타난 노동시장의 변화가 기존의 가족제도를 어떻게 해체시키고 있는지도 기술하고 있다(벡, 2006: 209-224). 본 논문에서 다루고 있는 섹슈얼리티/가족 관련 태도들, 즉 동성애, 혼외성관계, 이혼, 미혼모, 입양 등의 주제는 이와 같은 변화의 중심에 서 있으며, 전통적인 '이성애적 일부일처제' 의 규범에서 볼 때는 어느 정도 일탈적인 것으로 비춰질 수 있다. 또한 (경제적) 근대화에 총력을 기울이던 1960,70년대와는 달리 이와 같은 주제들은

2) '성' 으로 번역된 용어는 영어의 'sex' 가 아닌 'sexuality' 에 해당한다.

2000년대 들어서는 한국사회에서도 더 이상 외면할 수 없는 중요한 이슈들로, 많은 논의를 불러일으키고 있다.

일반적으로 이러한 섹슈얼리티/가족 관련 주제들에 대한 종교의 입장은 부정적인 것이며, 전통적인 섹슈얼리티/가족으로부터의 이러한 '일탈'에 대해 '억제 효과'를 지닌 것으로 얘기되어 왔다(한내창, 2010: 115-122). 우드럼(Eric Woodrum)의 연구에 의하면 포르노그라피, 동성애, 혼외성관계에 대한 태도 등은 종교성, 특히 의례 참석 빈도 및 신봉 교파의 유형과 부정적 상관을 보이는 것으로 나타났다. 그리고 인구사회학적 변인 중에서는 연령과 교육수준이 유의미한 영향을 미쳤다(Woodrum, 1988: 553-573). 그러나 베인브릿지(William S. Bainbridge)의 연구에서는, 사회적 유동성과 이혼 변수를 통제하였을 때, 자살과 동성애에 대한 종교성의 부정적 상관효과는 사라지는 것으로 나타났다(Bainbridge, 1989: 288-295).

다른 연구들에 따르면 섹슈얼리티/가족 관련 태도에 가장 중요한 영향을 미치는 종교성의 구성요소는 신봉 교파의 유형, 즉 교파의 근본주의 정도인 것으로 보인다. 맥파란드(Sam G. McFarland)의 연구에 의하면, 교파의 근본주의 정도는 유의미한 수준에서 동성애에 대한 태도와 부정적 상관을 보였으며(McFarland, 1989: 324-336), 로와트 등(Wade C. Rowatt *et al.*)의 연구도 이러한 근본주의 정도의 동성애에 대한 영향을 확인하였다. 로와트 등의 연구에서는 사회적 바람직성(social desirability)의 요인도 통제하였는데, 그 경우에도 이러한 부정적 입장은 유지되었다(Rowatt *et al.*, 2006: 397-406).

그러나 종교성의 (전통적 입장에서 볼 때) '일탈적 섹슈얼리티/가족'에 대한 부정적 영향은 하위문화적 맥락에 따라 다르게 작용할 수 있는 것으로 보인다. 바르칸(Steven E. Barkan)의 연구는 종교성(의례 참석 빈도, 기도 횟수, 종교의 중요도 등으로 측정)과 혼전 5년간 성관계 파트너 수의 관계를 조사하였는데, 그에 따르면 종교성과 혼전 성관계 파트너 수는 부정적 상관을 보였지만, 이러한 부정적 상관은 아프로-아메리칸의 경우에는 유의미하게 나타나지 않았다. 바르칸은 종교성이 혼전 성관계에 대한 태도에 영향을 미치고, 이것이 혼전 성관계의 파트너 수를 감소시키지만, 아프로-아메리칸의 하위문화적 맥락에서는 이것이 다르게 작용하는 것으로 해석하였다(Barkan, 2006: 407-417). 맥컨키(Dale McConkey)는 종교성 요소 중 섹슈얼리티/가족 관련 태도에 상당히 중요한 영향을 미치는 것으로 드러난 교파의 근본주의 정도를 종교성 변수로 채택하여, 신봉 교파를 진보/중도/보수의 유형으로 나누어 조사하였다. 그에 따르면 위에 제시한 연구들과 같이 보수 교파 교인들이 다른 유형의 교파에 비해 동성애, 혼전/혼외 성관계, 자살 등에 대해 부정적 태도를 보이는 것으로 나타났다. 그러나 동성애와 자살에 대한 부정적 태도는 이전에 비해 점차 약화되고 있으며, 일반적 입장에서 보았을 때는 어느 정도 진보적 경향도 지닌 것으로 드러났다. 맥컨키는 이러한 변화를 '하위문화적 정체성(subcultural identity)' 이론으로 설명하는데, 그는 보수 교단의 사회경제적 지위가 상승함에 따라 이러한 태도가 보다 진보적 방향으로 변화하고 있다고 설명한다(McConkey, 2001: 149-174).

쉬페르스/ 그로텐후이스/ 판 데어 실크(Peer Scheepers/ Manfred te Grotenhuis/ Frans van der Silk) 등은 개인적 종교성의 영향이 하위문화적 맥락을 넘어 국가적 수준의 전체적 종교상황에 따라 다르게 작용할 수 있음을 보여준다. 쉬페르스 등은 개인적 종교성이 동성애와 혼전/혼외 성관계 태도에 미치는 영향을 세계 15개국을 비교하여 연구하였다. 그에 따르면, 전체적으로 종교적이고, 또한 주도적인 종교를 가진 국가에서는 개인적 종교성이 이들 태도에 강한 영향을 미쳤지만, 보다 세속적인 국가에서는 개인적 종교성의 영향이 약화되었고, 교육수준이 가장 중요하게 영향을 미쳤다(Scheepers, te Grotenhuis, and van der Silk, 2002: 157-176). 바르칸, 맥컨키, 쉬페르스 등의 연구를 종합해 보면 섹슈얼리티/가족 관련 태도에 대한 종교성의 영향은 단순히 개인적인 차원이 아니라, 개인이 속한 하위문화, 나아가 국가 전체의 종교적 상황과 연결됨을 알 수 있다.

한편, 종교인이 '일탈적 섹슈얼리티/가족'에 대해 보수적이지만, 점차 개방적인 방향으로 변화하고 있다는 것은 유럽 사회에서도 동일하게 나타나는데,[3] 쭈레너/하거/폴락(Paul M. Zulehner/ Isa Hager/ Regina Polak)의 오스트리아 사회 연구에 의하면 종교인은 특히 이혼에 대해 부정적 입장을 지니지만,[4] 이혼과 동성애에 대한 태도는 점차 개방적인 방향으로 변화하고 있는 것으로 드러났다(Zulehner, Hager, and Polak, 2001). 유럽 사회의 상황 및 변화와 관련해서는 애쉬포드(Sheena Ashford)와 팀스(Noel Timms)의 1981～90년 사이의 유럽 10개국 가치 변화 연구에서도 잘 나타난다. 애쉬포드와 팀스는 교회가 특정 이슈에 대해 의견을 표명하는 것에 대한 지지/반대라는 측면에서 조사를 했는데, 그에 따르면 (서)유럽인들은 일반적으로 교회가 인종(67%)이나 제3세계(76%) 문제와 같은 사회적 이슈에 대해 의견을 표명하는 것에 대해서는 찬성하지만, 혼외성관계(41%)나 동성애(35%) 같은 개인적 문제에 대해 의견을 표명하는 것에 대한 찬성은 상대적으로 낮게 나타났다. 이러한 태도는 종교적 참여도에 따라 다르게 나타나는데, 네덜란드의 혼외성관계에 대한 입장을 예로 들면, 이에 대한 교회의 의견 표명에 대해 찬성하는 비율은 핵심교인이 57%, 형식적 교인이 53%로 비교적 높게 나타나지만, 주변적 교인은 30%, 1세대 무종교인은 30%, 2세대 무종교인은 26%로 모두 낮게 나타났다. 이 결과에서 주변적 교인은 종교활동에 보다 열심인 종교인보다 무종교인에 더 가까운 입장을 나타냈다는 것도 매우 흥미로운 사실이다

---

3) 지금까지 위에서 언급된 연구들은 쉬페르스 등의 비교 연구를 제외하면, 모두 미국 사회의 조사 자료에 기초하고 있다.

4) 오스트리아의 주요 종교는 로만 가톨릭이다.

(Ashford and Timms, 1992).

한국의 경우 섹슈얼리티/가족 관련 태도에 대한 종교성의 영향은 대체로 '무효과 가설'을 지지한다는 한내창의 리뷰도 있지만(한내창, 2010: 118), 서영석 · 이정림 · 차주환이 올포트(Gordon W. Allport)의 내재적(intrinsic)/외재적(extrinsic) 종교성 구분을 이용한 연구에 의하면, 남학생의 경우에는 외재적 종교성이 강할수록, 여학생의 경우에는 내재적 종교성이 강할수록 동성애에 대해 부정적 태도를 갖는 것으로 나타났다(서영석 · 이정림 · 차주환, 2006: 177-199). 2008년 한국종합사회조사(KGSS) 자료를 사용한 한내창 본인의 연구에서도, 종교의 유무는 혼전성수용도에 유의미한 영향을 미치지 못했지만, 의례 참석 빈도와 내재적 종교성의 정도는 영향을 미치는 것으로 나타났다. 혼전성수용도와는 달리 혼외성수용도에는 영향을 미치는 종교적 변인이 없었는데, 이는 종교성에 상관없이 혼외성관계에 부정적인 한국사회의 일반적인 태도에 기인한 것으로 한내창은 해석한다. 신봉 종교 유형별로는 개신교 > 천주교 > 불교 > 무종교 순으로 부정적인 태도를 지닌 것으로 나타났지만, 유의미한 수준의 차이는 아니었다. 인구사회학적 변인과 관련해서는 남성보다는 여성이, 그리고 연령이 높을수록 부정적인 태도를 보이는 것으로 나타났다(한내창, 2010: 114-138).

보다 최근 조사로는 '한국기독교목회자협의회'가 '㈜글로벌 리서치'에 의뢰하여 실시한 것이 있는데, 이 조사는 기술 통계 자료만을 제시하여 해석에는 한계가 있다. 그에 따르면, 섹슈얼리티/가족 관련 이슈에 대한 태도는 혼외성관계 항목을 제외하고는 개신교가 가장 부정적이며, 그 다음 가톨릭 > 불교 > 무종교의 순으로 나타났다. 각각의 이슈들에 대한 긍정적 태도(상황에 따라 할 수 있다 + 해도 무방, %)를 기준으로 할 때, 개신교: 가톨릭: 불교: 무종교의 찬성 비율은, 동성애가 17.0: 17.9: 19.5: 23.5, 혼전성관계가 51.3: 55.3: 73.5: 78.5, 혼외성관계가 15.1:

10.7: 11.7: 23.7, 이혼이 60.9: 67.6: 70.9: 77.1로 조사되었다. 하지만, 이혼 및 (무종교인을 제외한) 혼전성관계에 대한 전반적인 태도는 미국의 경우와 마찬가지로 (종교에 상관없이) 점차 개방적인 방향으로 변화하는 결과를 나타냈다. 동성애에 대한 태도는 처음 조사된 관계로 그 추세를 알 수 없었고,[5] 혼외성관계에 대한 태도는 여전히 부정적인 입장이 강하게 나타났다(한국기독교목회자협의회, 2013: 214-217).

Ⅲ. 종교와 사회진보 팀의 조사결과 분석

본 장에 제시된 결과는 SSK "종교와 사회진보" 팀 연구의 일환으로 2014년 실시한 "사회발전에 대한 국민의식" 여론조사 데이터를 분석한 것이다. 이 조사는 2014.3.27.~4.2.의 1주일간 수도권에 거주하는 20~60세의 성인남녀를 대상으로 온라인상에서 실시되었다.[6] 표본 추출은 2005년 인구 센서스의 연령, 지역, 종교 비율에 따라 할당되었으며, 표본 수는 총 1,070명이었다.

조사에 있어 종교에 관한 변인으로는 신앙 종교의 유형과 함께, 본인의 삶에 있어서의 '종교의 중요도', 종교적 '신앙의 강도' 등이 5점 척도에 의해 평가되었고, 동성애 · 이혼 · 입양 · 미혼모 · 혼외성관계 등 섹슈얼리티 및 가족과 관련된 요인들에 대한 태도가 종속변수로, 역시 5점 척도로 평가되었다. 여기에 섹슈얼리티 및 가족과는 직접적으로 관련 없지만, 설문에 대한 요인분석 결과 공통된 요인으로 분류된 ① 사형에 대한 태도 및 ② 요인분석 결과를 점수화하여 단일변수로 사용한 분석도 함께 제시

---

5) 물론 동성애가 조사에 추가되었다는 것만으로도 개방적인 경향으로 변화하고 있다고 추정할 수 있다.

6) 실제 조사는 ㈜글로벌리서치에 의뢰하여 실시되었다.

하였다.[7] 통제변수로는 성, 연령, 선호 신문유형 등이 사용되었다. 선호 신문유형은 보수계통 신문(조선, 중앙, 동아)과 진보계통 신문(한겨레, 경향)으로 구분되었으며, 보수-진보 성향을 나타내는 지표로 사용되었다. 수도권에 한정된 조사였던 관계로 지역 변수는 (별도의 분석결과) 유의미한 영향을 미치지 못하였고, 소득 관계 변수들(총소득, 경제 상태 만족도, 계층귀속)은 유의미한 경우에만 별도로 언급하였다. 통계분석에 있어 프로그램은 SPSS ver.21을 사용하였다.

종교유형을 독립변수로 회귀분석(Model 1)한 결과는 〈표 1〉에, 신앙강도를 포함하여 분석(Model 2)한 결과는 〈표 2〉로 제시되어 있다.[8] 〈표 1〉과 〈표 2〉에 의하면 연령과 선호하는 신문유형은 측정한 모든 변수에서 유의미한 영향을 미치는 것으로 나타났다(신문유형은 입양의 경우만 Model 2에서 유의미한 영향을 미치지 못하였다). 즉, 연령이 높을수록, 보수유형의 신문을 선호할수록 보수적 성/가족 관련 태도(위의 측정 변수들에 대한 반대의 입장)를 보였다. 종교와 성의 관계는 위의 두 변수가 영향을 미치는 태도(제1유형: 동성애, 이혼, 혼외성관계)와 유의미한 영향을 미치는 못하는 태도(제2유형: 입양, 미혼모)로 구분되었다(입양의 경우 Model 1에서는 성별이 유의미한 영향: $p<.05$). 종교변수가 유의미한 영향을 미친 태도의 경우, (종교유형과 관련하여서는) 개신교만 유의미한 수준에서 영향을 미쳤고, 그마저 신앙강도를 포함할 경우(Model 2)에는—동성애를 제외한다면—유의미하지 못한 수준으로 변화하였다. 동성애의 경우는 수정된 결정계수($R^2_{adj.}$)도 가장 높게 나타나서, 종교적 요인에 의해 변량의 가장 많은 부분

7) 언급한 6개의 항목의 내적 일관성은 크론바하 알파(Cronbach-alpha) 계수로 측정하였을 때 0.723이었다.

8) 설문에서 '신앙강도'는 종교인만 평가하였기에 '신앙강도'를 포함한 Model 2에서 무종교인은 분석에서 제외되었다. '종교의 중요도'를 포함한 모델의 경우는 Model 2와 상당 부분 중복된 결과를 보였으나, Model 2가 '종교의 중요도' 모델보다 결정계수가 높게 나타나 본 논문에서는 제시하지 않았다.

표 1 》 종교유형에 따른 섹슈얼리티/가족 등 관련 태도(Model 1)

변 수	동성애	이혼	입양	미혼모	혼외 성관계	사형	요인점수
(상수)	3.351***	3.449***	3.908***	3.206***	3.151***	3.364***	.812***
성	−.173**	−.238***	−.120*	−.041	.300***	.114	−.092
연 령	−.245***	−.119***	−.056*	−.132***	−.154***	−.160***	−.209***
신문유형	−.353***	−.181**	−.172**	−.257***	−.221**	.131	−.247***
종교유형							
• 개신교	−.471***	−.235**	−.095	−.091	−.214*	.092	−.268**
• 가톨릭	.003	−.095	.078	−.005	−.010	.139	.025
• 무종교	−.012	.038	−.110	−.067	−.008	.252*	−.090
$R^2_{adj.}$	.145	.060	.023	.049	.071	.032	.082

• N=1,013; * < p=.05, ** < p=.01, *** < p=.001.
• 성=여성, 신문유형=진보, 종교유형=불교 기준.

표 2 》 신앙강도에 따른 섹슈얼리티/가족 등 관련 태도(Model 2)

변 수	동성애	이혼	입양	미혼모	혼외 성관계	사형	요인점수
(상수)	3.649***	3.998***	3.691***	3.239***	3.609***	3.781***	1.130***
성	−.058	−.230**	−.130	−.045	.270**	.157	−.076
연 령	−.197***	−.116***	−.028	−.121***	−.139***	−.161***	−.183***
신문유형	−.435***	−.289***	−.285***	−.354***	−.288**	.162	−.411***
종교유형							
• 개신교	−.387***	−.155	−.124	−.089	−.140	.165	−.215*
• 가톨릭	.025	−.090	.067	−.012	−.003	.157	.024
신앙강도	−.149**	−.170***	.078	.002	−.152**	−.158**	−.099*
$R^2_{adj.}$	.164	.095	.038	.064	.086	.042	.116

• N=558; * < p=.05, ** < p=.01, *** < p=.001.
• 성=여성, 신문유형=진보, 종교유형=불교 기준.

을 설명할 수 있는 태도로 나타났다. 신앙강도의 영향을 받는 변수의 경우에는 강도가 높을수록 보수적 태도를 나타냈다. 성별 요인이 유의미한 영향을 미친 경우에는, 동성애와 이혼에 대해서는 남성이 더 부정적인 태도를 나타냈지만, 혼외성관계에 대하여는 여성이 더욱 부정적이었다. 성별 차이는 신앙강도를 추가한 모형에서도 동성애를 제외하고는 유의미한 수준을 유지했다. 한편, 요인점수로 분석한 결과는 성별 차이가 나타나지 않는 것을 제외하고는 제1유형의 변수들에 더 가까운 형태를 보였다.

함께 분석된 사형에 대한 태도는 종교와 관련해서는 무종교인만이 유의미한 차이(찬성)를 보였고(Model 1), 신앙강도가 강할수록 반대하는 입장을 나타냈다. 이는 종교의 인도적 속성에 비추어 해석할 수 있을 것으로 보인다. 통제변인 중에는 연령만이 유의미한 영향을 미쳤는데, 연령이 증가할수록 사형제도에 대해 부정적이었다. 표에는 제시되지 않았지만, 통제변인으로 소득을 포함할 경우, 요인점수의 경우를 포함하여 동성애, 혼외성관계, 사형 등에 대해 유의미한 영향을 미쳤는데, 저소득자가 더 보수적/부정적인 입장을 나타냈다. 이혼의 경우에도 $p<.10$ 수준에서는 유의미한 영향을 미쳐($p=.085$), 앞서 제시한 분류의 제1유형에 속한 변수들에는 소득도 어느 정도 영향을 미치는 것으로 생각해 볼 수 있다. 상호작용 효과를 포함한 별도의 분석에서 선호 신문유형*신앙강도, 연령*신앙강도의 상호작용 효과는 어떤 종속변수에도 유의미한 영향을 미치지 못했다.[9]

〈표 3〉은 섹슈얼리티/가족 관련 태도 각 항목에 대한 응답의 평균값을 보여준다. 제시된 값은 높을수록 찬성의 입장을, 낮을수록 반대의 입장을 드러내 보이는데, (번외로 분석된 자살을 제외하면) 동성애에 가장 부정적인 태도를, 입양에 가장 긍정적인 태도를 보여준다.[10] 제1유형 변수들, 즉

---

9) 함께 조사된 자살 관련 태도의 경우, 종교인이 비종교인에 비해 더 부정적이었으며($p<.01$), 종교유형별로는 가톨릭 > 불교 > 개신교 순으로 강하게 반대하였지만, 통계적으로 유의미한 차이는 아니었다. 신앙강도를 고려했을 때(Model 2)는 신앙강도가 높을수록 강하게 반대하였고($p<.001$), 불교/가톨릭과 개신교의 차이가 유의미한 수준에서 나타났다(불교/가톨릭이 더욱 반대; $p<.05$). 기타 연령이 높을수록 반대하는 경향이 강하였으며, 성별 차이도 유의미한 수준에 근접한 정도로 나타났다(여성이 더욱 반대; $p=.58$).

10) 각 문항의 평균값은 모두 통계적으로 유의미한 차이를 보였다.

표 3 » 섹슈얼리티/가족 등 관련 태도의 평균 비교

종교유형	평균	불교	개신교	가톨릭	무종교
동성애	2.33	2.35	1.95	2.46	2.48
이혼	2.89	2.90	2.68	2.86	3.00
입양	3.54	3.59	3.50	3.69	3.50
미혼모	2.65	2.66	2.60	2.71	2.64
혼외성관계	2.73	2.74	2.54	2.76	2.81
사형	3.26	3.12	3.19	3.24	3.37
자살	1.66	1.51	1.64	1.50	1.78

* 매우 찬성(5)–매우 반대(1)의 5점 척도로 측정.

동성애, 이혼, 혼외성관계에 대한 개신교의 부정적 태도는 평균값에서도 분명하게 드러난다. 그렇다면 이러한 한국 개신교의 부정적, 혹은 '일탈적 섹슈얼리티/가족'에 대한 엄격한 태도는 어떻게 해석할 수 있을까? 이에 대해서는 다음 절에서 보다 상세하게 기술하고자 한다.

Ⅳ. 논의: 한국 개신교의 섹슈얼리티/가족 관련 보수적 태도를 중심으로

전통적 '섹슈얼리티/가족'에 대한 지지, 혹은 '일탈적 섹슈얼리티/가족'에 대한 부정적 태도는 기독교 일반, 혹은 나아가 유대교와 이슬람교를 포함한 소위 '아브라함계 종교'의 공통적 특징으로도 지적된다.[11] 터

11) 하지만, 한내창의 "종교성이 사회적 태도에 미치는 영향에 대한 국제 비교" 연구에 의하면, 혼전성수용도는 이슬람 > 불교 > 가톨릭과 개신교의 순서로 부정적 반응을 나타낸다(한내창, 2012). 이는 종교와 함께, 사회 전반의 구성 상황 및 근대화의 정도도 반영된 결과로 보인다.

너(Bryan S. Turner)는 섹슈얼리티와 가족에 집중된 이러한 기독교의 도덕적 가르침이 서구 사회의 재산 관계의 발달에 있어 중요한 역할을 했다고 평가한다(Turner, 1983: 109-127). 섹슈얼리티와 가족에 대한 기독교의 가르침은 한편으로는 인간 신체 재생산의 사회적 조건을 안정화하는 데 기여했고, 특히 일부일처제는 사유재산의 상속과 가족 내적 부를 유지하는 조건이 되었다.[12] 산업혁명 이후에는 이러한 가족 이데올로기는 주로 중산층 부르조아에 귀속되었지만, 처음에는 이와 무관한 위치에 있던 소작농이나 임금 노동자들도 향상된 도시적 조건의 영향 아래 재생산에 대한 제한을 받게 되면서 섹슈얼리티에 대한 도덕적 제약을 인식하고, 영향을 받게 되었다고 터너는 기술한다. (자본주의 사회에 있어) 노동의 계산, 기업의 합리적 조직화는 본능적 삶의 비합리성, 무엇보다 섹슈얼리티에 의해 위협을 받게 되고, 이러한 위협에 대한 통제는 경제활동에 있어 중요 영역이 된다. 후에 세속화에 따라 이러한 통제는 국가로 넘겨지지만, 그 이전에 이 역할을 감당하던 것은 종교, 바로 서구 사회의 기독교의 역할이었다고 터너는 주장한다.[13]

역사적으로 볼 때 기독교의 엄격한 성윤리는 기독교 초기에서부터 나타나며, 한편으로는 당시의 이원론적 · 금욕주의적 흐름과 연결되고, 또 한편으로는 로마제국의 주류 문화적 관습에 저항하는 성격도 어느 정도 지닌 것이었다(안연희, 2013: 142-144). 기독교가 주류 사회로 진입한 4세기 이후 금욕주의를 반대하며 결혼의 성사적 의미를 주장하는 신학적 흐름이 등장하기도 했지만, 여전히 성적 욕망을 원죄의 산물로서, 인간 존

12) 이러한 상황에서 매춘과 간음은 일부일처제를 둘러싼 사유재산 제도의 부산물이라고 터너는 말하고 있다(Turner, 1983: 110).

13) 나아가 터너는 자녀 생산의 통제에 대한 종교적 근거지움은 후기 자본주의 시기에 제도적 투자가 증가하고, 소유권과 산업 자산의 통제가 분리됨에 따라 사라지게 된다고 주장한다. 결국, 가족 이데올로기의 세속화는 산업사회에서 생산의 지배적 방식에서의 장기적 변화의 결과이며, 이러한 사회적 변화와 함께 재생산 및 섹슈얼리티에 대한 규범은 개인적 표현(representation)에 의해 대체된다고 주장한다(Turner, 1983: 126f.).

재의 본질적 한계로서 부정적으로 조망하는 입장이 중세까지 지속된다. 하지만, 루터(Martin Luther)나 부처(Martin Bucer) 같은 종교개혁자들은 부부간의 육체적 결합을 부정적으로 보던 시각을 바꿔서, 부부간의 성관계에 따르는 즐거움을 긍정적으로 평가하고, 과도하지 않은 범위 내에서는 향유할 수 있는 대상으로 얘기했다(박준철, 2008: 131-159).[14] 물론 위에 언급한 사례는 일반적인 성, 그것도 부부관계에 한한 것이기는 하지만, 이후 유럽 사회에 있어서는 일반적으로 가톨릭이 개신교보다는 '일탈적 섹슈얼리티/가족'에 대해 부정적 태도를 견지해 왔다. 그러나 우리나라의 경우는 이와는 달리 개신교가 가장 엄격한 태도를 지니며, 가톨릭은 이에 반해 상대적으로 진보적인 위치에 서 있다. 이와 같은 우리나라의 종교와 '섹슈얼리티/가족' 사이의 관계는 어떻게 설명해야 할까?

한국 개신교의 '섹슈얼리티/가족'에 대한 보수적인 태도의 근원을 그 청교도적 뿌리에서 찾아야 한다는 주장도 있다.[15] 한국 개신교의 독특한 특징인 술/담배에 대한 (상대적으로 과도한) 규제는 청교도에서 비롯된 미국의 기독교에서 찾을 수 있는데,[16] 이와 같은 금욕적 태도가 섹슈얼리티/가족과 관련해서도 나타난다는 것이다. 고스틴(Lawrence Gostin)에 따르면, 미국의 청교도들은 유럽의 개신교도들에 비해 많은 문제를 도덕과 연관지어 생각하고, 절제와 금욕을 강조하였다(Gostin, 1997: 331-358). 그들은 교회와 국가, 그리고 가정의 세 개의 기반 위에 신이 기뻐하는 사회

14) 루터는 매주 2회, 1년에 104회 정도의 성관계는 괜찮다고 구체적으로 말했고, 아내가 지속적으로 성관계를 거부한다면, "당신이 원하지 않는다면 다른 여자가 있어. 그래도 싫다면 하녀를 부르겠어."라고 말하라고 권고하기도 했다. 부처는 성관계의 회피나 성적 능력의 결핍(ex. 발기부전)을 부부의 결별 사유에 포함시켰으며, 출산 후유증으로 관계를 할 수 없을 경우 재혼을 허용하기도 했다(박준철, 2008: 152-155).

15) 배덕만은 필자와의 개인적 대화에서 이러한 입장을 피력했다.

16) 거스필드(Joseph Gusfield)는 절제(temperance) 운동의 윤리는 미국 청교도주의의 유산이라고 단정지어 얘기한다(Gusfield, 1997: 219). 그러나 사회적으로는 도시화, 사회적 유동성의 증가, 가족의 해체 등으로 인한 초기의 권위적 통제 장치가 변화하는 데 대한 반응이기도 하였다(Gusfield, 1997: 207).

를 건설코자 노력하였는데(Cohen, 2003: 1837), 공공의 영역에서 정치적으로, 교회적으로 자신의 입장을 관철하는 것이 어려워지자, 사적인 가정의 영역으로 후퇴하며, 가정은 종교적 이상의 실현 장소이자, 하나의 작은 교회가 되어(Deppermann, 1993: 11f.), 청교도적 윤리의 실현에 있어 중심적인 장소가 된다. 패터슨(Orlando Patterson)에 따르면, 미국 사회에서 1830년대 이후 일탈적 섹슈얼리티, 특히 혼전 및 혼외 성관계와 자위에 대한 부정적 시각이 급속히 증가하는데(Patterson, 1994: 437-449), 이는 미국 개신교의 역사에 있어 소위 '제2차 대각성 운동'의 시기와 일치한다. 하지만, 버두인(Kathleen Verduin)의 서술에 의하면 청교도, 특히 평신도의 경우,—물론 성에 대한 부정적 시각은 존재하지만—그 성 윤리가 특별히 엄격하다고 말할 수 없으며(Verduin, 1983: 220-237), 모건(Edmund S. Morgan)의 주장에 따르면, 청교도의 성 윤리는 상대적으로 자유롭다고 말할 수 있을 정도였다(Morgan, 1942: 591ff.).

한국 개신교의 '섹슈얼리티/가족'에 대한 보수적인 태도를 설명할 수 있는 또 다른 근거는 그 근본주의적인 성격이다. 앞에서 서술했듯이, 근본주의 척도는 '섹슈얼리티/가족'에 대한 태도에 유의미한 영향을 미치는 것으로 나타난다(McFarland, 1989; Rowatt *et al*., 2006). 근본주의는 그 성격상 경전을 문자적으로 해석하고, 그 전통을 고수하는 경향이 두드러지는데, 이러한 경향이 '섹슈얼리티/가족'에 대한 보수적인 태도를 형성하는 것으로 보인다. 이러한 맥락에서 현재의 분석결과를 역으로 해석하면, 한국사회에서 가장 근본주의적인 성격을 띠는 종교가 개신교라고 말할 수 있을 것이다. 본 연구에는 제시되지 않았지만, 소위 진보적 개신교인들에게서는 이러한 보수적인 태도가 나타나지 않는다는 것은 이러한 해석을 어느 정도 지지해 줄 수 있다(cf. McConkey, 2001; 정원희, 2014).

이러한 한국 개신교, 특히 보수적 개신교의 태도를 설명해 줄 수 있는 또 하나의 요인은 그 의례 참여 빈도이다. 앞에서 언급한 바르칸과 맥컨

키의 연구는 종교인의 '섹슈얼리티/가족' 관련 태도 형성에 대한 하위문화적 맥락의 중요성을 언급했는데, 이러한 하위문화 형성은 잦은 대면접촉과 상호작용이 필수적이며, 종교인에게 의례 참석은 이러한 접촉과 상호작용을 위한 기회를 제공해 준다. 한국의 종교인 중 의례 참석 빈도가 가장 높은 것은 개신교인, 특히 보수적 개신교인이며(Choi, 2009: 102, 163; 한국갤럽, 2004: 75f.), 이러한 잦은 의례 참석은 앞서 언급한 개신교의 보수적 태도를 더욱 강화하는 데 기여하는 것으로 생각된다. 정원희의 연구는, 일반 평신도의 사례는 아니지만, 동성애에 관한 태도를 중심으로 이와 같은 의례와 그 가운데 벌어지는 감정의 교류가 어떻게 이루어지는지 분석하고 있다(정원희, 2014).

한편, 본 연구에서 다루어진 종교가 유의미한 영향을 미치는 변수(제1유형: 동성애, 이혼, 혼외성관계)와 유의미한 영향을 미치는 못하는 변수(제2유형: 입양, 미혼모)의 차이에 대해서도 약간의 논의가 필요할 것으로 보인다. 본 연구에서 다룬 '섹슈얼리티/가족' 관련 변수들은 전통적 시각에서 보면, 모두 일탈적인 것이라고 해석할 수 있다. 하지만 그 일탈 정도, 혹은 개인의 '일탈 수용' 정도에 있어 두 요인은 차이를 갖는 것으로 보인다. 즉, 많은 종교인(특히, 보수적 개신교인)들이 제2유형의 변수들도 '일탈적' 이라고 평가하기는 하지만, 이러한 변수들은 현재의 한국사회 맥락에서 어느 정도는 수용해야 하고, 사회적으로 함께 해결해야 할 문제라고 생각하는 반면, 제1유형의 변수들은 이들의 수용 범위를 벗어나 있는 것으로 해석할 수 있다. 결국 제2유형의 변수들은 어느 정도 '정상화(normalization)' 된 것으로 보이며, 이러한 정상화의 범위는 한국사회의 변동에 따라—또한 쉬페르스 등의 연구 결과에 따르면 세속화의 정도에 따라(Scheepers, te Grotenhuis, and van der Silk, 2002: 157-176)—달라질 수 있을 것으로 보인다.

Ⅴ. 요약 및 나가는 글

본 연구는 전통적인 가족의 위기, 가족과 섹슈얼리티의 분리, 동성애를 비롯한 성적 소수자의 문제 등 섹슈얼리티와 가족이 우리 사회의 중요한 문제로 대두되고 있는 현실 속에서 종교가 이와 관련된 태도에 어떠한 영향을 미치는지 분석하고자 시도했다. 설문조사 결과의 분석을 요약해 보면, ① 종교는 조사항목 중 동성애, 이혼 및 혼외성관계(제1유형)에 대한 태도에는 유의미한 영향을 미쳤지만, 입양과 미혼모(제2유형)에 대한 태도에는 유의미한 영향을 미치지 못했다. 종교변수가 유의미한 영향을 미친 태도의 경우, ② 종교유형과 관련하여서는 개신교만 유의미한 수준에서 영향을 미쳤고, 그 마저 신앙강도를 포함할 경우(Model 2)에는—동성애를 제외한다면—유의미하지 못한 수준으로 변화하였다. ③ 동성애의 경우는 결정계수(R^2)도 가장 높게 나타나서, 종교적 요인의 영향을 가장 많이 받는 태도로 얘기할 수 있었다. ④ 신앙강도의 영향을 받는 변수의 경우에는 강도가 높을수록 보수적 태도를 나타냈다. (분석결과에서 직접 확인할 수는 없었지만) 이와 같은 종교의 영향에는 종교의 근본주의적 성격, 의례 참석 등도 영향을 미치는 것으로 보인다.

종교적 요인 외에, 연령과 선호하는 신문유형은 측정한 모든 변수에서 유의미한 영향을 미치는 것으로 나타났다(연령은 입양의 경우만 Model 2에서 유의미한 영향을 미치지 못하였다). 즉, 연령이 높을수록, 보수유형의 신문을 선호할수록 보수적 성/가족 관련 태도(위의 측정 변수들에 대한 반대의 입장)를 보였다. 성별 요인은 종교와 마찬가지로 제1유형 변수에 대해서만 유의미한 영향을 미쳤는데, 동성애와 이혼에 대해서는 남성이, 혼외성관계에 대하여는 여성이 더욱 부정적이었다. 성별 차이는 신앙강도를 추가한 모형에서도 동성애를 제외하고는 유의미한 수준을 유지했다.

이와 같은 종교의 '섹슈얼리티/가족' 에 대한 태도는 사회진보와 관련하여 어떠한 의미를 지닐까? 일단 긍정적인 측면에서는 사회변동에 대한 '속도 조절의 기능' 을 할 수 있는 것으로 보인다. 즉, 지나치게 급속한 변화에 대하여 어느 정도 제동을 거는 역할을 함으로써, 기존의 제도—본 연구에서는 섹슈얼리티와 가족—가 기능할 수 있도록 뒷받침해 주며, 사회 구성원의 급속한 변화에 대한 불안을 막아주는 기능을 한다. 그러나 이와 같은 속도조절이 지나칠 경우, 변화 자체를 거부할 수 있고, 이는 사회의 갈등을 유발할 수도 있다. 최근 한국사회의 동성애를 둘러싼 논의에 있어, 종교가 갈등의 중요한 요소가 되고 있는 것도 이러한 사례의 하나로 보인다.

'변화–안정' 의 대립 축에서 종교가 사회적으로 적절한 조정 기능을 하기 위해서는, 종교가 (지나치게 문자에 의존하는) 근본주의적 성격을 탈피하고, (인간을 자유롭게 할 수 있는) '영의 종교' 가 되는 것도 필요할 것으로 보인다. 기독교의 예를 들면, 예수는 산상수훈을 통하여 문자(경전)를 재해석함으로써[17] 새로운 시대의 윤리를 제시한 바 있다. 이와 같은 '옛 전통' 과 '새 해석' 사이의 바른 균형을 잡을 때, 종교는 한국사회의 진보에 기여하고, 섹슈얼리티와 가족에 대하여도 적절한 새로운 윤리를 제공할 수 있을 것으로 보인다.

---

17) 마태복음 5-7장. 특히 5:17-48에서 '옛 사람에게 말한바' 와 지금 '나는 너희에게 이르노니' 의 대립적 구조를 통하여, 모세를 통하여 제시되었던 구약의 옛 율법들을 새롭게 해석한다. 예수는 이러한 작업을 율법(이전의 법)을 '폐하는' 것이 아닌 '완전케 하는' 것으로 규정한다.

참 고 문 헌

기든스, 앤소니. 1996. 「현대 사회의 성 · 사랑 · 에로티시즘: 친밀성의 구조변동」(배은경 · 황정미 옮김). 서울: 새물결.

박준철. 2008. "종교개혁과 섹슈얼리티: 부부의 성에 대한 루터와 부처의 담론을 중심으로," 「역사학보」, 197, 131-159.

벡, 울리히. 2006. 「위험사회: 새로운 근대(성)를 향하여」(홍성태 옮김). 서울: 새물결.

서영석 · 이정림 · 차주환. 2006. "성역할태도, 종교성향, 권위주의 및 문화적 가치가 대학생의 동성애혐오에 미치는 영향," 한국심리학회지: 상담 및 심리치료, 18, 177-199.

안연희. 2013. "'섹스 앤 더 시티': 섹슈얼리티, 몸, 쾌락에 대한 아우구스티누스의 관점 다시 읽기," 「종교문화비평」, 23, 141-184.

정원희. 2014. "한국 개신교의 동성애 논쟁과 사회적 실천: 감정의 동학과 의례를 중심으로," 「한국사회학」, 48-2, 165-202.

푸코, 미셸. 2010. 「성의 역사 1: 지식의 의지」(이규현 옮김). 파주: 나남.

한국갤럽. 2004. 한국인의 종교와 종교의식: 제4차 비교조사. 서울: 한국갤럽.

한국기독교목회자협의회. 2013. 「한국기독교분석리포트」. 서울: 도서출판 URD.

한내창. 2012. "종교성이 사회적 태도에 미치는 영향에 대한 국제 비교," 「종교교육학연구」, 40, 115-148.

_____. 2010. "종교와 성태도 간 관계," 「한국사회학」, 44-5, 114-138.

Ashford, Sheena and Noel Timms. 1992. *What Europe Thinks: A Study of Western European Values*. Adlershot: Dartmouth Pub. Co.

Bainbridge, William Sims. 1989. "The Religious Ecology of Deviance," *American Sociological Review*, 54, pp.288-295.

Barkan, Steven E. 2006. "Religiosity and Premarital Sex in Adulthood," *Journal for the Scientific Study of Religion*, 45, pp.407-417.

Choi, Hyun-Jong. 2009. *Religiosität und moralische Verbindlichkeit in Südkorea*. Dissertation: Leipzig Univ.

Cohen, Charles L. 2003. "Puritaner/Puritanismus," *Religion in Geschichte* *und Gegenwart*, 4.Aufl. Tübingen: Mohr Siebeck Verlag.

Deppermann, Klaus. 1993. *Der Pietismus vom siebzehnten bis zum frühen achtzehnten Jahrhundert. Geschichte des Pietismus*, Bd.1. Göttingen: Vandenhoeck & Ruprecht.

Gostin, Lawrence. 1997. "The Legal Regulations of Smoking (and Smokers): Public Health or Secular Morality?" in A.M. Brand and P. Rozin(eds.). *Morality and Health: Interdisciplinary Perspectives*. New York: Routledge, pp.331-358.

Gusfield, Joseph. 1997. "Alcohol in America: The Entangled Frames of Health and Morality." in A.M. Brand and P. Rozin(eds.). *Morality and Health: Interdisciplinary Perspectives*. New York: Routledge, pp.201-231.

McConkey, Dale. 2001. "Whither Hunter's Culture War? Shifts in Evangelical Morality, 1988-1998," *Sociology of Religion*, 62, pp.149-174.

McFarland, Sam G. 1989. "Religious Orientations and the Targets of Discrimination," *Journal for the Scientific Study of Religion*, 28, pp.324-336.

Morgan, Edmund S. 1942. "The Puritans and Sex," *New England Quarterly*, 15, pp.591-607.

Patterson, Orlando. 1994. "Der Neue Protestantismus," *Probleme des Klassenkampfs*, 96, pp.437-449.

Rowatt, Wade C., Jo-Ann Tsang, Jessica Kelly, Brooke LaMartina, Michelle McCullers, and April McKinley. 2006. "Associations between Religious Personality Dimensions and Implicit Homosexual Prejudice," *Journal for the Scientific Study of Religion*, 45, pp.397-406.

Scheepers, Peer, Manfred te Grotenhuis, and Frans van der Silk. 2002. "Education, Religiosity and Moral Attitudes: Explaining Cross-National Effect Differences," *Sociology of Religion*, 63, pp.157-176.

Turner, Bryan S. 1983. *Religion and Social Theory*. London: Heinemann Educational Books.

Verduin, Kathleen. 1983. "'Our Cursed Natures': Sexuality and the Puritan Conscience," *New England Quarterly*, 56, pp.220-237.

Woodrum, Eric. 1988. "Determinants of Moral Attitudes," *Journal for the Scientific Study of Religion*, 27, pp.553-573.

Zulehner, Paul M., Isa Hager, and Regina Polak. 2001. *Kehrt die Religion wieder? Religion im Leben der Menschen 1970-2000*. Bd.1. Ostfildern: Schwabenverlag.

찾아보기

ㅈ

ㅊ

ㅋ

ㅌ

ㅍ

ㅎ

| 저자 약력 |

■ **송재룡**

영국 브리스톨대학교 사회학박사
현 경희대학교 사회학과 교수

저서: 「포스트모던시대와 공동체주의」, 「세속화냐 탈세속화냐」(역) 등

■ **김성건**

영국 헐(Hull)대학교 사회학박사
현 서원대학교 사회교육과 교수

저서: 「종교와 이데올로기」, 「한국사회와 개신교」, 「글로벌 사회와 종교」 등

■ **전명수**

고려대학교 사회학박사
미국 남가주대학교(USC) 박사후 연구원
현 고려대학교 인문대학 사회학과 조교수

저서: 「뉴에이지 운동과 한국의 대중문화」, 「한국의 종교와 사회운동」(공저), 「21세기 종교사회학」(공저) 등

■ **정승안**

부산대 사회학박사
동명대학교 자율전공학부 조교수

저서: 「현대정치의 이해」 등

■ **유광석**

University of Ottawa, 종교학박사
서울대학교 종교문제연구소 객원연구원
서울대 및 서강대 출강

저서: 「21세기 종교사회학(공저)」 외 다수

■ **최현종**

독일 라이프찌히대학 종교사회학박사
현 서울신대 교양학부 조교수
저서: 「한국 종교인구변동에 관한 연구」 등

■ **장형철**

영국 맨체스터대학교(The University of Manchester) 종교사회학박사
현 인덕대학교 교수
저서: 「21세기 종교사회학(공저)」 등

종교와 사회진보

2015년 6월 25일 제1판 1쇄 인쇄
2015년 6월 30일 제1판 1쇄 발행

저 자 송 재 룡 외
발행인 강 희 일 · 박 은 자

발행처 **다 산 출 판 사**

서울특별시 마포구 용강동 494－85
등 록 1979. 6. 5. 제3－86호(윤)
전 화 (717) 3661~2, (718) 1751~2
FAX (716) 9945
조 판 민 하 디 지 탈 아 트

정가 **13,000원** 파본은 바꾸어 드립니다.

http://www.dasanbooks.co.kr
ISBN 978-89-7110-486-6 93330